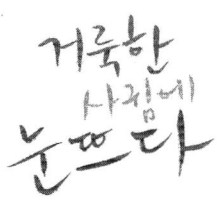

데이비드 베너
노종문 옮김

Ivp

IVP(InterVarsity Press)는
캠퍼스와 세상 속의 하나님 나라 운동을 지향하는
IVF(InterVarsity Christian Fellowship)의 출판부로
생각하는 그리스도인을 위한 문서 운동을 실천합니다.

Originally published by InterVarsity Press
as *Sacred Companions* by David G. Benner
ⓒ 2002 by David G. Benner
Translated by permission of InterVarsity Press
P. O. Box 1400, Downers Grove, IL 60515, U. S. A.

Korean Edition ⓒ 2007 by Korea InterVarsity Press
156-10 Donggyo-ro, Mapo-gu, Seoul 04031, Republic of Korea.

Sacred Companions

David G. Benner

많은 사랑을 베풀어 주신

거룩한 동반자 로버트 하비 목사님께

이 책을 드립니다.

차례

서문	9
감사의 글	13
머리말: 영적 여정의 동반자들	15

1부: 영적 우정
1장__변화의 여정	27
2장__환대, 함께함, 대화	55
3장__영적 우정의 이상	77

2부: 영성 지도
4장__영성 지도의 신비를 벗기다	113
5장__영혼의 조율	141
6장__영성 지도의 실례	169
7장__영성 지도자가 되려면	199

3부: 영적 우정과 영성 지도의 결합
8장__소그룹에서의 영적 동행	223
9장__결혼 관계에서의 영적 동행	251

맺음말: 거룩한 사귐으로의 부르심	279
더 읽을 거리	283
도서 안내	291
인명 색인	326
주제 색인	327

서문

때로 나는 고요함 가운데서 내 영혼을 감싸는 부드러운 바람을 느끼곤 한다. 그리고 다른 사람들도 종종 내게 이런 경험을 이야기한다.

나는 흥분을 느낀다. 나처럼 고집 세고 우울한 사람을 휘저어 놓는 흥분이라면 분명히 뭔가 초자연적인 일이 벌어지고 있다는 증거다. 나는 그렇게 믿고 있다.

지난 50여 년 간 그리스도인으로 살아오면서, 이처럼 많이 하나님을 향한 영혼의 목마름에 대해 말하고 이를 인간 존재의 근본 동인으로 받아들이며 그것을 강렬하게 경험하는 것을 본 일이 없다. 혁명이 진행되고 있는 것 같다. 이것은 우리의 중심 에너지를 삶의 만족을 추구하는 일로부터 하나님께 가까이 나가는 일 쪽으로 이동시키는 성령의 혁명이다.

영적인 분위기가 무르익었다. 전 세계에 걸쳐 예수님을 찾는 사람들이 의문(儀文)의 옛 방식을 버리고 성령의 새로운 방식을 맞이할 준비가 되었다. 바울은 오래 전에 우리가 복음으로 자유롭게 되어 새로운 삶을 살게 되었다고 말했지만, 우리는 이제까지 그것이 무엇이며 어떻게 영위할 수 있는지를 알지 못했다.

이 타락한 지구 위에서 질그릇들끼리 부딪히며 사는 삶은 우리의 환상을 깨뜨려 버렸고, 우리는 옳은 일을 행함으로써 삶이 제대로 돌아가게 만들 수 있다는 신념조차 포기할 지경에 이르렀다. 그런 일은 웬만해서는 잘 일어나지 않는다. "기독교적인" 노력을 포함하여 아무리 많은 노력을 쏟아부어도 삶이 우리가 원하는 방향으로 항상 흘러가게 만들 수는 없다. 혹시 그런 일이 일어나 모든 것이 우리가 바라는 대로 된다 해도, 우리의 영혼은 절반도 채워지지 않는다. 축복이 없을 때 부족하던 그 무엇이 지금도 여전히 부족감을 가져다준다.

유례없이 많은 사람들이 고통스런 역경들과 공허한 쾌락을 딛고 마음을 열어 하나님의 마음을 찾아 나서고 있다. 그들은 하나님을 알고 내면에 그리스도의 인격을 이루기 위해서라면 무엇이든 행하려 한다. 우리는 이보다 더 중요한 일이 없음을 깨닫기 시작했다.

내가 보기에 이 혁명의 진행 과정에서 가장 필요한 일은, 영성 지도를 좀더 성경에 뿌리내리게 하는 것과, 그 신비를 이해할 수 있을 만큼 명확하게 제시하는 것, 그리고 영성 지도를 지혜롭게 실행하는 일이 더 소중하게 여겨지고 더 일반화되게 하는 것이다. 지난 한 해 동안 나는 이 주제에 대해 스무 권이 넘는 책을 읽었다. 그 모든 책들이 유익했지만, 한 권의 책이 다른 책들 위에 우뚝 서 있다. 아주 단순하면서도 이 주제의 심오함을 담아 내며, 적절한 예로써 신화를 벗겨 내면서도 초자연성을 보존하고, 열정이 담겨 있어 단순한 학문적인 접근에서 벗어나게 도와주는 책이다. 그 책은 물론 당신이 지금 읽고 있는 이 책이다.

나는 수년 동안 데이비드 베너의 명성을 들었고 그의 저술들을 잘 알고 있었으며, 먼 발치에 서서 베너 박사를 오랫동안 존경해 왔다. 그는 통찰력 있는 사상가이며 진지한 기독교 심리학자라 불리기에 손색이 없는 사람이다.

그러다 데이비드를 개인적으로 알게 되었다. 지난 해부터 우리는 친구가 되었다. 우리는 서로가 비슷한 여정을 걷고 있음을 알게 되었고, 서로 마음이 통했다. 나의 존경심은 더욱 깊어졌고, 복음 안에서 우리의 우정이 시작되었다.

그를 알기 때문에 나는 이 책을 읽지 않아도 기꺼이 추천할 수 있다. 그러나 나는 이 책을 여러 번 읽었다. 그리고 이 책을 내가 처음 가르친 영성 지도 과목의 주교재로 정했다. 그만큼 좋은 책이라 생각한다.

천천히, 여러 번 읽으라. 공책을 펴고 당신에게 떠오르는 생각과 느낌을 기록하며 읽으라. 그렇게 하면 이 책을 덮을 때 적어도 세 가지 일이 일어날 것이다. 첫째, 하나님을 알고자 하는 자신의 갈망을 더 깊이 인식하게 될 것이다. 둘째, 당신에게 영성 지도를 베풀어 줄 사람을 찾으며 열심히 기도하게 될 것이다. 마지막으로, 다른 사람을 위해 영성 지도를 행할 수 있는 특권을 달라고 간구하게 될 것이다.

예견하건대, 이 책을 읽는 사람들은 그들의 영혼 속으로 불어오는 성령의 신선한 바람을 느끼게 될 것이다. 그들은 이 세상에서 편안하게 사는 삶의 방식을 떠나는 그 혁명에 동참하게 될 것이다. 그리고 이 실망스러운 세상에 살면서 영원한 만족이 보장된 다음 세상에서 깨어날 그

날까지 하나님을 찾고 하나님을 위해 살아가는 새로운 삶을 더 간절히 갈망하게 될 것이다.

래리 크랩

감사의 글

이 책은 내 인생에서 만난 몇몇 특별한 동반자들과의 관계의 산물이다. 나는 그들이 나에게 베풀었던 많은 선물에 감사한다. 바로 그 선물들 때문에 이 책이 태어날 수 있었다.

누구보다도, 내 아내이며 가장 가까운 친구인 줄리엣에게 감사한다. 그녀는 지난 30년 동안 함께했던 놀라운 모험의 여정에서 나의 동반자가 되어 주었다. 이 책에 나타난 영적 여정에 관한 지식들은 모두 그녀와 함께 배운 것이고, 대부분 그녀를 통하여 배운 것들이다.

나는 또한 래리 크랩에게 깊은 감사를 전한다. 이 책을 쓰는 동안 그가 준 도움과 격려는 분에 넘치는 것이었으며, 나를 겸손하게 만들었다. 그가 서문을 써 준 것은 내게 영예로운 일이며, 그의 우정의 선물에 깊이 감사한다. 나는 또한 좋은 친구로서 유익한 제안을 해준 게리 문에게 감사한다. 그의 제안을 좀더 많이 반영할 수 있었더라면 이 책이 더 나은 책이 되었을 것이다. 그러나 더 중요한 것은 내가 그와의 우정을 통해 더 나은 사람이 되었다는 사실이다.

데이비드와 보니 식스턴, 사이먼 유천 리, 조일러 캐런댕, 그리고 에드와 에일린 플랜팅거는 원고를 읽고 유익한 조언과 격려를 해주었다. 그들이 동반자가 되어 도움을 베풀어 준 것에 감사한다. 또한 프레드 진 저리치와 소냐 마르티네즈가 이 책의 일부 내용을 마닐라에서 열린 세미나와 피정에서 강의할 기회를 준 일에 대해 감사한다. 이들의 피드백은 원고를 마지막으로 다듬는 과정에서 매우 큰 도움이 되었다.

폴 그로인에게 감사한다. 그와의 대화 덕분에 영적 동반자 그룹에 관한 장을 포함시키게 되었다. 더 많은 사람들이 영성 지도의 유익을 누리게 하는 방법을 찾아보라는 그의 도전에 대해, 그리고 지난 긴 세월 동안 함께해 온 우정에 대해 감사한다.

나는 기꺼이 이 책을 받아 준 IVP의 밥 프라일링과 그의 훌륭한 팀에도 감사드리고 싶다. 특히 앨 추의 탁월한 편집 작업과 그에게 도움을 준 무명의 감수자들에게 감사드린다. 그들의 피드백은 큰 도움이 되었다.

마지막으로, 피정과 영성 지도와 심리치료를 통해 나와 영적 여정을 함께했던 많은 분들께 감사드립니다. 여러분은 내가 여러분과 동행해 주는 사람이라고 여겼겠지만, 여러분의 삶이 내 삶에 얼마나 큰 영향을 끼쳤는지는 미처 깨닫지 못했을 것입니다. 정말로 그러했습니다. 나는 우리가 함께했던 그 여정 속에서 내가 지금 나누려 하는 이 내용들을 발견하게 되었습니다.

머리말: 영적 여정의 동반자들

지난 수십 년 간 일어났던 모든 사회적 변화 중에 나를 가장 놀라게 하는 것은 최근에 일어나는 영성에 대한 관심이다. 물질주의와 세속주의의 파산을 경험한 서구 사회의 많은 사람들 사이에서 거룩함에 대한 굶주림이 일어났다. 교회 안에서는, 하나님에 대한 지식은 있어도 인격적이고 체험적인 앎은 없었던 메마른 토양으로부터 하나님을 깊이 만나고자 하는 갈망이 일어났다.

내가 보기에 이 세계는 영적 여정 중에 있는 사람들로 가득하다. 로마가톨릭을 모태 신앙으로 가진 이들은 교회와 신앙을 재발견하고 있고, 무신론자였던 사람들이 원주민들의 치유 모임을 방문하고 있으며, 그리스도인들이 불교식 명상을 행하며, 뉴에이지 구도자들은 거룩한 존재와의 대면을 추구하고, 복음주의자들은 신비주의를 발견하고 있고, 로마가톨릭 신자들은 성경 공부와 중보 기도를 발견하며, 개신교인들은 예배 의식과 성례전을 발견하고 있다.

과거에 내가 일하던 공립 정신 건강 클리닉에서는 점심 시간 대화 주제들이 잡담이나 주말 여가 활동과 계획, 스포츠와 오락 등 일상적인 것들로 채워졌지만 지금은 종종 대화의 첫 번째 주제가 영성과 관련된 것이다(물론 두 번째는 여전히 잡담들이다!). 사람들은 자기의 영적인 편력을 들어 줄 만한 사람이 나타나면 갑자기 이야기를 쏟아놓기 시작한다. 그들은 자신의 영적 여정을 나누고 싶어한다. 그들은, 그저 듣기만 하는 사람이 아니라 영적 여정을 경험하고 있으며 그들의 이야기에 공감할 수 있는 사람을 찾는다.

이런 사람들은 저마다 영성을 각각 다른 의미로 이해한다. 그러나 그런 다양한 의미들 중에 공통적인 요소가 있다면 그것은 '연결'이다. 이들은 모두 신(신이라는 말이 어떻게 이해되든 간에)과 타인과 자신, 또 어떤 때는 땅과 연결되기를 갈망한다.

연결에 대한 굶주림은 인간 마음의 가장 근본적인 욕구들 중 하나다. 우리는 가족도, 친구도, 또 살아갈 곳에 대한 어떤 지식도 없이 이제 막 새로운 도시로 이주해 온 이민자와 같다. 우리는 닻줄이 끊어진 존재처럼 보인다. 아마도 자신의 한 부분을 잃어버렸는지도 모른다. 마치 퍼즐 조각이 짝이 맞는 다른 조각을 찾는 것처럼, 우리는 자신이 무엇엔가 속해 있다고 믿게 해줄 '연결'을 갈망한다.

그러나 우리가 찾는 것은 그저 일반적인 연결 고리가 아니다. 우리 존재의 핵심에는 친밀함에 대한 갈망이 있다. 우리는 다른 사람들과 삶을 공유하기를 바란다. 우리는 영혼의 친구를 원한다. 우리는 인생의 순례길을 홀로 가도록 지음받지 않았으며, 특히 영적 여행을 홀로 떠나는 것은 더욱 위험하다.

하지만 우리는 역설적이게도 우리가 가장 깊이 원하는 것을 두려워한다. 가장 친밀한 사람에게조차 우리의 진정한 모습을 보이기를 꺼리는 것을 어떻게 달리 설명할 수 있을까? 우리는 종종 사귐이 주는 열매는 바라면서도, 진정한 친밀함이 요구하는 수고는 원치 않는 것 같다. 그러나 안전하지만 피상적인 관계에는 뭔가 채워지지 않는 부분이 있다. 우리 영혼은 타인과의 깊은 만남을 갈망하며 신음하고 있다. 두려움이 이 고통을 부분적으로는 덮어 주겠지만 고통이 사라질 리는 없다. 우리는 영적 여정의 동반자, 마음을 나누고 여정을 함께할 동반자를 원한다.

용어를 정의하기

나는 앞서 영성이라는 용어가 좀 모호한 의미를 지닌다고 말했다. 이제 또 다른 모호한 용어인 영혼(soul)에 대해 이야기하고자 한다. 이 두 개념은 앞으로 전개할 내용의 토대를 이루기 때문에 내가 이 용어들을 어떤 의미로 사용하는지 밝혀 두는 것이 좋을 것이다.

나는 영혼이라는 용어를 신학자나 철학자들처럼 전문적인 용어로 사용하기보다 좀더 은유적인 방식으로 사용한다. 내가 말하는 영혼은 가장 깊은 부분까지도 포괄하는 전인을 의미하며, 특히 내면의 삶에 강조점을 둔 개념이다.

이것은 내가 보기에 예수님이 이 용어를 사용한 방식과 유사하다. 예를 들어 예수님이 "내 마음[영혼]이 매우 고민하여 죽게 되었으니"(마 26:38, 개역개정판은 이 구절에서 soul을 '마음'으로 번역하였으나, 이 책에서는 일관성을 위해 '영혼'으로 번역한다)라고 말씀하셨을 때, 그분은 감정과 소원이 교차하는 자신의 내면 세계를 언급한 것이다. 그분이 자신에게 오는 사람들에게 영혼의 쉼을 약속했을 때에도(마 11:29) 같은 의미다. 영혼의 쉼은 우리 존재 전체 곧 육체와 영, 마음을 모두 포괄하지만, 특별히 우리의 내적 자아에 초점을 두는 말이다.

그러므로 영혼의 우정(soul friendship)이란 나 자신의 전부를, 특히 내면의 자아를 내어주는 관계다. 영혼의 우정에서 내가 상대방을 돌본다는 것은 그 사람의 전체 자아, 특히 내면의 자아를 돌보는 것이다. 영혼의 친구는 서로의 독특함을 보호하고 각자의 내면의 자아가 성장하도록 돕는다. 그들은 인생의 여정을 함께함으로써 서로에서 거룩한 선물을 준다.

그렇다면 영성이라는 개념은 여기에다 무엇을 더해 주는가? 나는 영성이라는 용어를 한 사람의 신성에 대한 인식과 응답을 언급할 때 사용한다. 이를 기초로 나는 인간이 된다는 것은 영적 존재가 되는 것이라고 주장하려 한다. 모든 사람은 하나님에 대한 어떤 인식을 가지고 있으며 단지 그 인식의 정도와 그것에 반응하는 응답의 성격에서 차이가 있을 뿐이다. 우리는 모두 하나님과의 관계에서 우리의 존재를 실현해야 하는 피할 수 없는 도전에 직면하고 있다. 그것이 영성이며, 그것이 인간이 된다는 것의 의미다.

따라서 기독교 영성은 좀더 구체적인 것이다. 기독교 영성은 기독교 신앙과 공동체라는 맥락에서 우리의 존재를 실현하는 것과 관련이 있다. 좀더 정확히 말하면, 그것은 인간의 영이 하나님의 영 안에 안착할 때 존재하는 하나님과의 깊은 관계다. 만일 영성이 성령에 중심을 두지 않는다면 그것은 기독교 영성이 아니다. 기독교 영성은 성령에 대한 응답이다. 성령은 그리스도인으로서 여정을 시작하게 하는 분이며 또 그 여정을 안내하시는 분이다.

그리스도인에게 영적 여정은 인간으로서의 여정의 핵심 부분이다. 우리는 한 사람이 그리스도를 통하여 하나님께 연합할 때 그의 인간성이 궁극적으로 성취된다고 믿는다. 그러므로 "그리스도와 연합한 고유한 자아"를 발견하고 실현하는 일은 인간의 영원한 운명이라 할 수 있으며, 이보다 중요한 일은 없다.

영적 우정. 만일 당신이 삶을 변화시키는 영적 여정에서 상당한 진보를 이루고 있다면, 당신은 그 여정을 도와주는 하나 이상의 우정 관계를 가지고 있을 것이다. 반대로 그런 진보가 없다면, 당신에게 그런 관계가 없다는 사실을 발견하게 될 것이다. 둘 사이의 함수 관계는 아주 단순하다.

영적 우정(spiritual friendship)은 서로의 영혼의 계발을 위하여 양분을 제공한다. 그들은 서로 사랑하기에, 서로를 도와 하나님이 의도하신 모든 것이 성취되게 하려고 애쓴다. 그런 소원을 품고 서로에게 베풀어 주는 것은 전문가적인 역할이 아니며, 또한 고도의 전문 기술도 아니다. 오히려 그것은 삶을 변화시키는 영적 여정 속에서 자신과 관계 자체를 선물로 주는 것이다.

영적 친구는 영혼의 친구다. 이는 그들이 서로를 단지 영적인 존재로만이 아니라 전인으로 돌본다는 것을 의미한다. 영혼의 친구는 서로가 하나님께 귀기울이고 응답하도록 도울 때 영적 친구가 된다. 이제부터 나는 주로 영적 친구라는 말을 사용할 것이다. 그러나 타인을 깊이 있게 전인적으로 돌보아야 하는 기본적인 측면들을 강조하고 싶을 때는 영혼의 친구라는 용어를 사용할 것이고, 이런 관계의 이상적인 성격을 강조하고자 할 때에는 진정한 친구라는 용어를 사용할 것이다.

이런 잠재적인 영적 우정 관계는 우리 주변에, 즉 우리의 교회뿐만 아니라 가정과 직장과 또 다른 공동체들 속에도 많이 감추어져 있다. 비극적인 것은, 영적 우정을 찾고 있는 사람들이 종종 자신의 삶에 이미 존재하고 있는 가능성들을 보지 못한다는 점이다. 그들은 배우자를 잠재적인 영혼의 동반자로 보지 못하고 단지 남편이나 아내, 육아를 함께 책임지는 사람 정도로만 생각한다. 그들은 자녀들과 진정한 영적 우정을 맺을 수 있는 가능성도 소홀히 여겨 스스로를 감독과 훈련을 맡은 존재로만 이해하지 동반자로 생각하지 않는다. 또 주변 사람들은 자신과 유사점이 없으므로 관계 맺기가 불가능하다고 쉽게 단정한다.

영적 여정에서는 친구, 배우자, 가족 모두가 진정한 동반자가 될 수 있다. 이런 형태의 영혼의 우정은 몇 가지 점에서 좀더 공식적이고 구조화된 영성 지도 관계와 차이가 있지만, 여전히 많은 성격을 공유하고 있다. 이상적으로는, 이런 관계들은 교회의 역동적인 핵심이 되어야 한다. 결국 영적인 공동체란 영적 우정 관계들이 서로 연결된 집단이기 때문이다.

영성 지도. 두 번째로 우리가 살펴볼 영혼의 우정 관계는 영성 지도(spiritual direction)다. 영성 지도는 영적 우정에 비해 좀더 구조화되고 덜 상호적이다.

영성 지도는 종종 멘토링, 제자 훈련, 영적 인도(이들은 조금씩 다른 의미를 지니면서도 서로 밀접한 관련이 있는 관계의 형식들이다)라는 말로 일컬어지기도 하는데, 최근에 많은 개신교인들이 새롭게 발견하고 있는 영역이다. 그러나 이러한 관심의 확산은 발견이라기보다는 재발견이라고 부르는 편이 더 적절할 것이다. 영성 지도는 역사상 완전히 사라진 적이 없다. 단지 교회의 거대한 부분을 차지하는 개신교가 스스로의 유산을 망각했을 뿐이다.

영성 지도의 고전적인 형식은 일대일 관계이며, 하나님과의 친밀함을 지향하는 기도와 대화를 중심으로 구성된다. 앞으로 보겠지만, 영성 지도자는 전문가가 아니며 지시를 내리지도 않는다. 그들은 표준화된 커리큘럼을 따르지 않으며 미리 짜 둔 프로그램을 적용하지도 않는다. 그들은 다만 자신들처럼 그리스도 안에서 일어나는 영적인 변화의 과정을 추구하는 다른 사람들과 함께 여행할 뿐이다. 그리고 무엇보다도, 그들은 함께 여행하는 사람들이 예수님이 우리의 진정한 영성 지도자로 보내 주신 성령의 임재와 이끄심을 분별하도록 돕고자 한다.

거룩한 동반자. 영성 지도자와 영적 친구를 '거룩한 동반자'라 부르는 것은, 그들이 거룩하신 분의 임재를 더 잘 인식하도록 돕는 방식 때문이다. 한 사람이 다른 사람에게 줄 수 있는 최고의 선물은 하나님의 임재를 더 잘 인식하는 삶을 살도록 돕는 것이다. 거룩한 동반자들은 이 세상이 우리 아버지의 세상임을 기억하도록 도와준다. 그들은 또한 우리가 그분의 목소리를 들으며, 그분의 임재를 의식하고, 삶의 여정 속에서 그분의 발자취를 보도록 돕는다. 그들은 그들 자신이 아니라 하나님의 임재로 인해 거룩하게 된 이 여정에서 우리와 동행한다. 그렇게 함으로써, 그들은 이 여정을 거룩하게 만들고 우리가 거룩함에 대한 좀더 예민한 인식을 갖고 살도록 돕는다.

개인적인 이야기

　영적 사귐의 다양한 형식에 대한 탐구를 시작하기 전에, 임상심리학자인 내가 어떻게 영성 지도와 영적 우정에 대한 책을 쓰게 되었는지에 대하여 한마디 언급하고 싶다.
　내가 영혼의 심리적 차원과 영적 차원의 상호 작용에 관하여 오랫동안 관심을 가져 온 것은 사실이지만, 최근까지 내 일과 저술의 초점은 영적인 것이라기보다는 심리학적인 것이었다. 지금까지 내 책들은 대부분 상담이나 심리치료에 관한 것으로서, 임상 활동의 중요한 차원으로서 영적인 문제들에 초점을 두긴 했지만 일차적으로 상담 전문가들을 위한 내용들이었다.
　나는 결코 상담이나 내 전문 분야인 임상심리학으로부터 등을 돌리지 않았다. 나는 여전히 단순한 변화의 기술로서가 아니라 영혼의 역동을 이해하도록 돕는 도구로서의 심리학의 가치를 깊이 인식하고 있다. 또한 여전히 상담가들과 심리치료사들을 훈련하고 있으며, 치료 서비스를 제공하는 일에도 깊이 헌신하고 있다. 그러나 나는 우리 문화 속에서 교회와 사회가 제공하는 영혼의 돌봄이 주로 치료의 측면을 띠게 된 점을 깊이 우려하고 있다. 우리는 사람들의 내면의 삶을 돌보는 일을, 일차적으로 문제 해결과 치료라는 관점에서 자신의 일을 이해하는 전문가들에게 일임해 왔다. 그러나 치료적 접근이 기독교적인 영혼 돌봄의 모델이 되어서는 안 된다. 영혼 돌봄의 사역을 임상적으로 훈련된 전문가들에게만 의지해서도 안 된다.
　상담가들과 치료사들에게 주어진 중요한 역할은 잃어버렸던 온전함을 회복하도록 돕는 일이다. 한편, 영적 친구들과 영성 지도자들에게 주어진 마찬가지로 중요한 역할은 하나님이 각 사람에게 의도하신 모든 것을 이루도록 돕는 것이다. 나의 바람은 치료가 지배적으로 되어 버린 오늘날의 기독교적 영혼 돌봄이, 점점 증가하는 영적 돌봄에 의해 균형을 찾게 되는 것이다. 이는 점점 더 많은 그리스도인들이 거룩한 동반자가 되는 데 헌신할 때 가능한 일이다. 영혼을 돌보는 일은 임상 전문가들에게만 맡겨 두기에는 너무 중요한 일이다.

아마추어의 열정으로

나는 전문가가 아닌 아마추어로서 영적 우정과 영성 지도에 대해 글을 쓰고 있다. 나는 이 분야에서 공식적인 자격증을 가진 사람이 아니며, 억지로 전문가인 척하지도 않을 것이다.

내가 영적 우정과 영성 지도에 대해 아는 것들은 무엇보다도 나 자신의 영적 친구들과 함께 걸어온 과거 여정의 경험에서 나왔다. 나는 또한 영성 지도를 직접 경험할 수 있는 큰 복을 받았다. 몇 번에 걸쳐 개인적으로 영성 지도를 받았고, 이 주제에 관해 글을 읽었고 어느 정도의 훈련을 받았으며, 지난 수년간 사람들에게 영성 지도를 제공해 왔다. 이런 경험 때문에 내가 전문가가 된 것은 아니다. 하지만 이런 경험들은 내 안에 영적인 사귐에 대한 열정을 불러일으켰다. 아마추어는 열정으로 일을 한다. 아마추어라는 말은 영적 우정과 영성 지도라는 선물의 놀라운 가치에 대한 내 느낌을 정확히 표현하는 말이다.

최근 들어 교회가 영혼의 돌봄을 제공하는 일에서 주변으로 밀려난

것은 비극적인 현상이다. 지난 세기에는 서구 사회를 지배해 온 치료 문화가 발흥하여 개인의 심리적인 측면과 영적인 측면을 인위적으로 분리하게 만들었다. 이런 구분을 받아들임으로써 교회는 단지 개인의 영적인 측면에만 관여해야 한다고 여겨졌다. 나는 이런 발전에 대해 크게 우려하며, 지난 20년 간 이것을 되돌려 놓기 위해 노력해 왔다.

교회가 영혼의 돌봄과 치료에 관여하는 합법적인 지위를 회복하기 위해서, 우리는 사람들이 영적 우정과 동반자로서 자신을 타인에게 내어줄 수 있도록 준비시키고 격려해야만 한다. 이 과업에는 상담가들이 지속적으로 참여해야 하고, 잘 훈련된 영성 지도자들은 더욱 많이 참여해야 한다. 그러나 또한 이 일에는 진정한 영적 우정을 갈망하는 부모들, 부부들, 친구들이 필요하다. 또 영적인 양육이 잘 일어날 수 있는 구조를 아는 장로들과 소그룹 리더들이 필요하다. 내 목표는 이런 노력들을 지원하는 것이며, 그것이 바로 이 책을 쓰게 된 동기다.

나는 하나님이 이 책을 사용하셔서 영적 여정에서 다른 사람들과 동행할 준비가 된 수많은 사람들을 군대처럼 일으키시도록 기도하며 이 책을 쓴다. 나는 이 책이 변화를 일으키기를 소망한다. 이 때문에 나는 각 장마다 끝 부분에 묵상을 위한 질문과 토론거리들을 넣었다. 단순히 책을 읽는 것만으로는 행동에 변화가 일어나기 어렵다. 기도하는 가운데 묵상하고 다른 사람들과 토론함으로써, 우리가 읽고 준비하는 것을 통해 성령이 우리에게 제시하는 변화들이 실제적으로 무엇인지 발견할 수 있다. 따라서 이런 묵상 질문들이 이 책을 읽는 개인과 그룹에게 유익하게 사용되기를 소원한다.

1부 · 영적 우정

언제나 여행을 즐기는 나는 지적으로나 영적으로 항상 무엇인가를 추구하며 여행해 왔다.
나는 언제나 쉬지 않고 무엇인가를 찾고 있는 사람이다.
최근에 영성의 유형에 관한 책을 읽었는데, 환상적 유형(나와 같은 유형)의 사람들을
끝없는 영적 순례의 사람으로 묘사하는 내용을 보고 매우 놀랐다.

1장 변화의 여정

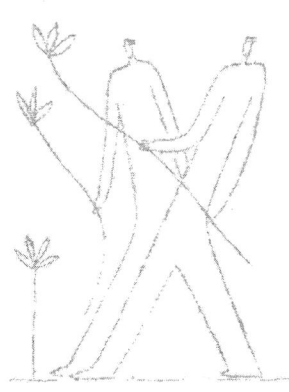

언제나 여행을 즐기는 나는 지적으로나 영적으로 항상 무엇인가를 추구하며 여행해 왔다. 나는 언제나 쉬지 않고 무엇인가를 찾고 있는 사람이다. 최근에 영성의 유형에 관한 책을 읽었는데,[1] 관상적 유형(나와 같은 유형)의 사람들을 끝없는 영적 순례의 사람으로 묘사하는 내용을 보고 매우 놀랐다. 저자는 그런 유형의 사람들이 삶을 여행의 이미지로 생각하는 경향이 있다고 말했는데, 이 말 또한 나를 정확히 묘사하는 말이었다. 그러므로 나 같은 사람이 영적 우정을 함께하는 여행이라는 개념으로 설명하는 것도 별로 놀랄 일은 아니다.

---

[1] Corinne Ware, *Discover Your Spiritual Type* (Bethesda, Md.: Alban Institute, 1995).

그런데 영성을 여행에 비유하는 것은 기독교 신앙의 성격에 관해 성경이 말하는 바와 든든히 연결되어 있다. 구약 성경과 신약 성경 모두 믿음을 여행을 떠나라는 부르심에 응답하는 것으로, 그분이 계획한 모험으로 이끄시는 하나님을 따르며 신뢰하는 것으로 표현한다.

예를 들어 아브라함을 생각해 보라. 하나님은 아브라함에게 모국과 친척을 떠나 하나님이 장차 보여 주실 땅으로 떠나라고 요구하셨다. 논리적으로는 앞뒤가 맞지 않는 일이다. 일반적으로, 가족을 책임져야 하는 사람들은 하나님의 부르심이라는 이유로 알지도 못하는 광야로 길을 떠나지는 않는다. 특히 가야 할 곳이 어디인지도 모르는 상황에서는 더욱 그러하다. 그러나 아브라함은 바로 그 일을 실행했다. 그는 자기 하나님을 따르기로 동의하고 여행을 떠났다. 그 여행이야말로 아브라함 자신과 이 세상을 영원히 바꾸어 놓을 사건이었다.

그리고 하나님을 따라 이집트를 나와서 광야로 들어갔던 이스라엘 자손들의 여행을 떠올려 보라. 지금은 사우디아라비아에 속한 이 지역에서 40년 동안 방랑했던 그들의 여행 경로를 추적해 보면, 그들이 길을 잃어버린 것 같다는 인상을 받는다. 그러나 그들은 정확히 그들이 있어야 할 곳에 있었으며, 그들에게 기대되는 성품의 변화가 이루어질 때까지 하나님을 따라 광야를 떠돌았다. 그들은 아마도 그들을 부르신 뜻이 단순히 이집트로부터 나와 젖과 꿀이 흐르는 땅으로 들어가게 하는 것이라고 생각했을 것이다. 그러나 하나님의 구원 계획은 이집트로부터의 구원을 훨씬 넘어서는 것이었다. 하나님이 마음에 품으신 구원은 그들 자신으로부터의 구원이었다. 하나님은 새로 정착할 땅이 아니라 변화의 여정으로 그들을 부르셨다.

마지막으로, 예수님이 제자들을 부르신 것을 생각해 보라. 예수님은 단순한 말씀으로 시몬과 안드레를 부르셨다. "나를 따라오라. 내가 너희로 사람을 낚는 어부가 되게 하리라"(막 1:17). 레위를 향해서는 좀더 단순하게 말씀하셨다. "나를 따르라"(막 2:14). 여기서도 부르심은 그들을 영원히 변화시킬 여행을 떠나라는 부르심이다.

기독교 영성의 핵심은 그리스도를 따라서 인격적 변화의 여행을 떠나는 것이다. 우리가 부르심을 받아 나아갈 땅은 하늘이 아니다. 또한 그 땅은 어떤 외적이고 물리적인 장소도 아니다. 그 땅은 바로 그리스도가 원하시는 모습의 새로운 피조물, 즉 자신의 고유함과 정체성과 소명을 그리스도 안에서 발견하는 온전하고 거룩한 사람이다. 영적 친구들은 이 여정에서 서로의 동반자가 된다.

기독교 영성에서 영혼의 여정은 단순히 행위나 존재의 여정이 아니라 '되어 가는' 여정이다. 그렇기 때문에 이 여정의 우선 순위는 내면의 자아에 있다. 기독교 영성에서 일어나는 변화는 안에서 밖으로 움직인다. 이것이 그리스도가 항상 마음을 강조하셨던 이유다.

행동의 변화는 중요하지만, 행동의 동기는 더욱 중요하다. 예수님이 "이런 말을 너희가 들었으나 나는 너희에게 이르노니…"(마 5-7장을 보라)라는 문구로 산상 설교를 구성하신 방법을 생각해 보라. 그리스도가 제정하신 더 높은 표준은 무엇인가? 그것은 마음의 상태다. 동기가 중요하다. 은밀한 생각들도 문제가 된다. 내면의 자아가 중요하며, 사실상 그것이 예수님이 회심이라 부르는 인격적 변화의 주된 초점이다.

여행의 경로

아브라함이 부르심을 받아 떠났던 여행과 마찬가지로, 변화를 위한 영혼의 여정에서도 그 경로를 정확히 규정하기는 불가능하다. 그 이유는 우리가 이 여정에서 지도를 따라가는 것이 아니라, 예수님 한 분을 따라가기 때문이다. 예수님은 우리에게 어디로 가라고 말씀하지 않으시고, 단지 자신을 따르라고 하신다.

영적 여정에서 우리는 예수님이 아닌 다른 사람을 따르려는 유혹을 극복해야 한다. 우리가 복 있는 사람이라면, 영적 친구들이나 함께 여행하는 다른 그리스도인들 안에서 예수님을 보는 경험을 하게 될 것이다. 그런데 때때로 사람을 따르는 것이 곧 예수님을 따르는 것이라고 생각하고 싶은 유혹이 생긴다. 하지만 그렇지 않다. 영적 친구들이 가장 도움이 되는 경우는, 그들이 우리를 이끌어 갈 때가 아니라, 자기들의 역할이 길을 가리켜 보이는 것임을 명확히 할 때다. 그리고 그들이 가리켜 보여야 할 길은 바로 예수님이다.

영적 우정을 베풀려는 사람들에게 생기는 또 한 가지 중대한 유혹은 자기가 걸어온 경로가 다른 사람에게도 최선일 것이라고 전제하는 것이다. 모든 사람이 내가 하나님을 만난 길과 장소에서 하나님을 만나야만 한다고 믿기가 얼마나 쉬운지! 모든 사람이 나와 똑같은 방식으로 기도와 경건 생활과 봉사를 해야 한다고 상상하기가 얼마나 쉬운지!

영적 친구들의 과제는 우리가 하나님의 영의 임재와 뜻과 이끄심을 분별하도록 돕는 것이다. 그런데 영적인 친구들이 권위를 사용하여 우리에게 특정 경로를 따르도록 지시를 내리게 되면 심각한 문제가 일어난다. 그것은 자기들이 제작한 지도를 우리에게 제시하는 것이며, 아무리 잘한다고 해도 우리의 초점을 예수님과 그분의 영에 두지 못하도록 흔들어 놓을 뿐이다. 최악의 경우에는 우리의 초점이 하나님 자신이 아니라 지도에 맞추어지게 되는데, 이것은 우상 숭배의 죄다.

그러나 우리는 비록 경로를 세세하게 묘사할 수는 없더라도 분명히 그 길에 대해 무엇인가 말할 수 있다. 칼뱅을 따라 개신교인들은 이 여정에 회심, 성화, 영화라는 세 개의 대략적인 단계가 있다고 생각해 왔다. 회심(conversion)은 그리스도 안에서 우리의 새로운 삶이 시작되었음을 말한다. 성화(sanctification)는 거룩함이 자라나는 것이며, 영화(glorification)는 새로운 부활의 몸을 받음으로써 이 과정이 완성되는 것이다.

현재의 삶은 앞의 두 단계와 관련이 있으므로, 개신교인들은 주로 이 두 가지 측면을 언급해 왔다. 보통 개신교인들은 사람들에게 여행의 출발점으로서 회심에 대해 가르쳤고, 기본적인 영적 훈련(기도, 성경 공부, 교회 참여 등)을 하도록 독려했지만, 그 다음의 구체적인 경로에 대해서는 세세한 조언을 주지 못했다. 이것이 일반적으로 제자 훈련(또는 멘토링)이라고 불리는 것과 영성 지도의 주된 차이점이다. 일반적으로 행해지는 제자 훈련은 그리스도를 따르기 시작한 사람들이나 그 여정에서 멀리 나아가지 못한 사람들이 첫걸음을 떼도록 돕는 데 초점을 맞추고 있다. 반면 영성 지도는 그 여정에서 좀더 나아간 단계에 초점을 맞추며, 보통 이미 기도 생활을 하고 있지만 그 깊이를 더하고자 하는 사람에게 유익한 것으로 여겨진다.

한편, 로마가톨릭과 동방정교회가 받아들이는 그림은 정화, 조명, 연합의 세 단계로 표현된다. 정화(purgation)는 죄 고백과, 세속적인 소유와 가치를 내려놓음으로써 한 사람의 성품이 정결하게 되는 것을 말한다. 조명(illumination)은 하나님의 사랑과 평화에 대한 인격적 경험이 자라가며, 자신의 의지를 하나님께 기꺼이 복종시키는 성향이 자라는 것이다. 연합(union)이란 한 존재와 하나님 사이에 전반적인 조화가 이루어지는 것인데, 특히 하나님의 영이 우리의 것이 됨으로써 하나님의 뜻에 스스로를 맡기는 일에 초점이 있다.

실천적 신비주의. 그리스도인의 영적 변화에서 좀더 진보된 단계들에 대한 가장 유익한 논의는 가톨릭과 개신교의 신비주의자들에게서 볼 수 있다. 신비주의자들은 하나님을 인격적이고 경험적으로 알고자 하는 일에, 특히 하나님과의 연합의 체험을 추구하는 일에 생을 바친 사람들이다. 그들이 영적 여정에 대해 말하는 내용들은 하나님을 더 깊이 알기를 진지하게 추구하는 이들이나 이 영역에서 다른 사람들을 도와주려는 사람들에게 큰 도움이 된다. 여기서는 두 명의 저자만 언급하려 하는데, 한 사람은 개신교인이고 또 한 사람은 로마가톨릭 신자다. 다른 저자들은 이 책 마지막 부분의 "더 읽을 거리"에 소개해 놓았다.

아빌라의 테레사는 「영혼의 성」(*Interior Castle*, 바오로딸 역간)이라는 책에서 영적 여정을 한 성에 있는 일곱 개의 방을 지나가는 것으로 묘사했다. 이 여정의 목표는 가장 중심에 있는 방으로 나가는 것이다. 이 방은 그리스도가 머무는 곳이며, 우리는 거기서 그분을 가장 직접적으로 대면하게 된다. 이러한 은유를 통해 테레사가 묘사하는 것은 기도의 삶이 깊어지는 과정이다. 성 내부의 방들을 통과하는 움직임은 음성기도에서 묵상으로, 그리고 관상 즉 최종적인 하나님과의 연합으로 나가는 것을 비유한 것이다. 그녀가 묘사한 바로는 하나님과의 친밀함이 깊어지는 것은 단지 지식이 아니라 사랑을 통해 이루어진다. 이렇게 하나님을 아는 것은 마음의 앎이지 단순한 두뇌의 앎이 아니다. 주님과 사랑에 빠지는 것이다.

이블린 언더힐(Evelyn Underhill) 또한 영적 여정을 기도의 진보 과정으로 그렸다.「실천적 신비주의」(*Practical Mysticism*, 은성 역간)라는 책에서 그녀는 기도에서 진정한 진보가 있기 위해서는 세 가지가 필요하다고 주장한다. 첫째는 우리의 주의를 집중하는 훈련이고 둘째는 삶의 방식을 단순화하기, 그리고 셋째는 우리의 감정과 의지의 방향을 새롭게 하는 것이다. 그녀가 가르치는 기도의 접근법은, 회상이라고 부르는 것에서 시작하여 묵상으로 진행하고, 그 다음에 관상으로 나아간다. 이런 진행 과정에서 처음에는 집중하는 능력을 훈련해야 하고, 나중에는 성령께 자신을 내어 맡기는(관상과 관계 있는) 단계로 나아가야 한다. 관상 단계에 있을 때 우리는 하나님에 대해 단지 생각만 하는 것이 아니라 하나님을 직접적으로 경험한다. 언더힐은 이것을 사고는 사라지고 감각만 남는 경험이라고 말하는데, 이는 바로 아빌라의 테레사와 몇몇 사람들이 하나님과의 연합이라고 부른 것이다.

영적 여정을 구성하는 지형에 대한 이 두 여성의 묘사는 서로 유사하다. 이들은 십자가의 성 요한, 토머스 머튼, 살레의 프란시스 등 수많은 그리스도인 신비주의자들과 함께 기도의 중요성을 강조하고 있다. 기도의 학교에서 진보를 이루려면 훈련만으로 되지 않고 머리의 기도(언어적인 기도)에서 마음의 기도(하나님의 임재를 사모하며 그것을 향해 깨어 있게 만드는 기도)로 움직이는 것이 필요하다. 이런 기도는 결코 말로 드리는 기도를 대체하려는 것이 아니라 오히려 더 심화하려는 것이다. 또한 이것은 우리가 '쉬지 않는 기도'라는 목표를 향해 나가는 데 큰 도움을 줄 수 있다.

신비를 끌어안기. 개신교인들은 종종 신비주의를 의심의 눈으로 바라본다. 때때로 마술이나 비술(秘術)과 관련짓기도 하고, 혹은 기독교 신비주의라는 말 자체가 모순이라 단정짓기도 한다. 이것은 심각한 오해다. 기독교 신비주의자들은 기도 생활과 하나님과의 친밀함을 더 깊이 체험하고자 하는 사람들을 위해 엄청나게 풍부한 자원을 제공해 준다. 생활과 신앙에서 과도하게 지적인 성격이나 배경을 지닌 사람들은, 이런 도움이 무엇보다도 필요하지만 또한 누구보다도 강하게 저항하는 사람들이기도 하다.

내가 바로 그런 사람이었다. 오랜 세월 동안 나의 하나님을 아는 지식은 주로 하나님에 대하여 아는 것이었다. 나의 믿음은 감정적인 의존이나 신뢰보다는 지적인 동의 쪽에 가까웠다. 나는 가슴보다는 머리로 하나님과 관계를 맺었다. 말씀이 육신이 되었음에도 불구하고, 나는 그분을 다시 말씀으로(이것이 내가 더 잘 다룰 수 있는 매체였기에) 되돌려 놓으려 했다. 나의 이런 성향은 기독교 영성에 대한 경험적 접근(내 눈에는 신학적으로 빈약한 기반을 가진 것처럼 보였던)을 가소롭게 여기게 만들었다. 놀라울 것도 없이, 그 결과 하나님에 대한 인격적 경험은 극도로 메말라 버렸다.

나의 영적인 궁핍함이 얼마나 심각했는지는 30대 중반에 이르러 처음으로 명백히 드러났다. 나는 하나님의 임재에 대한 직접적인 체험이 부족함을 느끼기 시작했다. 나는 영적으로 평온을 잃었고 마음속에는 갈망만 가득했다. 나는 하나님에 대한 이론이 아니라 하나님 그분을 사랑하는 듯한 사람을 보면 질투가 생겼다. 나는 하나님을 이론으로만이 아니라 인격적으로, 경험적으로 알고 싶었다.

영적인 궁핍함을 느낀 나는 기독교 영성의 고전들을(이들 중 몇몇 저자의 이름을 위에서 언급했다) 찾게 되었다. 그 때 이미 이런 책들을 책꽂이에 많이 꽂아 두고 있었지만, 수박 겉핥기 식으로만 읽었지 그들의 길이 내 길이 되리라고는 전혀 기대하지 않았다. 그러던 내가 비로소 그 책들을 탐독하기 시작했다. 나는 성경을 찾아 가며 그 책들을 읽었고, 그 책들은 성경 말씀 배후에 있는 말씀이신 그분을 대면하도록 도와주었다. 그 책들은 또한 내가 머릿속뿐만 아니라 가슴 속에서도 하나님을 만나는 일에 첫걸음을 떼도록 도와주었다.

나는 마치 다시 태어난 것만 같았다. 그것은 영적인 중생이었고, 20년 전 회심 때의 영적인 충격과도 충분히 비교될 만한 경험이었다. 하나님은 나에게 기독교 신비주의자들을 영적 친구로 주셨고, 그들을 통해 하나님을 더 깊이 체험하도록 이끄셨다. 물론 나는 아직도 하나님과의 만남에 있어 내가 소원하는 깊이에는 훨씬 못 미치는 초보자에 불과하다. 그러나 나는 점점 그분께 더 가까이 나가고 있다.

이 지혜로운 그리스도인들은, 비록 시간과 장소상 멀리 떨어진 곳에 있지만, 많은 세대와 문화와 교파의 경계를 넘어 영적 여정의 동반자를 찾는 이들을 위한 유익한 영혼의 인도자가 될 수 있다. 우리는 이들이 우리와 같아 보이지 않는다는 이유로 (지나치게 진지하고, 너무 현세를 초월해 있는 듯하며, 다른 종류의 기독교에 속해 있다 해도) 이들을 소홀히 여기거나 무시하지 않도록 조심해야 한다. 사실 이들은 우리의 동료 순례자들이며, 이 여행에서 우리를 둘러싼 구름같이 허다한 증인들 중의 일부로서 우리에게 중요한 동반자요 영적인 인도자가 되어 줄 사람들이다.

신비는 언제나 이해하기 어려운 면이 있다. 그러나 이를 두려워할 필요는 없다. 모든 신비한 것들을 제거한 여행을 통해서는, 안전 지대를 벗어나 진정한 변화를 체험하는 데까지 멀리 나갈 수 없다.

여행의 목적지

나는 그리스도인이 영적 여정에서 통과하게 되는 지형을 언급했다. 그러나 이 여행의 목적지는 어디인가? 모든 여행은 목표가 있어야만 하고, 변화의 과정도 목표 지점이 있어야 한다. 그러면 우리는 영적인 변화를 위한 여행의 목표 지점을 어떻게 그려 볼 수 있을까?

영적 여정을 통해 도달하고자 하는 목적지는 다양한 방식으로 묘사되어 왔다. 이것은 종종 '그리스도를 닮아가는 것', '성령의 열매를 맺는 것', '거룩해지는 것'이라는 말로 그려지기도 했다. 웨스트민스터 신앙고백은 이것을 "하나님을 알고 그를 영원히 즐거워하는 것"이라고 말한다. 동방정교회의 그리스도인들은 종종 '하나님의 형상을 지니는 것에서 하나님을 닮는 것으로의 변화'를 말함으로써, 개신교인들이 성화라고 부르는 부분을 강조한다. 이 여행의 목표에 대한 로마가톨릭의 전형적인 표현은 '하나님과의 연합'이다. 이런 표현들은 각각 그리스도를 따르는 삶의 일부인 인격적인 변화의 중요한 차원들을 반영하고 있다. 나는 이것을 서로 밀접한 관련이 있는 가장 중요한 세 가지 목표로 요약할 수 있다고 생각한다. 첫째는 위대한 사랑의 사람이 되는 것이며 둘째는 온전하고 거룩하게 되는 것, 마지막으로 그리스도 안에 있는 참 자아가 되는 것이다.

위대한 사랑의 사람

기독교 영성에 대한 어떠한 진술도 그 중심에 사랑이 자리잡지 못한다면 온전한 진술이라 말할 수 없다. 하나님은 사랑이시다. 하나님은 성령을 통해 이 사랑을 우리의 마음에 부으셨다(롬 5:5). 하나님이 사랑을 우리에게 부어 주신 것은 우리도 그분과 같은 위대한 사랑의 사람이 되기를 간절히 바라셨기 때문이다.

존 웨슬리는 성화를 그리스도의 형상을 닮아 새롭게 되는 과정으로 묘사한다. 웨슬리는 이 말의 중심 의미를 그리스도가 행했던 사랑을 실천하는 것으로 이해했다. 그리스도는 어떻게 사랑했는가? 그분은 하나님을 온 마음과 영혼과 생각과 힘을 다해 사랑했고, 자기 이웃을 자기 몸처럼 사랑했다. 그리스도인의 영적인 변화를 웨슬리를 따르는 사람들의 언어로 표현하자면, '사랑에 완전해지는 것' 즉 '그리스도의 사랑이 우리의 사랑이 되는 것'이다.

그리스도가 율법의 계명들을 요약한 순서에는 중요한 의미가 담겨 있다. 사랑은 하나님과 함께 시작된다. 그러므로 우리가 위대한 사랑의 사람으로 변화되는 일은 자신을 더 깊이 사랑하는 것이나 우리의 이웃을 더 순수하게 사랑하는 것에서 시작되는 것이 아니라, 하나님과 사랑에 빠져 눈이 멀게 됨으로써 시작된다.

우리는 어떻게 하나님을 사랑하는 법을 배울 수 있는가? 대답은 '그분을 알게 됨으로써'다. 그러나 사랑으로 이끄는 앎은 결코 단순한 머리의 앎 곧 하나님에 관한 앎이 아니다. 경건으로 이끄는 앎은 가슴의 앎에 기초를 둔다. 하나님을 정말로 알기 위해서는 그분의 사랑을 체험적으로 알아야 한다. 나는 하나님이 나를 사랑하신다는 것을 '믿기만' 하는 것이 아니라 '알게' 되었을 때 하나님을 사랑하기 시작했다. 하나님의 깊은 사랑을 받는다는 사실을 마음 가장 깊은 곳으로부터 알게 되었을 때, 나는 비로소 하나님을 가슴으로 아는 일에 첫 발을 떼게 되었다. 그리고 다른 사람을 진정으로 사랑하기 시작할 수 있었다.

「하나님의 임재 연습」(*The Practice of the Presence of God*, 두란노 역간)이라는 책에서 로렌스 수사는, 17세기의 대부분 기간에 걸쳐 수도원의 부엌에서 접시를 닦으면서 배우게 된 기도에 대한 단순한 비밀을 공개한다. 그의 '비밀'은 놀라울 정도로 단순하다. 사랑하는 마음으로 눈을 들어 하나님을 반복적으로 바라보는 것이다. 로렌스 수사의 기도 방법은 사실 사랑의 관계를 배양하는 훈련일 뿐이다. 사랑을 자라게 하는 일에 사랑의 마음으로 바라보는 것보다 더 좋은 방법이 있겠는가?

하나님을 알기 위해서는 단지 **하나님에 대해서**가 아니라 **하나님을** 생각해야 한다. 우리는 우리와 함께하는 하나님의 임재에 주의를 기울이는 법을 배워야 한다. 우리는 하나님만 바라보며 그 앞에 잠잠히 머물러 그분에게만 초점을 맞추면서 시간을 보내는 법을 배워야 한다. 그리고 우리는 하나님께 귀기울이는 법을 배워야 한다. 사랑으로 주의를 기울이는 이런 훈련들은 하나님과의 사랑의 관계를 발전시켜 나가는 일의 기초가 된다.

또한 진정한 하나님 사랑은 이웃 사랑으로 흘러들어 간다. 예수님은 사람들을 향한 우리의 사랑이 세상에 대하여 우리가 그의 제자임을 드러내는 표지가 될 것이라 말씀하셨다(요 13:35). 요한은 "사랑하는 자마다 하나님으로부터 나서 하나님을 알고 사랑하지 아니하는 자는 하나님을 알지 못한다"(요일 4:7-8)고 말한다. 하나님을 아는 것과 사랑의 관계가 이보다 더 분명할 수는 없다.

이런 내용을 쓰면서 나 자신의 형편없음을 다시 한 번 고통스럽게 깨닫게 된다. 최근에 나는 소중한 친구를 너무도 거칠게 대한 일이 있었다. 나는 지극히 작은 일에 대해 전적으로 부적절하고 상처를 주는 말로 나의 짜증을 쏟아부었다. 그 후에 그의 용서를 구한 다음 친구를 있는 모습 그대로 사랑할 수 있는 능력을 달라고 뜨겁게 기도했다. 그리고 몇 주 후에 똑같은 일을 또 반복했다.

하나님이 사랑 외에 영적인 진보를 측정하는 다른 뛰어난 기준을 무엇이든 단 한 가지만이라도 정해 놓으셨기를 얼마나 바랐던지! 하나님 사랑과 이웃 사랑에 대한 나의 궁핍함을 깨닫는 것은 너무도 낙심되는 일이었다. 그것은 내가 그리스도를 따르는 동안 만났던 일들 중에서 가장 괴로운 일이었다.

내 사랑의 한계를 깨달을 때의 처음 반응은 항상 똑같다. '더 열심히 노력하자.' 나는 사랑을 위해 더 뜨겁게 기도한다. 그리고 더 부지런히 사랑하려고 노력한다. 그러나 아무것도 변하지 않는 것을 본다. 그리고 나는 다시 한 번 내가 일을 완전히 거꾸로 행하고 있었음을 깨닫는다. 하나님은 내가 더 사랑하기 위해 노력하는 것을 원치 않으신다. 하나님은 내가 그분의 사랑을 흡수하여 나로부터 그 사랑이 흘러나오기를 원하신다.

　그리하여 나는 다시 나 자신이 하나님의 깊은 사랑을 받는 존재임을 깨닫게 된다. 하나님의 사랑을 묵상하면 나의 초점은 나 자신이나 하나님을 향한 나의 사랑이 아니라, 하나님과 나를 향한 하나님의 사랑에 머물게 된다. 그리고 변화가 일어나기 시작한다. 내 마음은 점점 따뜻해지고 부드러워진다. 나를 향한 하나님의 사랑을 새로운 수준으로 경험하기 시작한다. 그리고 거의 느껴지지 않을 정도로 느린 속도이긴 하지만 나는 다른 사람을 하나님의 사랑의 눈으로 보기 시작한다. 나는 다른 사람을 향한 하나님의 사랑을 경험하기 시작한다.

　오직 사랑만이 진정한 변화를 일으킬 수 있다. 이 일에서 의지의 힘은 부적절한 도구다. 영적인 노력조차도 이런 변화를 일으킬 수 없다. 우리가 위대한 사랑의 사람이 되기 위해서는 위대한 사랑을 베푸는 위대한 연인에게로 거듭 돌아가야 한다. 토머스 머튼은 그리스도인의 사랑의 뿌리는 사랑하려는 의지가 아니라 자신이 하나님께 깊이 사랑받고 있다는 믿음이라고 말했다. 그 위대한 사랑, 우리가 어떤 거절도 경험하기 전부터 거기 있었고, 모든 거절을 경험한 뒤에도 우리를 위해 그 자리에 있을, 그 사랑으로 돌아가는 것이야말로 우리의 진정한 영적 과업이다.

　영적 변화의 여행을 떠나는 것은 거룩한 사랑의 학교에 등록하는 것이다. 이 학교에서 우리의 주된 과제는 공부와 연습이라기보다는 주님의 깊은 사랑을 받는 것이다.

온전함과 거룩함

나는 영적 여정의 목표를 '온전하고 거룩하게 되는 것'이라고 말하기를 좋아하는데, 그 이유는 이 표현이 하나님의 사랑과 구원의 초점이 우리의 일부분이 아니라 전 인격임을 기억하게 만들기 때문이다. 예수님은 나의 어떤 비물질적이고 영원한 한 부분만을 사랑하시지 않는다. 그분은 나를 사랑하신다. 그리고 예수님은 나의 어떤 한 부분을 구원하기 위해 죽으신 것이 아니다. 그는 전 존재로서의 나를 새롭게 하려고 죽으셨다. 이보다 못한 어떤 개념도 구원을 시시한 일로 만들며, 인간됨을 하나님이 전혀 의도하지 않은 방식으로 조각내 버린다.

그리스도인의 여정은 너무도 빈번히 '하나님과 같이 되는 것'이라는 단순한 말로만 이해되어 왔다. 이것이 핵심적인 요소이기는 하지만, 만일 우리가 이런 측면만을 강조한다면 우리는 우리의 인간됨을 소홀히 여기는 영성을 개발하게 될 것이다. 영적 여정은 덜 인간적이 되고 더 신적으로 되어 가는 길이 아니다. 그것은 좀더 완전한 인간이 되는 과정이다. 구원은 우리를 인간성으로부터 구출해 내는 것이 아니라, 우리의 인간성을 구속하는 것이다.

비극적인 일이지만, 영적 여정에 대한 어떤 관점들은 사람들로 하여금 인간성의 모든 양상들을 부인하도록 만들었다. 어떤 사람들은 성(性)을 거부했고, 어떤 이들은 지성이나 감정, 또는 놀이를 즐기는 성향 등을 거부했다. 그런 사람들은 모두 온전함과 거룩함으로 나아가는 길을 절뚝거리며 걷게 된다. 그러나 그들은 자신의 절뚝거림을 하나님께 가져가 치유받으려 하기보다는 영적인 훈장으로 소유하려는 경향이 있다.

인간됨에 근거하지 않은 영성은 지상의 삶에 아무런 도움이 되지 못한다. 사실 도움이 되지 않을 뿐 아니라 오히려 위험하다. 좀더 신적으로 보이게 하지만, 좀더 참된 인간으로 빚어 내지 못하는 영성은 결국 우리의 인격을 파괴한다. 인간됨을 포용하는 것이 예수님께 충분히 바람직한 일이었다면, 우리가 어떻게 인간됨을 조롱할 수 있는가? 우리가 예수님처럼 변화되고 그의 성품을 입기 위해서는, 그와 마찬가지로 우리도 스스로의 인성을 포용하고 우리의 영성을 그 안에서 실현해야만 한다. 진정한 영적 여정은 항상 인성의 구속을 포함해야 하며, 결코 그것을 부인하거나 십자가에 못박으려 해서는 안 된다.

이 사실은 우리로 하여금 하나님을 아는 것과 자아를 아는 것 각각의 중요성과 상호 의존성을 주목하게 만든다. 「기독교 강요」(Institutes of the Christian Religion)의 첫 페이지에서 칼뱅이 주장한 대로, 자아에 대한 깊은 지식을 떠나서는 하나님에 대한 깊은 지식도 없으며, 하나님에 대한 깊은 지식을 떠나서는 자아에 대한 깊은 지식도 없다. 14세기의 기독교 신비주의자이며 신학자인 마이스터 에크하르트(Meister Eckhart)는 2세기 전에 동일한 말을 했다. 온전함과 거룩함을 위해서는 하나님을 아는 것과 자아를 아는 것 모두가 필요하다.

자신의 모든 에너지를 하나님을 아는 일에 투자하면서도 자기를 참되게 아는 일에는 아무것도 투자하지 않는 것은 얼마나 비극적인 일인가! 그런 사람이 지도자의 위치에서 영향력을 끼친다는 것은 또 얼마나 두려운 일인가! 성숙하기 위해서는 하나님과 우리 자신을 알아야 한다. 한 쪽을 깊이 있게 알수록 다른 쪽을 더 깊이 알아가는 데 도움이 되기 때문이다.

거룩함은 하나님의 성품을 입는 것을 강조하지만, 온전함은 그 거룩함이 우리를 신이나 천사로 만들지 않고 오히려 완전한 인간이 되게 만든다는 점을 분명히 한다. 성 이레나이우스는 '하나님의 영광은 온전히 살아 있는 한 인간'이라고 말한다. 하나님의 사역은 우리를 충만히 인간답게 하고 충만히 살아 있게 하는 것이며, 이것이야말로 예수님이 약속하신 풍성한 생명이다(요 10:10). 우리의 생명력과 삶의 진정한 충만함이 삶의 제정자이신 하나님을 보여 주고, 그렇게 함으로써 하나님을 영화롭게 한다.

구원의 목적은 깨어진 것을 온전하게 만드는 것이다. 영적 여정은 바로 그 온전함을 목표로 삼는다. 그러나 진정한 온전함은 거룩함과 분리되어 이루어질 수 없다. R. C. 스프로울(Sproul)은 「하나님의 거룩」(*The Holiness of God*)이라는 책에서, 변화를 일으키는 하나님과 인간의 만남은 항상 동일한 유형을 지닌다고 말한다. 하나님이 나타나시고, 사람은 그들의 죄 때문에 두려움에 떨며, 하나님이 우리의 죄를 용서하시고 치유하시며(거룩하고 온전하게), 그 후에 하나님은 우리가 그를 섬기도록 파송하신다. 이것은 그리스도인의 영적 여정의 목표로서 거룩함과 온전함이 서로 연결되어 있음을 의미한다. 거룩함이 영적 여정의 목표가 되는 이유는 하나님이 거룩하시며 또 우리에게 거룩하라고 명령하시기 때문이다(레 11:44).

거룩함은 거룩하신 하나님과 관계를 회복함으로써 하나님의 생명과 성품을 입는 일과 관련된다. 이 관계는 우리의 가장 근본적인 질병 즉 우리의 근원, 구속자, 영혼의 위대한 연인으로부터 분리된 데서 온 치명적 질병을 치유한다. 그러므로 이 관계는 동시에 우리의 거룩함과 온전함의 근원이 된다.

인간은 하나님과 친밀한 관계를 맺도록 설계되었고, 깊숙이 자리한 그들의 참된 자아는 그 관계로부터 멀어지면 만족을 얻을 수 없다. 거룩함은 하나님의 정체성을 단순 이식함으로써 우리의 정체성이 소멸되는 것이 아니다. 거룩함이란 우리 안에 있는 하나님의 영이 일하심으로써 일어나는 우리 자아의 변화를 의미한다. 거룩함은 하나님과 친밀한 관계를 맺고 살면서 하나님을 닮아가는 것이다. 이것은 성령을 받고, 우리의 영이 성령에 의해 변화되도록 허용하는 일이다. 이것은 또한 우리의 생명을 그리스도 안에서 발견하며 그 안에서 살아가는 것이고, 결국 그리스도의 생명과 영이 우리의 생명과 영이 됨을 발견하는 것이다. 그리스도인의 영적 변화의 여정이란 이런 것이며, 바로 이것이 온전하고 거룩하게 되어 가는 과정이다.

그리스도 안에 있는 참 자아

사람들은 우리의 생명과 우리 안에 있는 그리스도의 생명의 관계에 대한 신약 성경의 신비로운 가르침을 빈번히 오해해 왔고, 그것이 종종 심각한 결과를 낳았다. 이것을 잘못 이해하면 자아의 이해를 오도하는 위험한 가르침에 빠진다. 이 때문에 사람들은 때로 엉뚱한 대상을 십자가에 못박기도 했다.

바울은 그리스도와 함께 십자가에 못박힌 것과 그리스도가 자기 안에 사는 것에 대해 말했다(갈 2:20). 그러나 우리의 어떤 부분이 십자가에 못박혀야 하며 어떤 부분이 그리스도 안에서 살아야 하는가? 나의 자아와 내 안에 사는 그리스도의 관계는 무엇인가? 무엇보다도, 그리스도가 내 안에 살고 있다면 십자가에 못박힌 후에 살아 남은 어떤 '나'가 있어야만 한다. 그러면 이것은 그리스도인의 변화의 여정의 목표와 관련해서 무엇을 말해 주는가?

그리스도 안에서 참 자아가 되어 간다는 말은 참된 방식과 거짓된 방식의 삶이 있다는 사실을 드러낸다. 우리는 대부분 스스로 자신이 만든 가면을 쓰는 방식들을 인식할 수 있다. 우리가 어떤 주어진 상황에서 어떻게 행동하기를 원하는지에 대해 생각할 수 있다는 사실은 우리가 이에 대해 선택할 수 있음을 보여 준다. 이 선택에 내재된 것은 우리가 가장된 삶을 선택할 수 있다는 사실이다. 즉 우리는 어떤 존재인 척하기로 선택할 수 있다.

참된 자아와 거짓된 자아에 관한 매우 유익한 논의에서 바실 페닝턴(Basil Pennington)은, 거짓 자아는 내가 가진 것, 행하는 일, 그리고 사람들이 나에 대해 생각하는 것으로 만들어진다고 말한다. 그러므로 그것은 잘못된 조각들로 구성된다.[2]

이제 잠시 멈추고 자신을 남에게 어떻게 소개할지 생각해 보라. 그 내용이 당신이 남들에게 어떻게 보이기를 원하는지에 대해 많은 것을 말해 줄 것이다. 사람들이 내가 가진 것과 행하는 것을 통해 나를 보게 하도록 애쓰는 것도 거짓된 자아에서 나오는 삶을 사는 것이다.

페닝턴은 그리스도가 광야에서 받은 유혹이 이러한 거짓된 중심을 가지고 살라는 유혹이었다고 말한다. 첫째로 사탄은 그에게 돌을 떡으

---

2) Basil Pennington, *True Self/False Self* (New York: Crossroad, 2000).

로 만들라고 부추긴다. 그러나 예수님은 자신이 행하는 일을 기반으로 정체성을 세우라는 부추김을 받아들이지 않는다. 그 다음에 사탄은 성전의 꼭대기에서 군중들에게로 뛰어내려 자기를 즉시 메시아로 알아보게 하라고 꼬드긴다. 다시 한 번 예수님은 그 유혹을 거절한다. 그는 자신의 정체성을 다른 사람의 칭찬에 두지 않기로 선택했다. 마지막으로 사탄은 그에게 세상 모든 나라들을 주겠다고 제안했다. 그러나 다시 한 번 예수님은 그 제안을 거절함으로써 자신의 정체성을 소유와 권력에서 찾지 않았다.

예수님은 하나님 앞에서, 또 하나님 안에서, 자신이 누구인지 알았다. 그러므로 그는 소유와 행위와 타인의 존경에 근거한 거짓된 중심을 가지고 자신의 삶을 살아가라는 유혹들에 저항할 수 있었다.

토머스 머튼은 우리의 거짓된 존재 방식들의 중심에는 항상 하나님의 뜻에 복종하기를 거부하는 죄가 도사리고 있다고 말한다.[3] 그리스도 안에서 정체성을 찾고 삶을 완성해 가지 않는다면, 거짓된 중심에 따라 살아가게 될 위험이 있다. 거짓된 중심을 지닌 삶에는 스스로 자아를 만들어 내는 것 외에 다른 대안이 없다.

바로 이 곳이 문제가 시작되는 지점이다. 영원 전부터 존재하도록 부름받은 나의 자아는 그리스도와의 관계 속에서만 의미를 지닌다. 나는 독특한 자아가 되도록 부름받았지만 그것은 단순히 내가 원하는 대로 되고자 꿈꾸고 선택하는 자아가 결코 아니다. 이 자아는 오직 실제로 그리스도 안에 존재하는 나다. 이것이 나의 영원한 자아, 본래 의도된 나

---

3) Thomas Merton, *New Seed of Contemplation* (New York: New Directions, 1961). 「새 명상의 씨」(가톨릭출판사).

의 자아다. 이것이 나에게 진정한 온전함과 거룩함을 허락하는 유일한 자아다.

그러면 무엇이 십자가에 못박혀야 하는가? 그것을 나의 죄악된 자아 혹은 거짓 자아라고 부르자. 십자가에 못박혀야 할 것들은 하나님의 뜻에 복종하지 않는 나의 삶의 방식들이다. 그것은 죄짓는 것을 멈추라고 요구할 정도로 변혁적이지 않으며 너무도 피상적이다. 로욜라의 이그나티우스는 죄란 궁극적으로 "하나님이 나의 행복과 완성을 바라신다는 것을 믿기를 거부하는 것"이라고 말했다. 이것을 믿지 못하면 죄의 유혹을 받게 된다. 내가 나를 행복으로 이끄는 것이 무엇인지 판단할 수 있는 가장 좋은 위치에 있다고 확고히 믿고, 내 삶을 내 손에 두려고 하게 된다. 하나님이 내 존재를 완성하는 것 외에 다른 것을 원치 않으심을 확신할수록 그 뜻에 복종하기는 점점 더 쉬워진다.

우리의 죄악되고 거짓된 존재 방식이 우리가 십자가에 못박아야 할 부분이라면, 우리가 실현해야 할 부분은 무엇인가? 내가 되어야 할 자아는 내 안에 있는 그리스도다. 이것은 그리스도 안의 자아이며 이 둘은 같은 것이다. 둘은 모두 그리스도와 그의 생명(이 생명은 내 안에서 그리고 나를 통해서 드러난다)의 충만함 안에서만 발견되는 고유한 자아를 가리킨다. 이것이 갈라디아서 2:20이 말하는 복음이자 그리스도인의 변화의 여정의 목표다.

이 여행이 의도하는 세 가지 목표(위대한 사랑의 사람이 되는 것, 온전하고 거룩하게 되는 것, 참된 그리스도 안의 자아가 되는 것)는 그리스도인의 영적인 변화가 실제로 얼마나 변혁적인지 보여 준다. 때로 이런 목표들은 결코 성취할 수 없을 것 같고, 지금 나의 자리에서는 도저히 가서 닿을 수 없을 만큼 멀게 느껴진다. 진정한 변화를 이루는 것은 너무 피곤한 일이며 너무 먼 길로 보인다. 나는 그저 지금 있는 곳에 머물고 싶다. 나는 여행을 그만두고 여기가 어디든 내가 지금 있는 곳을 목적지라고 말하고 싶다. 이 여행을 나 혼자 떠난다면 나는 즉시 그렇게 해 버릴 것만 같다. 그러나 나는 이 여행을 혼자 떠날 필요가 없다. 사실 감히 그러지 못한다.

함께 여행하기

내 친구 중에 교회에 불만을 품고 주일 예배에 자주 빠지면서도 계속 출석하고 있는 사람이 있다. 얼마 전 내가 그에게 왜 그 교회에 계속 출석하느냐고 물었을 때, 그는 흥미로운 대답을 했다. 교회에서 떨어져 나오면 영적인 성장이 멈출까 봐 두렵다는 것이었다. "설교에서 얻는 것이 하나도 없고, 예배 시간에도 하나님을 만나기 힘들지만, 교회는 영적 여정에서 다른 사람과 계속 접촉할 수 있는 곳이야. 영적 성장은 혼자 지속하기가 너무 어려운 것이잖아."

이 친구가 옳다. 그리스도인의 영성은 함께 여행하는 것을 전제로 한다. 이는 하나님의 영이 함께하시는 것을 넘어 동료 순례자들이 함께한다는 뜻이다.

요즈음 이루어지는 영혼에 대한 논의는 종종 돌봄의 강조점을 자신의 영혼에 둔다. 자신의 영혼도 중요하기는 하지만, 기독교적인 영혼의 돌봄은 강조점이 항상 다른 영혼을 돌보는 데 있다. 영혼을 돌보는 것은 곧 이웃 사랑의 행위다. 예수님이 이웃을 자기 몸처럼 사랑하라 하셨을 때, 그분은 자기를 돌보는 일이 아니라 다른 사람들을 돌보는 일에 대해 말씀하신 것이다. 자기 돌봄의 원리도 그 안에 암시되어 있기는 하지만 본질적인 내용은 아니다. 개인의 내면의 삶에 주의를 기울이는 것은 다른 사람의 영혼을 돌보는 일에서도 반드시 필요한 일이다. 그러나 영혼의 돌봄을 일차적으로 자기 돌봄으로 간주한다면, 우리는 교회의 사명의 핵심에 있는 한 개념을 사소한 것으로 만들어 버리게 된다.

영적 여정은 다른 사람들과 함께 가는 여행이다. 우리 각자는 자기만의 여정이 있다. 그리고 그 여정은 우리 각자에게 독특한 것이다. 그러나 우리 중 누구라도 그 여행을 홀로 떠나는 것은 하나님의 의도가 아니다. '낙원으로 가는 자신의 길을 홀로 개척하는 고독한 그리스도인'이라는 신화는, 성경이 교회를 그리스도의 몸으로 가르치는 내용들(고전 12:12-31)과 만나면 산산이 부서져 버린다. 인격적 변화의 여정에서 우리는 한 몸의 지체들로서 그리스도를 따른다. 우리는 영적 동반자들과 공동체를 벗어나 여행할 수는 없다.

나는 큰 모험에 대한 도전이 오면 즉각적으로 반응하는 그런 부류의 사람이다. 분명한 목적지 없이 광야로 떠나는 것을 생각만 해도 내 가슴의 깊은 부분은 꿈틀거린다. 장거리를 홀로 항해하는 것도 마찬가지다. 그러나 커다란 모험을 좋아하는 나 같은 사람들은 보통 모험을 혼자 즐기는 고집 센 개인주의자들이다. 영적 여정은 이런 식으로 이루어질 수 없다. 그것은 마라톤 경주와는 다르다. 이 여행에서는 어느 누구도 혼자서 진정한 진보를 이룰 수 없다. 함께 여행하는 것만이 이 모험의 목표인 인격적 변화를 성취할 수 있는 유일한 방법이다.

그리스도인의 여정에서 동반자가 필요한 몇 가지 이유가 있다. 그 중 가장 중요한 것은, 영성의 근본인 자아와 하나님에 대한 깊은 지식은 다른 사람들을 깊이 알고 또 그들이 나를 알 때 얻을 수 있다는 점이다. 우리를 기꺼이 도와줄 수 있고 도와주고자 하는 다른 사람들 없이는 하나님을 알고 자아를 아는 일에 큰 진보를 이룰 수 없다. 어떤 영적 친구들은 우리가 스스로를 알도록 도와준다. 또 어떤 이들은 우리가 하나님을 알도록 돕는다. 제일 좋은 친구는 두 가지 모두를 주는 친구다. 이것이 진정한 영적 친구가 줄 수 있는 선물의 가장 중요한 특징이다.

자아와 하나님을 깊이 알기 위해서는 다른 사람들을 깊이 알고 또 그들이 나를 깊이 알아야 한다는 것에 주의하라. 다른 사람들과의 친밀한 관계를 통해 우리는 하나님과 친밀한 관계를 맺을 수 있는 준비를 갖춘다. 나는 어떤 사람이 하나님과 친밀한 인격적 관계를 경험할 수 있으면서 다른 사람들과는 그런 관계를 경험할 수 없다는 것을 상상하기 어렵다. 영적 여정에서 동반자들이 주는 선물은 하나님과 우리 자신을 알도록 돕는 것에 그치지 않는다. 우리는 또한 그들과의 관계 덕분에 친밀한 관계를 맺을 수 있는 사람이 된다. 이것은 이 여행의 목표인 그리스도인의 성품의 본질적인 요소다.

사랑은 오직 친밀한 영혼의 관계들을 통해서 배양된다. 낯선 사람들과의 교류를 통해서도 사랑에 대해 배울 수 있겠지만, 그리스도가 우리에게 바라시는 위대한 사랑의 사람이 되기 위해서는 적당한 분량의 친밀한 관계가 필요하다. 영혼의 우정 안에는 우리가 사랑의 학교에서 진보하도록 도와주는 가장 커다란 가능성들이 숨어 있다. 함께하는 여행을 통해 우리는 자신의 자기애의 강도를 발견하게 되며, 진정한 사랑의 마음을 계발할 수 있는 기회를 얻게 된다.

변화의 여정에 관한 묵상

함께하는 여정에 관한 논의를 더 진행하기 전에 우리가 지금까지 다루었던 영역들에 대해 정리하는 시간을 잠시 가지자.

가장 기본적인 말로 표현하면 그리스도인의 영성은 하나님과의 관계다. 아마도 기독교의 하나님에 대해 우리가 기억해야 할 가장 놀라운 것은 우리가 하나님을 찾기 전에 하나님이 우리를 찾으셨다는 사실일 것이다. 사실 우리가 경험하는 하나님을 향한 갈망은 알고 보면 하나님의 영이 우리로 하여금 하나님을 향하도록 불러내신 결과다. 영성은 성령에 대한 우리 영의 응답이다.

◎ 지금까지 당신이 걸어온 길을 돌아보라. 당신이 경험한 최초의 영적인 움직임은 무엇이었는가? 당신의 여정 속에서 하나님은 주로 어떤 방식으로 당신을 성장시키며 그분을 향하도록 부르셨는가? 당신의 여정을 성령에 대한 당신의 영의 응답으로 이해하는 것이 어떤 특별한 의미가 있는가?

◎ 당신이 일기를 쓰고 있지 않다면, 기도하는 가운데 당신의 영적 여정에 대해 정기적으로 돌아볼 수 있는 방법으로서 일기 쓰기를 고려해 보라. 일기를 쓰면서 이 책의 각 장 끝에 나오는 질문들을 가지고 하나님과 대화하는 시간을 가지라.

그리스도인의 영성은 우리를 향한 하나님의 의도를 전부 이루는 것과 관련이 있다. 이 장에서 우리는 이것을 그리스도 안에 있는 참 자아를 발견하기 시작함으로써 온전하고 거룩한 위대한 사랑의 사람이 되어 가는 과정으로 묘사했다. 이것은 또한 정말로 완전한 인간, 정말로 완전한 우리 자신이 되는 것과 관련이 있다. 이것이야말로 우리가 삶에서 경험할 수 있는 가장 위대한 모험이다.

◎ 영성의 목표를 당신은 어떻게 이해하는가? 당신이 이 여정의 진보를 보여 주는 주된 표시로 여기는 것들은 무엇인가? 당신은 이 여정에서 자신의 진보를 어떻게 평가할 수 있는가?

◎ 인격적이고 체험적으로 하나님을 알아가는 것이 가능하다는 말을 당신은 어떻게 받아들이는가? 당신이 하나님을 주로 가슴이 아닌 머리로만 알아 왔다면, 당신에게 아빌라의 테레사가 '사랑을 통해 아는 것'이라고 말한 하나님과의 친밀함을 경험하는 것이 어려운 무엇인가? 당신은 정말로 이것을 좀더 충만하게 경험하기를 바라는가? 당신의 갈망과 두려움을 적어 보라. 그리고 그 내용을 하나님을 가슴으로 아는 사람이라고 생각하는 사람과 나눌 수 있는 기회를 찾아보라.

영적 여정으로의 부르심이 지닌 한 가지 중요한 특징은, 이 부르심이 단순히 어떤 곳에 가서 무엇을 하라는 것이 아니라 예수님을 따르라는 부르심이라는 점이다. 우리를 향한 그리스도의 부르심은 결코 회심에서 끝나지 않는다. 이 부르심은 영적 여정의 모든 단계와 관련이 있다.

◎ 복음서를 펴고 예수님이 제자들에게 자신을 따르도록 부르시는 이야기들을 읽어 보라(막 1:14-19; 2:13-17; 눅 5:1-11, 27-32; 요 1:35-51). 그 이야기 속에 들어가 예수님이 말씀을 건네시는 제자가 되어 보라. 예수님은 오늘 당신에게 무엇이라고 말씀하시는가?

혼자 영적 여정을 떠나도록 부름받는 사람은 아무도 없다. 물론 우리는 한 번도 혼자였던 적이 없다. 예수님을 따르는 길에서 성령이 항상 우리와 동행했기 때문이다. 그러나 우리는 또한 인간 동반자들, 곧 영적 친구들과 영성 지도자가 모두 필요하다. 앞으로 살펴보겠지만, 이들은 이 변화의 여정에서 우리와 동행하는 사람들이다. 이들은 단순히 우리의 성장을 돕기 위해서만이 아니라, 우리를 사랑하고 우리와 삶을 나누기 원하기 때문에 우리와 동행한다. 이 동행 과정에서 그들은 우리에게 영적 성장을 위한 중요한 기회들을 제공한다. 이어지는 장들에서 이 기회들에 대해 살펴볼 것이다.

◎ 지금까지는 경험해 보지 못했지만, 장차 경험하게 될 영적 여정의 양상들에 대해 나눌 수 있는 사람이 있는가? 다른 사람과 함께 새롭고 좀더 의미 있는 여행을 떠나기 위해 그런 나눔의 기회를 찾아보라. 이 장에서 읽은 내용들에 관한 생각들을 나눌 수 있는 사람을 발견할 수 있도록 하나님께 도움을 구하라.

2장 환대, 함께함, 대화

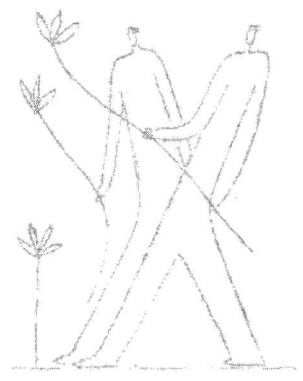

부모로서의 커다란 특권 중 하나는 자녀들로부터 배울 기회가 있다는 것이다. 나는 최근에 아들로부터 여행의 동반자가 되는 일에 대해 한 가지 중요한 것을 배웠다.

내 아들 진은 중앙아메리카와 남아메리카의 여행 가이드로 일하고 있다. 소규모의 여행자들과 모험을 함께하는 그의 임무는 사람들이 육체적으로 활기를 잃지 않고 지역 문화를 더 잘 체험할 수 있도록 만드는 것이다. 이 여행은 보통 다섯 명에서 여덟 명의 사람들이 여섯 주에 걸쳐 여섯 개 나라를 방문하며 정글을 탐험하고 산을 오르고 그 지역의 문화와 음식을 체험하는 여행이다. 그는 자기가 맡은 그룹의 모든 사람들이 여행 내내 즐거울 수 있도록 열심히 일한다. 그는 뛰어난 가이드이며 자기 일을 사랑한다. 늘 새로운 경험을 추구하며 활발하게 살아가는 20

대 청년에게는 더할 나위 없이 훌륭한 직업이다.

최근의 이메일에서 진은 내가 어떤 책을 쓰고 있는지 물었다. 이 책에 대해 설명하다가 나는 이것이 여행에서 동반자의 역할에 관해 생각하는 데 도움을 얻을 수 있는 정말 좋은 기회임을 깨달았다. 그래서 나는 진에게 성공적인 여행 가이드가 되려면 무엇이 필요한지 물었다.

"간단해요." 진이 답장해 왔다. "하루에 열여덟 시간씩 사람들과 함께 지내도 괜찮을 정도로 사람들을 좋아하고, 사람들이 바라는 것과 좋아하는 것에 대해 그들 자신보다 더 잘 알 정도로 이야기를 잘 들어 주는 것, 언제나 그들의 엄마가 될 준비를 하고 잘못 되어 가는 일이 없도록 챙겨 주는 것이죠!"

이런 여행의 가이드가 되는 것과 영적 여정의 동반자가 되는 것이 완전히 똑같지는 않다. 그러나 이 둘은 몇 가지 중요한 특징들을 공유한다. 두 경우 모두 '무엇을 하느냐'보다 '그 사람이 어떤 사람이냐'가 더 중요하다. 존재가 행위보다 앞서야 한다.

영적 우정이란 일차적으로 어떤 일들을 행하는 것과 관련된 일이 아니다. 사실 그것은 정확히 행함의 반대를 의미하는 경우가 많다. 이것은 '하지 않는 것'을 선물로 주는 것이다. 즉 말을 가로막지 않는 것, 문제를 해결해 주려 하지 않는 것, 때 이른 부적절한 충고를 하지 않는 것, 내게 맞았던 해결책이 다른 사람에게도 맞을 것이라고 속단하지 않는 것…. 적극적 측면을 말하자면, 영적 우정이란 환대와 함께함(presence)과 대화를 선물로 주는 관계다. 이 세 가지 속에도 행동의 요소가 있기는 하지만(삶으로 실천해야 하므로), 이들은 모두 존재 방식에 근거하고 있다.

환대의 선물

마가렛 권터(Margaret Guenther)는 「거룩한 경청: 영성 지도의 기술」(*Holy Listening: The Art of Spiritual Direction*) 이라는 책에서 영적 우정을 환대를 베푸는 일로 묘사한다. 환대를 베푸는 주인의 이미지는 여행의 비유와 잘 어울린다. 이것은 영혼의 친구들은 자신의 삶 속에 다른 사람들을 위한 공간을 만들어 환대를 베푸는 사람들임을 기억하게 한다. 내 삶에 공간을 마련하는 것은 충고를 하거나 돈을 주거나 혹은 다른 도움을 베푸는 것보다 훨씬 힘든 일이다. 하지만 환대의 본질은 다른 사람을 나의 공간, 내 삶 안으로 받아들이는 것이다. 이것이 또한 영혼의 친구가 되는 것의 본질이다.

영혼을 초대하는 사람들은 자기 속에 조용한 장소를 가꿈으로써 환대의 선물을 준비한다. 이 장소가 그들이 사람들을 영접하는 곳이다. 만일 우리 안에 그런 장소가 없다면 영혼을 환대하는 선물로서 자신을 내어줄 수 없을 것이다. 그러나 우리가 고요하고 잠잠한 중심을 지닌 사람이 되어 있다면, 이 장소에 와서 쉬도록 다른 사람들을 초대할 수 있을 것이다. 이런 장소가 있기에 영혼의 친구들은 그들의 함께함과 고요함과 안전함과 사랑의 선물들을 베풀 수 있다.

하나님은 이런 종류의 영혼의 환대를 베푸는 최고의 모범이시다. 창조를 통해 하나님은 우리를 환대하셨다. 하나님은 그분이 만든 동산 안에 독특한 방식으로 장소를 마련하시고, 우리를 초대하여 그 곳에 머물게 하셨다. 그리고 그 곳에서 우리를 만나시고 우리가 하나님께 속한 존재임을 확신하게 하셨다. 에덴 동산은 거룩한 환대가 무엇인지를 보여 주는 놀라운 비유다. 그것은 신성한 장소에서 다른 존재를 만남으로써 경험하는 친밀함의 가능성에 대한 생생한 그림을 그려 준다.

놀랍게도, 하나님이 나에게 베풀어 주시는 친밀함은 하나님이 나를 받아들이시는 데만 머무르지 않는다. 하나님은 나 또한 그분을 받아들이기를 바라신다. 즉 내가 하나님을 나의 내면의 정원으로 초대하여 거기서 그분을 만나 주길 원하신다. 만일 내가 내 존재의 중심에 고요한 장소를 가지게 되었다면, 그것은 오직 내가 성령께 환대를 베푸는 것을 익혔기 때문일 것이다. 그리고 성령은 내가 다른 사람들에게 나 자신을 내어줄 때 내가 베푸는 영혼의 환대의 근원이 되신다.

나는 내면 세계에 염려와 상념들이 가득할 때는 진정한 의미에서 다른 사람과 함께 있을 수 없음을 알고 있다. 내 영혼 안에서 고요해지는 것이야말로 다른 사람들과 함께하려 할 때 직면하는 가장 큰 도전들 중 하나다. 다른 사람과 함께 고요함 속에 머물 수 있으려면, 먼저 나 자신에 대해 고요해야만 한다. 그리고 물론 나 자신에 대해 고요히 머무는 것을 배우려면, 하나님 앞에서 고요히 머무는 법을 배워야만 한다. 함께함은 자아 안에 있는 조용한 장소에서 시작된다. 만일 나에게 그런 고요한 내면의 장소가 없다면, 다른 사람에게도 진정으로 함께함이라는 선물을 줄 수 없을 것이다.

나는 내면의 정원 안에서 나를 만나기 원하시는 하나님의 부르심을 들을 수 있을 정도로 충분히 고요해져야 한다. 하나님이 그 곳에서 나를 만나기 원하시는 이유는, 변화가 시작되기를 바라시는 장소가 바로 그 곳이기 때문이다. 그러나 나는 하나님이나 나 자신을 깊이 만나는 것이 두려워서 종종 하나님과의 만남의 장소를 바깥에 있는 더 안전한 곳으로 정해 둔다. 그리고 나는 왜 하나님이 그 곳에 계시지 않는지 의아해 한다.

헨리 나우웬(Henri Nouwen)은 내면의 고요함을 기르는 것을 마음의 고독을 가꾸는 것으로 묘사한다. 그런 고독은 그저 긴장을 풀고 있는 상태가 아니며 단순히 홀로 있는 것도 아니다. 마음의 고독은 하나님의 임재를 주목하는 데에서 온다. 그것은 굳이 말이 필요 없는, 성령을 향해 영이 깨어 있게 하는 기도다. 그것은 우리의 영혼에 쉼을 주시는 예수님의 영에 복종하는 반응이다.

영혼의 환대는 또한 안전을 선물로 주는 것이다. 간직할 것은 간직하고 다른 것들은 사랑의 숨으로 훅 불어 날려 버릴 것이라 믿기에, 말이나 생각들을 미리 달아 보거나 자로 재지 않고서도 쏟아놓을 수 있는 그런 안전한 느낌을 생각해 보라.[1] 또는 12세기 리보의 엘레드(Aelred of Rievaulx)의 영성 지도에 대한 묘사를 보라. "어떤 행복, 어떤 안전, 어떤 기쁨이 모든 마음의 비밀을 믿고 털어놓을 수 있고 모든 계획을 드러내 보여 줄 수 있는 한 사람을 소유하는 것보다 더할 것인가!"[2] 그런 안전한 사랑의 장소를 누가 갈망하지 않겠는가? 누가 그런 우정을 원하지 않겠는가?

영혼의 우정은 모든 것을 비판이나 조롱에 대한 두려움 없이 털어놓을 수 있는 장소를 선물로 주는 것이다. 그것은 모든 가면과 가식들을 내려놓을 수 있는 장소다. 그것은 가장 깊은 비밀, 가장 어두운 두려움,

---

1) 이 심상은 Diana Maria Mulock Craik, *A Life for a Life*(New York: Harper & Brothers, 1903)에 있는 "Friendship"이라는 시에서 빌려온 것이다.
2) Aelred of Rievaulx, *Spiritual Friendship*(Kalamazoo, Mich.: Cistercian, 1977), p. 72.

가장 수치스러운 일, 가장 곤란한 질문과 근심들까지도 안전하게 나눌 수 있는 장소다. 그것은 사람들이 장차 변화될 모습을 소망하며 그들을 현재의 모습 그대로 받아 주는 은혜의 장소다.

이런 관계에는 분명히 비밀 유지가 필요하다. 비밀이 두 사람의 관계 안에만 머물 것이라는 점이 확실하지 않으면 진짜 안전은 없다. 안전함을 느끼지 못한다면 진정한 영혼의 우정 관계가 이루어질 가능성은 없다.

마지막으로 영혼의 환대는 사랑을 선물로 주는 것이다. 진정한 환대는 항상 사랑의 동기로 시작된다. 이것이 환대하는 사람과 그의 환대의 행위를 안전한 것으로 만드는 힘이다. 사랑만이 영혼의 환대자가 베푸는 함께함이라는 선물의 동기가 될 수 있다. 다른 동기들이 그와 비슷한 모양을 만들어 낼지 모르지만, 결코 진정한 함께함을 이루어 낼 수 없다. 오직 사랑만이 자아를 내어주는 영혼의 환대를 베풀게 할 수 있다.

영혼의 친구는 사람을 사랑한다. 진짜 사람에 대한 진짜 사랑이 없으면, 우리는 항상 은밀한(혹은 다 드러나 보이는) 조바심과 판단, 혐오, 성냄, 질투와 분노에 시달리게 될 것이다. 진정한 함께함을 선물로 주고 싶다면, 진짜 사람은 진짜 사랑을 필요로 함을 기억해야 한다.

영혼의 환대에 대해 생각할 때마다 나는 한 가지 놀라웠던 사건을 떠올린다. 폴 투르니에(Paul Tournier)가 세상을 떠나기 얼마 전에 나는 그를 방문하는 복된 기회를 얻었다. 의사이면서 또한 심리학과 영성에 관한 수많은 책들을 저술하여 많은 사람들의 사랑을 받았던 이 스위스인은, 당시 여든이 넘은 나이로 몸이 쇠약했지만 세계 곳곳에서 그를 보러 오는 손님을 맞이하고 있었다. 마음이 들떠 있는 서른 명의 대학생들과 함께 제네바에 있는 그의 집에 도착한 나는 투르니에 박사의 반가운인사를 받았다. 그는 뒤뜰로 우리를 인도했으며 거기서 처음으로 입을 열어 각 사람에게 개인적으로 말을 건넸다. 그는 천천히 이름과 고향을 묻고 우리의 삶에 대해 몇 가지 질문을 했다. 그것은 놀라운 일이었다. 그는 잠시 전까지만 해도 낯선 사람들이었던 우리들 각 사람에 대해 관심을 표현했다. 그것은 진정한 관심이었다.

그리고 잠시 후에 그는 정말 우리 모두의 입이 딱 벌어지게 만드는 선물을 베풀었다. 그는 간호사의 부축을 받으며 정원 귀퉁이의 통나무로 지은 창고를 향하여 천천히 걸어갔다. 몇 분 후에 그는 한 다발의 국기를 들고 나타났다. 그는 정원 한가운데 있는 국기대로 다가가서 손님 서른 명 각각의 모국 국기를 게양하였다. 각국의 국기를 하나씩 게양할 때마다 그는 우리를 자기 집의 손님으로 모시게 되어 영광이라고 말했다. 이 의식은 거의 30분 동안 진행되었는데, 내가 본 것 중 가장 감동적인 환대의 행동이었다.

폴 투르니에는 환대의 달인이었다. 그는 탁월하게 자신의 삶 속에 다른 사람들을 위한 공간을 만들어 냈다. 그는 조용하고 고요한 중심을 유지함으로써 환대를 실천했다. 그에게서는 고요함이 흘러나왔고 우리는 단지 그와 함께 있는 것만으로도 고요함을 느낄 수 있었다. 우리는 잠시 동안 그와 특별한 정원을 공유할 수 있었는데, 그 정원은 단지 그의 집 뒤뜰이 아니라 바로 그의 영혼이었다.

진정한 함께함의 선물

존 오도너휴(John O'Donohue)는 「영원한 메아리」(*Eternal Echoes*)

에서 함께함을 영혼의 대기(soul atmosphere)라는 말로 일컫는다. 각 사람의 함께함은 각 가정의 분위기가 고유한 것과 마찬가지로 고유하다. 함께함은 자아의 가장 깊은 어떤 것을 공유하는 것과 관련이 있다. 이것은 말로 정의하기는 어렵지만 우리가 만나는 즉시 쉽게 알아볼 수 있는 것이다.

다른 사람과 진정으로 함께한다는 것은 무엇을 의미하는가? 고요함과 안전과 사랑은 이러한 함께함을 위한 전제 조건이다. 그러나 우리는 이 모든 것을 경험하면서도 영혼의 친구로서 꼭 필요한 방식으로 다른 사람과 그의 경험에 대해 열려 있지 않을 수 있다. 그렇다면 나는 어떻게 다른 사람과 진정으로 함께하는 사람이 될 수 있을까?

함께함은 주의를 기울이는 것에서 시작된다. 이는 내가 다른 사람과 그의 경험에 초점을 맞출 것을 요구한다. 경험은 우리가 주의를 기울여야 하는 것의 일부에 불과하지만 이것에서 출발하지 않으면 다른 사람과 진정으로 함께할 수 없다. 다른 사람에게 주의를 기울이기 위해서는 무엇인가를 내려놓는 것이 필요하다. 보통 이것은 자신의 흥미와 관심사가 될 것이다. 이 일은 또한 듣는 내용을 분석하거나 대답할 말을 속으로 생각하지 말 것을 요구한다. 또 이미 언급한 것처럼, 문제를 해결하려 하거나 고장 난 듯 보이는 부분을 고쳐 주려는 충동에 저항하는 것도 필요하다.

겉으로는 귀기울이는 듯하지만 사실은 생각의 소리로 함께함을 완전히 질식시켜 버리는 사람들을 얼마나 자주 만나게 되는지 돌이켜 보라. 아마 그들이 당신에게 말한 내용은 그들이 속으로 미리 생각한 내용의 메아리였거나, 아니면 당신이 말한 내용에 대한 그들 자신의 내면의 생각들의 소음이었을 것이다. 어쨌든 간에 당신은 그들이 전적으로 함께하고 있지 않음을 알았을 것이다.

누군가와 함께하려면 자신에 대해서는 일시적으로 부재할 준비가 되어야 한다. 나는 하루 종일 의식 속에서 운반하고 있는 모든 것들, 즉 다음에 일어날 일에 대한 나의 계획, 잘하고 있는지에 대한 스스로의 평가, 현재 벌어지는 일에 대한 성찰 등을 내려놓아야만 한다. 이런 것들이 바로 침묵을 질식시키는 소음이다. 이런 소음은 자신에게만 집중하도록 하여 다른 사람들과 함께하지 못하게 하는 방해물들이다.

함께함은 굉장히 어려운 일이다. 고백하자면 때로 나 자신도 적절하게 눈길을 마주치고, 말하는 것보다는 더 많이 들으려 하고, 생각이 다른 곳으로 흘러가는 것을 최대한 드러내지 않으면서 함께하는 척하고 있는 스스로를 발견하곤 한다. 함께함을 흉내내는 것으로도 진정한 함께함을 대체할 수 있다고 믿기가 얼마나 쉬운지! 그러나 이 믿음은 전혀 사실과 다르다. 느끼는 정도는 다를지라도 상대편은 항상 그 차이를 인식할 수 있다.

진정으로 함께하기 위해서는 진정한 나 자신이 되어야 한다. 자신과 함께할 용기가 있을 때에만 다른 사람과도 함께할 수 있다. 그리고 앞에서 언급한 것처럼, 하나님과 함께할 때에만 나 자신과 함께할 수 있다. 다른 사람과 함께한다는 것은 나의 '그리스도 안의 참 자아'를 선물로 나누는 것이다. 그것은 영적 친구의 '역할'을 수행하는 것이 아니다. 그것은 단순히 나의 진정한 자아가 되는 것이며, 그리고 내 안에 다른 사람을 받아들일 수 있는 장소를 만들기 위해 이 자아를 내려놓는 것이다.

진정한 내가 된다는 것은 진실해진다는 의미다. 이것은 내가 말하는 내용이 내가 그대로 믿고 받아들이는 내용이며 내가 보여 주는 것이 내가 느끼는 바임을 의미한다. 즉 가장하지 않는 것을 의미한다. 진실함은 내가 느끼고 생각하는 바를 모두 말하는 것이 아니라, 내가 말하는 바가 내가 참으로 느끼고 믿고 생각하는 바가 되는 것이다.

우리 존재가 단순히 다양한 역할들의 모음이라면 진정한 함께함을 다른 사람에게 줄 수 없을 것이다. 우리는 종종 페르소나(persona, 배우가 쓰는 가면에서 유래된 말로서 진정한 자아의 모습을 가리는 겉모양을 말하며, 주로 한 사람이 사회적으로 수행하는 역할들과 관련된다—역주)를 적당한 때에 적절히 바꿔 가며 가면처럼 쓰고 지낸다. 우리는 이 연기를 너무도 완벽하게 반복해 왔기에 이것이 연기임을 자신도 인식하지 못할 때가 있다. 하지만 이것은 엄연히 연기다.

다른 사람과 진정으로 함께하기 위해서는 내가 진짜 사람이 되어야만 한다. 이것은 성품의 온전함, 즉 내면 세계와 겉으로 드러난 모습이 서로 조화를 이룰 것을 요구한다. 우리 중 아무도 온전함의 최종 상태에 도달하지는 못했지만, 영적 친구들은 이 온전함을 성취하는 일에 헌신한 사람들이다. '그리스도안의 참 자아'가 되는 것은 그들의 영적 여정의 근본적인 부분이다. 함께함은 완전함을 요구하지는 않지만 변화의 여정을 걸으며 그 여정을 지속하는 일에 자신을 바칠 것을 요구한다.

거룩한 동반자들은 어떤 역할을 수행하는 사람들이 아니다. 그들은 단순히 자기 자신이 된다. 우리 주위에는 역할을 수행하는 전문가들이 가득하기 때문에 영혼의 환대도 이런 역할 들 중의 하나라고 생각하려는 유혹을 받기 쉽다. 그래서 우리는 좋은 영적 친구가 되려면 무엇을 해야 할지 알기 원한다. 물론 영적 친구가 행하는 일들이 있기는 하지만, 이것들이 영적 환대의 핵심 부분은 아니다. 행동은 관계의 틀로서 도움을 준다. 그러나 관계는 나의 진정한 자아를 주는 것이어야만 한다.

어떤 사람과 진정으로 함께하는 것은 또한 그 사람으로부터 기꺼이 영향을 받으려는 것을 의미한다. 내가 진정으로 나 자신을 관계에 내어 주게 되면 나는 그 관계를 통해 변화될 준비를 해야 한다. 이보다 못한 것은 참으로 함께하는 것이 아니다. 진정한 함께함은 상대의 감정에 영향을 받는 것을 의미한다. 또한 상대의 신념에서도 영향을 받는 것이다. 반면 전문가적인 중립성이 추구하는 바는 돌봄을 제공하는 사람이 받는 이런 종류의 영향을 최소화하여 모든 충격을 일방적인 것으로 만드는 것이다.

한 사람이 군중 속에서 예수님의 옷깃을 만졌을 때 예수님으로부터 능력이 빠져나갔다. 예수님은 만나는 모든 사람들과 함께하고 계셨다. 심지어는 사람들이 뒤에서 접근하여 옷을 만지고 몰래 그의 치유의 능력을 훔쳐가려 했을 때조차도 그러했다. 예수님은 자신이 만난 사람들이 자기에게 영향을 끼치도록 허락하셨다. 그렇지 않았다면 그는 거룩한 사랑의 성육신에 못 미치는 존재가 되었을 것이다. 그러나 그가 온 것은 어떤 역할만 수행하려는 것이 아니었고, 또한 거룩한 메시지를 전달함으로써 스스로 만족감을 느끼려는 것도 아니었다. 오히려 예수님은 메시지가 되라는 부르심을 받아들여 사람들을 자신의 인성 안에서, 그리고 인성을 통하여 만났고, 그 만남들을 통해 탁월한 함께함을 보여 주셨다.

'함께하시는 분'께 주의를 기울이기

삶을 변화시키는 함께함은 궁극적으로 내 것이 아니라 하나님의 것이다. 내가 나의 '그리스도 안의 참 자아'를 영적 우정 관계를 위해 내어 줄 때, 다른 사람이 대면하는 것은 단지 내가 아니라 내 안에 있는 그리스도다. 영적 친구들은 서로가 하나님의 임재를 대면하고 하나님께 의탁하며 섬김으로 응답하도록 돕는다. 즉 그들은 단지 그들만의 함께함을 추구할 뿐 아니라, 하나님의 임재(함께함)를 분별하려 한다. 이것은 정규적인 영성 지도 관계에서 특히 중요하다. 그러나 영적인 진보는 영적 친구들이 자기들이 돌보는 사람들의 삶 속에 나타나는 하나님의 임재에 주의를 기울일 때 일어난다.

하나님의 임재에 주의를 기울이는 것은 공동 분별의 과정이다. 나는 간단히 하나님을 손가락으로 가리키며 "여기 하나님이 있소"라고 말하지 않는다. 오히려 나는 친구를 격려하여 하나님의 임재를 분별하며 하나님을 부르도록 만든다. 이것은 친구가 하나님이 부재한다고 느낄 때 특히 도움이 된다. 하나님이 함께하신다고 그 사람을 설득하기보다 하나님이 그 상황에서 어디에 계시는지 분별하게 해 달라고 함께 기도하자고 제안하는 것이 훨씬 더 효과적이다.

우리가 종종 하나님의 임재를 분별하는 데 실패하는 이유는 우리가 하나님을 엉뚱한 장소에서 찾기 때문이다. 어려움에 빠져서 하나님의 임재를 알게 해 달라고 기도할 때, 우리는 우리가 예상하는 장소가 아니라 실제로 하나님이 계신 장소에서 하나님을 볼 수 있는 새로운 눈을 달라고 기도하는 것이다. 존의 이야기를 예화로 들어 보자.

존은 우울증으로 어려움을 겪고 있었다. 예상할 수 있는 대로, 그는 우울함에 빠질 때마다 하나님이 자기로부터 멀리 떠나신다고 느꼈다. 그의 고통스러운 부르짖음은 십자가에서의 그리스도의 부르짖음과 같았다. "하나님, 내게 당신이 필요할 때 당신은 어디에 계십니까?"

어느 날 이 일에 대해 함께 이야기를 나누면서 나는 그의 질문이 정직한 것이라고 말했다. 그가 놀라는 듯했다. 그는 그 질문이 불신앙의 표현이라고 생각했던 것이다. 나는 만일 그가 이 질문을 정말 진지하게 생각하고 그것을 기도로 올리기 원한다면 나도 함께 기도하며 그 어둠의 시간 속에서 그리스도의 임재를 찾는 일에 동참하겠다고 말했다. 나는 그리스도가 그 시간 속에서도 함께하셨고 사실은 더 특별히 함께하셨음을 확신한다고 말했다. 그러나 나는 하나님이 존이 기대하던 방식으로 함께하지는 않으셨으리라 생각한다고 말했다. 우리에게 필요한 것은 존의 고통 속에 감추어진 그리스도의 임재를 볼 수 있는 분별의 선물이었다.

존은 강렬한 반응을 보였다. 우리는 그 일에 대해 좀더 깊이 이야기를 나눈 뒤에 함께 기도했고, 2주 후에 점심을 함께 먹으며 어떤 변화가 있었는지 이야기를 나누기로 약속했다.

우리가 다시 만났을 때 존이 말했다. 지난 번 대화를 마치고 떠날 때 그는 내가 말한 내용들에 대해 의심이 점점 커지고 있었다. 그러나 우리가 오랜 시간 동안 좋은 친구로 지내 왔기에, 다음에 '하나님, 어디에 계십니까?' 하는 질문이 들 때에는 분노의 표출이 아닌 기도로 표현해 보기로 결심했다.

며칠 후 그는 다시 어두움 속으로 미끄러져 들어가고 있었다. 하나님이 가장 필요한 바로 그 때에 사라져 버린다고 주먹을 하늘로 휘두르는 대신, 존은 용기를 내어 기도했다. 그리스도가 그와 함께 그의 어둠 속에 계심을 믿게 도와달라고 기도했다. 또한 그 임재를 볼 수 있는 눈을 달라고 간구했다.

그 후에 예상치 못한 일이 일어났다. 그의 우울증은 보통 때와 마찬가지로 계속 진행되고 있었지만 한 가지 큰 차이점이 있었다. 그는 혼자라고 느끼지 않았던 것이다. "어찌 된 일인지 그 어둠이 위험스럽게 느껴지지 않았습니다. 볼 수는 없었지만 어둠 속에 나와 함께 계신 예수님을 느낄 수 있었습니다. 그것을 감지했을 때, 나는 그분이 어둠 속에서도 나와 늘 함께 계셨음을 확실히 알게 되었습니다. 예수님은 바로 내 곁에 서 계셨던 것 같습니다. 단지 내가 그분을 볼 수 없었을 뿐입니다."

존은 아직도 많은 질문을 품고 있고 계속 갈등을 경험하고 있다. 그러나 그는 중요한 것을 발견했다. 그는 우리가 전혀 예상하지 못한 장소에서 우리가 종종 깨닫지 못하는 모습으로 나타나시는 은밀하신 그리스도를 새로운 수준에서 만나는 과정 중에 있었다.

성령의 임재를 인식하는 법을 배우는 것이 그리스도인의 영적 성장의 가장 중심적인 과제다. 성령을 떠나서는 진정한 영적 성장은 없다. 물론 좀더 능동적인 영적인 훈련들이 일어나는 중요한 장소가 있기는 하지만, 영적 성장의 출발점은 주의를 기울이는 일과 의탁이라는 간과되기 쉬운 훈련들이다.

대화의 선물

친구와의 대면에서 가장 중요한 부분은 대화였다. 대화는 타인과 함께 영혼의 만남을 경험할 수 있는 가장 심오한 형식이다. 이 선물은 헤아릴 수 없는 가치가 있다. 대화는 공장에서 찍어 낼 수 있는 것이 아니며, 오직 감사를 통해 형성되고 받아들여진다. 우리가 진정한 대화라는 장소에서 다른 사람을 만날 수 있는 선물을 받았다면, 우리는 삶의 가장 부요한 축복을 누리고 있는 것이다.

친구들은 서로 많은 이야기를 나눈다. 그러나 모든 이야기가 '대화'로서의 가치가 있는 것은 아니다. 어떤 경우 사람들은 단지 시간을 때우기 위해 이야기를 나누는데, 이것은 예의 바른 잡담에 불과하다. 우리가 이야기를 나눈다고 말하는 것들 중에는 단순한 정보의 교환 즉 질문과 대답도 포함된다. 또 다른 것으로는, 이기고 지는 것에만 목표를 둔 말싸움도 있다.

대화는 단순히 '이야기를 나누는 것'이나 '충고하기'나 '의사소통'보다 더 풍성한 것이다. 대화는 참여하는 모든 사람들의 인식과 이해가 더 넓어지게 만드는 것이다. 대화가 의도하는 바는 탐구와 발견과 통찰이다. 대화에서 나는 내가 어떻게 세상을 경험하고 있는지 나누고, 상대는 또 그것을 어떻게 경험하고 있는지 이해하려 한다. 이 과정에서 각 참여자는 다른 사람에게 영향을 끼치며 또 영향을 받는다. 그 결과 각 사람이 변화된다.

대화 안에서 나는 당신을 대상이 아닌 인격으로 만난다. 사람들을 대상화하는 것은 돕는 관계를 전문화하는 문화로부터 물려받은 유산이다.

이것은 특히 기독교적인 영혼의 돌봄에 대립하는 위험한 적이다. 아무리 선의에 의한 것이라 할지라도, 다른 사람을 대상으로 다룰 때 우리는 그들의 인간성을 빼앗고 있는 것이다. 심장 전문의가 자기 환자를 '동맥경화증을 가진 사람'이라고 보거나, 변호사가 고객을 '지저분한 이혼 소송에 걸린 여자'로 보는 것은, 그들이 도우려는 사람들을 증상들의 결합체로 축소시키는 것이다. 이런 태도는 사람들을 전문 기술의 대상으로 간주하게 하고 인격적인 개입을 피하도록 한다. 심장 수술이나 법률 상담의 경우에는 이런 관계도 그런 대로 참을 만하다. 그러나 영혼을 돌보는 경우에는 절대로 용납될 수 없다.

마르틴 부버(Martin Buber)는 대화를 '나-그것'의 만남과 대조되는 '나-너' 만남으로 정의했다. 진정한 대화 안에서 나는 다른 사람을 '너', 곧 '존경하고 알아 갈 만한 가치가 있는 사람'으로 만난다. 그리스도인들에게는 대화의 가능성이 다른 사람들을 하나님의 형상으로 지어진 인격으로 보는 데서 생겨난다. 사람들을 이런 거룩한 빛 가운데 보게 되면, 그들을 나의 이익을 위해 이용하려고 할 가능성이 줄어든다. 이런 관점은, 내가 보기에 아무리 선한 목적을 위해서라 할지라도 다른 사람을 조종하지 못하도록 만든다. 하나님의 형상으로 지어진 사람들은 존경 이하의 어떤 대접을 받아서도 안 된다. 그리고 존경이야말로 진정한 대화의 토대다.

나는 내가 존경하지 않는 사람과 어떻게 거룩한 동반자가 될 수 있을지 상상할 수 없다. 그런 조건에서 내가 줄 수 있는 최선의 것은 아마 호의 정도일 것이다. 그러나 존경이 없는 호의는 인간을 파괴한다. 왜냐하면 그것이 사람을 대상으로 전락시키기 때문이다. 사람들을 대상으로 다루는 것은 언제나 그들의 인간성을 빼앗는 일이다. 대상화되어 호의를 받고 있는 사람들은 이것을 잘 알고 있다. 만일 내 말이 의심스러우면, '자선'의 구호품들로부터 빠져나온 사람을 아무나 붙들고 그런 호의를 받는 것이 어떤 느낌이었는지 물어보라.

대화의 전제 조건은 존경이다. 존경심을 품는 데는 다른 사람을 그리스도의 눈을 통해 보는 것보다 더 좋은 방법이 없다. 나는 일상에서 만나는 사람들과 관계를 맺으려 할 때 이런 눈을 달라고 기도한다. 그리스도의 눈으로 볼 때 그들의 가치와 존엄성을 볼 수 있기 때문이다. 나는 또한 그들의 현재 모습뿐 아니라 앞으로 이루어질 모습도 본다. 그리고 내가 정말로 그들을 하나님이 보시는 것처럼 보고자 하면, 그들 속에서 그리스도를 보게 된다. 나는 그들을 그리스도 안에서 온전히 드러난 하나님의 형상을 표현하는 사람들로 본다.

이것이 일생 동안 캘커타 길거리의 가장 낮은 자들을 섬겼던 테레사 수녀가 발견했던 위대한 진리다. 그는 자기가 만나는 사람들의 얼굴을 보며 예수님을 보았다. 그는 이런 경험 때문에 사랑을 행하기가 쉬워진다고 말하곤 했다. 다른 사람을 이런 눈으로 바라보는 것은 또한 17세기 예수회 신부 피터 클래버(Peter Claver)의 눈도 변화시켰다. 그는 잔인한 노예 상인들의 희생자가 된 아프리카인들과 함께하면서 종종 그들을 자기 집으로 데려와 돌보고 침대까지 내주곤 했다. 한번은 그를 돕던 사람이 겁에 질려 방에서 뛰쳐나왔다. 어떤 사람의 비참한 몰골을 보고 혐오감을 느꼈기 때문이다. 지켜본 이에 따르면, 클래버 신부는 놀라움과 염려가 섞인 목소리로 이렇게 외쳤다고 한다. "달아나서는 안 됩니다. 그가 그리스도이신 것을 알지 못합니까?"

어떻게 그리스도를 존경심을 품고 대하지 않을 수 있는가? 어떻게 그리스도가 그 안에 머물고 계시는 한 사람을 똑같은 존경심으로 대하지 않을 수 있는가? 존경은 대화의 토대이며, 그리스도인들은 존경심을 품게 만드는 고유한 자원을 소유하고 있다. 이 자원은 바로 우리가 만나는 사람들을, 하나님의 깊은 사랑을 받고 있는 하나님의 형상을 지닌 사람들로 바라보게 하는 신앙의 눈이다.

영적 친구들이 나누는 이야기를 대화라 부른다고 해서 마치 그들이 오로지 진지한 이야기나 종교적인 이야기만을 나눈다고 생각해서는 안 된다. 또 그들이 나누는 이야기가 항상 밀도 있는 이야기라는 뜻도 아니다. 대화란 영혼을 나누는 일이다. 내가 나누는 이야기 속에서 나의 가장 깊은 열망과 근심과 하나님 체험이 드러나지 않는다면, 그것을 대화라 부르는 것은 적절하지 않을 것이다. 대화는 가장 소중한 것을 드러내는 위험한 일이다. 의견이나 사실이나 정보의 안전 지대에만 머물러 있다면 그것은 자아의 깊은 부분을 드러내지 않은 것이며, 다른 사람과의 깊은 만남의 장소로 들어가는 모험을 하지 않은 것이다.

은혜를 묵상하기

진정한 대화는 거룩한 행위다. 왜냐하면 다른 사람을 이런 깊고 안전하고 친밀한 방식으로 만날 수 있는 것은 하나님의 임재로 말미암은 것이기 때문이다. 예수님은 두세 사람이 그의 이름으로 모인다면 그들 중에 있겠다고 약속하셨다(마 18:20). 다른 사람과의 진정한 영혼의 친밀함은 하나님의 임재를 전제한다. 이것이 영적 우정에서 '함께하시는 분'께 주의를 기울이는 것이 그토록 중요한 이유다.

이것은 또한 궁극적으로는 내가 행하거나 말하는 것이 별로 중요하지 않은 이유다. 내가 행할 수 있는 가장 중요한 일은 다른 사람이 그리스도의 은혜로운 임재와 접촉하도록 돕는 일이다. 그 만남에서 내가 무엇인가 가치 있게 기여할 수 있는 부분이 있다면, 그것은 내가 하나님의 은혜를 중재하는 것이다. 이것이 기독교적인 영혼 돌봄의 핵심이다. 그리스도인 친구들은 서로를 도와 하나님의 임재를 분별하고 그것을 은혜의 임재로 인식하도록 하며, 그 은혜를 신뢰하고 은혜에 자신을 좀더 온전히 의탁하게 한다.

신뢰하고 은혜에 의탁하는 것은 하나님의 긍정에 대해 긍정으로 응답하기를 배우는 것이다. 먼저 우리는 우리를 향한 하나님의 부르심 안에 있는 은혜를 분별해야만 한다. 만일 은혜(하나님의 우리를 향한 긍정)를 보지 못한다면, 우리는 결코 하나님의 뜻과 사랑에 자신을 의탁하지 않을 것이다. 기껏해야 두려움에 근거한 복종만을 할 수 있을 뿐이다. 전심으로 온전한 긍정으로 반응하기 위해서는, 하나님이 우리에게 전심으로 베풀어 주신 온전한 긍정을 분별할 수 있어야 한다.

거룩한 우정은 하나님의 은혜를 중재하며 다른 사람들이 그 은혜를 인식하고 그에 응답하도록 돕는다. 바꾸어 말하면, 그들은 서로가 하나님의 뜻을 분별하고 받아들이도록 돕는다. 그러나 우리를 향한 하나님의 뜻은 그의 바람에 우리가 단순히 순복하는 것이 결코 아니다. 하나님의 뜻은 우리가 그의 사랑에 의탁하는 것이다. 영적 친구들은 이런 의탁을 도와줌으로써 영적 성장과 변화를 촉진한다.

환대, 함께함, 대화에 관한 묵상

이 장에서 나는 영적 친구와 영성 지도자가 제공하는 주된 선물에 초점을 맞추었는데, 그 선물은 바로 자기 자신이다. 나는 이것이 행위의 선물이라기보다는 존재의 선물이라고 말했다.

환대는 분명히 연습할 수 있는 일이긴 하지만, 본래 훌륭한 환대자의 마음에서 자연스럽게 흘러나오는 것이다. 그러므로 우리에게 주어진 과제는 훌륭한 영혼의 환대자가 되는 것이다. 나는 영혼의 환대자들이 자신과 하나님의 영에 대해 환대를 베푸는 법을 익혔기에 다른 이들에게 환대를 베풀 수 있다고 주장했다. 우리는 자신을 침묵 속에서 개방하며 성령께 의탁하는 방법을 배움으로써 다른 사람을 향해 더 잘 열려 있게 되고 그렇게 함으로써 안전함과 소속감을 느낄 수 있는 장소를 제공할 수 있다.

◎ 당신이 자신에게 베푸는 영혼의 환대의 질에 대해 묵상해 보라. 당신의 영혼 중심에는 침묵과 고요함의 정원이 얼마나 잘 가꾸어져 있는가? 중심에 고요함을 지니기 어렵게 만드는 것은 무엇인가?

◎ 당신이 성령께 베푸는 영혼의 환대의 질에 대해 묵상해 보라. 당신이 하나님의 임재 안에 고요히 머무르지 못하게 만드는 것은 무엇인가? 침묵 가운데 내면의 정원에 머물러 고요한 중에 들리는 하나님의 세미한 음성을 듣지 못하도록 만드는 것은 무엇인가?

영혼의 환대가 주는 또 다른 선물은 함께함이다. 영적 친구들은 자기 염려와 상념들을 잠시 내려놓음으로써 자신을 다른 사람에게 내어주는 법을 안다. 그들은 진정으로 자신이 되는 법을 알고, 그렇게 함으로써 상대도 같은 것을 행하도록 초대한다. 그들은 정말로 상대에게 귀기울이며, 상대의 경험에 자기를 개방하고 마치 그들 자신의 것처럼 받아들인다. 그리고 그들의 인격이 하나님의 영을 향해 깨어 있는 일에 자라가고 있으므로, 상대가 하나님의 임재에 주의를 기울이도록 도울 수 있다.

◎ 당신이 다른 사람에게 베푸는 영혼의 환대의 질을 어떻게 평가하겠는가? 무엇이 당신이 다른 사람과 진정으로 함께하는 것을 가로막는가?

◎ 복음서를 통해 예수님이 자기 주위 사람들과 함께하셨던 모습을 묵상해 보라. 예를 들어 예수님이 어린아이나(막 10:13-16) 가나안 여인(마 15:21-28), 또는 젊은 부자 관원(막 10:17-31)을 만나신 장면을 깊이 생각해 보라. 예수님과 함께 있었던 이 사람들처럼 이 이야기 속으로 들어가 보라. 예수님이 사람들과 함께하신 방식들에 대해 무엇을 배우게 되는가?

마지막으로, 거룩한 동반자들은 대화가 주는 복을 안다. 그들은 대화를 선물로 받아들이므로 소중히 여기고 보호하되 결코 당연한 것으로 간주하지 않는다. 그리고 그들은 두세 사람이 그리스도의 이름으로 모인 곳에 그리스도가 함께하심을 안다. 그러므로 영적인 대화는 기도다. 성령의 임재 가운데 이야기를 나눔으로써 서로를 향해 하나님의 은혜를 중재하기 때문이다.

◎ 예수님이 우물가의 여인을 만난 이야기(요 4:1-26)를 묵상해 보고, 이 장에서 언급한 대화의 원리들이 어떻게 드러나는지 살펴보라. 무엇이 당신이 가장 친밀한 영적 친구들과 나누는 대화의 질을 떨어뜨리는가? 무엇이 그것을 강화할 수 있는가?

3장 영적 우정의 이상

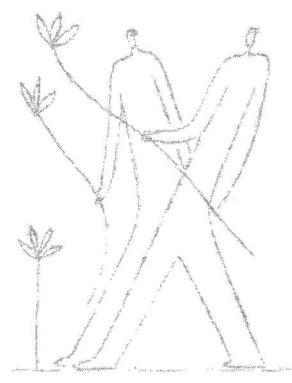

C. S. 루이스(Lewis)는 우정을 애정, 에로스, 자비와 함께 인간의 네 가지 기본적인 사랑 중 하나로 여겼다. 오랫동안 낭만적 사랑의 그늘에 가려져 있었기에 우정은 쉽게 평가절하되고 있다. 그러나 옛 사람들은 우정을 인생의 왕관이라 불렀고, 인간으로서 얻을 수 있는 최고의 성취로 간주했다. 현대인들은 너무도 자주 우정의 주된 가치를 유용성에서 찾으려고 한다. 예를 들어, 사업상의 친구들은 물질적인 목적을 달성하는 데 도움을 주며, 함께 시간을 보내는 친구들은 지루함과 외로움을 감소시키는 유익을 준다.

우정이 평가절하된 주된 이유는, 아마도 너무 적은 수의 사람들만이 의미 있고 지속적인 우정을 경험하고 있기 때문일 것이다. 은둔자를 제외한 모든 사람에게는 '알고 지내는 사람들'이 있다. 그러나 보통 그런 관계들은 가볍게 스쳐 지나가는 관계에 불과하다. 또한 대부분의 사람에게는 함께 일하는 동료들이나, 정규적으로 함께 어울리는 친구들이 있다.

그러나 이런 관계들은 우정의 이상에는 훨씬 못 미친다. 우정은 이런 열등한 형태의 관계들에 적용되면서 그 가치가 계속 떨어져 왔다. 알고 지내는 사람들이나 동료들 사이의 관계는 진정한 우정에 따르는 친밀함, 신뢰, 헌신, 충성과는 별로 상관이 없다. 일상적인 관계 속에서 장차 친구 관계가 생겨날지도 모르겠지만 그런 관계들과 우정이 같은 것은 아니다. 또한 불행하게도 이런 관계들에 비해 진정한 우정 관계는 훨씬 찾아보기 어렵다.

우정은 사람을 위한 하나님의 특별한 선물 중 하나다. 놀랍게도, 우정이라는 단어는 하나님이 우리와 맺고자 하는 관계를 표현하는 단어로도 사용되었다. 그러므로 우정은 결코 일상적인 관계가 아니다. 우정을 '알고 지내는 사이' 정도로 축소시킨다면 그것은 우정을 값싼 것으로 만드는 행위다. 우정의 이상은 보존할 만한 가치가 있다.

우정의 모범

우정의 근원과 토대가 하나님의 성품이라는 사실을 생각하면, 성경에 우정에 관한 놀라운 이야기들이 넘쳐나는 것이 별로 놀라운 일은 아니다.

서양 문학에 나타난 영적 우정에 관한 이야기들 중 가장 위대한 예는 바로 성경에 있는 다윗과 요나단의 우정이라 할 수 있겠다. 이 이야기는 사무엘상 18:1에서 모든 독자들의 마음을 움직이는 강력한 말로 시작된다. "다윗이 사울에게 말하기를 마치매, 요나단의 마음이 다윗의 마음과 하나가 되어 요나단이 그를 자기 생명같이 사랑하니라." 그리고 이 이야기는 이후 요나단의 죽음을 맞이한 다윗의 고통스런 부르짖음으로 막을 내린다.

> 내 형 요나단이여, 내가 그대를 애통함은
> 그대는 내게 심히 아름다움이라.
> 그대가 나를 사랑함이 기이하여
> 여인의 사랑보다 더하였도다(삼하 1:26).

이것은 여인과의 사랑을 알았던 한 남자의 말이다. 다윗이 욕정에 이끌려 밧세바와 간음했던 사건을 떠올려 보라. 그 불법적인 사랑은 강력한 불길로 다윗을 사로잡아 그녀의 남편까지 살해하게 만들었다. 그러나 다윗은 그가 요나단과 나누었던, 서로를 자기 생명처럼 아꼈던 그 사랑이 놀랍고 특별한 선물이었음을 깨달았다. 이야기가 전개됨에 따라 우리는 그 사랑이 충성과 엄청난 위험을 무릅쓰는 용기와 사려 깊은 헌신의 행위로, 그리고 궁극적으로는 영원한 우정의 언약으로 표현됨을 본다. 두 사람은 주님의 이름으로 맹세하여 이 언약이 그들의 후손들 사이에서도 영원히 효력을 지니게 하였다(삼상 20:42).

룻기에는 또 다른 특별한 우정 이야기가 나온다. 사실 이 이야기 속에는 두 가지 우정 관계가 맞물려 있다. 룻과 그 시어머니 나오미 사이의 주목할 만한 우정은 이 이야기의 기초가 되며, 진정한 우정의 헌신을 기리는 기념비처럼 우뚝 서 있다. 룻의 남편과 시숙과 시아버지가 죽은 후, 나오미는 룻에게 고향으로 돌아가 다른 남편을 찾아보라고 권한다. 그러나 룻은 나오미를 향한 자신의 사랑을 다음과 같은 유명한 말로 분명히 표현한다.

> 내게 어머니를 떠나며 어머니를 따르지 말고
> 돌아가라 강권하지 마옵소서.
> 어머니께서 가시는 곳에 나도 가고
> 어머니께서 머무시는 곳에서 나도 머물겠나이다.
> 어머니의 백성이 나의 백성이 되고
> 어머니의 하나님이 나의 하나님이 되시리니,
>
> 어머니께서 죽으시는 곳에서
> 나도 죽어 거기 묻힐 것이라.
> 만일 내가 죽는 일 외에 어머니를 떠나면
> 여호와께서 내게 벌을 내리시고
> 더 내리시기를 원하나이다(룻 1:16-17).

하나님은 친구를 향한 룻의 충성을 기특히 여겨, 남편의 친척인 보아스를 그 두 사람의 우정 안으로 들어오게 하신다. 보아스는 룻이 시어머니에게 베푼 신실함과 사랑에 대해 듣고 감동하여 룻에게 우정의 선물을 베푼다. 처음에는 이것이 후원과 보호의 모습이었으나, 결국은 결혼으로 나아가 절정에 이른다.

성경적인 우정 이야기들 중 가장 주목할 만한 것은 예수님과 그의 제자들의 이야기다. 이 이야기는 특히 하나님이 우리와 맺기 원하시는 관계를 바라보는 창이 되기 때문에 매우 중요하다. 이 이야기가 이상적인 우정에 대한 가장 명확한 성경적인 예시를 제공한다는 사실은 그리 놀라운 일이 아니다.

예수님이 제자들과 맺으신 모든 관계들은 예수님의 주도로 시작된다. 예수님은 한 사람씩 당신을 따르도록 초대하신다. 이 부르심은 단지 믿으라는 요청이나 물리적으로 여행을 함께 하자는 초대를 훨씬 넘어선 것이었다. 이것은 앞에서 언급해 온 영적 변화의 여정을 향한 부르심이었다. 예수님이 그분을 따르는 일의 대가를 분명히 언급하셨지만, 제자들은 그들의 응답이 의미하는 바를 결코 완전히 알지 못했다. 그것은 그들과 세상을 영원히 변화시킬 사건이었다. 그리스도를 따른다는 것은 항상 이런 의미를 지닌다.

예수님의 부르심은 함께 여행하자는 부르심이다. 제자도의 대가를 강조하신 후, 예수님은 그들을 결코 홀로 있도록 내버려두지 않을 것이며, 자신이 경험한 아버지와의 친밀함을 그들과 나눌 것이며, 궁극적으로는 자기 생명을 그들을 위해 내려놓음으로써 그들과의 우정을 확증하겠다고 약속하셨다. 또한 예수님은 그들이 하늘 아버지의 뜻을 행하면 그분의 어머니요 형제와 같은 존재가 될 것이라 격려하셨다.

예수님은 말만 그럴듯하게 하지 않으시고 실제로 자기 제자들 그리고 그분을 따르는 이들과 그런 관계를 맺으셨다.

- 예수님은 그들과 시간을 함께 보내셨다. 함께 먹고, 마시고, 산책하고,

자신과 제자들에게 중요한 여러 가지 일들에 대해 토론하셨다(눅 24:13-45).
- 그들과 가장 깊은 아픔의 경험까지도 나누셨다(마 26:38).
- 그들과의 우정 관계 밖에 있는 사람들에게는 드러내지 않은 여러 가지 생각들을 나누셨다(마 13:36-52).
- 자신을 낮추시고 사려 깊은 돌봄의 행위로 제자들을 섬기셨다(요 13:1-17).
- 두려워할 필요가 없다고 위로함으로써 그들을 감정적으로 지원하셨고, 그들이 느끼는 바에 대해 진정한 염려를 표현하셨다(요 14).
- 질문하도록 격려하시고 그 질문들에 대답하셨다(눅 9:18-27).
- 그들을 사랑하시면서도 성장하도록 도전하는 관계를 맺으셨다(요 13:1-17).

복음서를 예수님과 제자들의 관계에 초점을 두고 읽는 것은 강력한 경험이 될 것이다. 제자들 사이로 들어가서 제자들에게 주시는 예수님의 말씀을 들어 보라.

사람이 친구를 위하여 자기 목숨을 버리면
이보다 더 큰 사랑이 없나니,
너희는 내가 명하는 대로 행하면
곧 나의 친구라.
이제부터는 너희를 종이라 하지 아니하리니
종은 주인이 하는 것을 알지 못함이라.

너희를 친구라 하였노니,
내가 내 아버지께 들은 것을
다 너희에게 알게 하였음이라.
너희가 나를 택한 것이 아니요
내가 너희를 택하여 세웠나니(요 15:13-16).

이 말씀은 성경에 기록된 내용 중에서도 가장 놀라운 말씀이다. 예수님 곧 그리스도이시며 하나님의 아들이신 분이, 자신과 아버지 사이에만 존재하는 그 친밀한 우정 안으로 우리를 초대하신다. 예수님이 주시는 우정은 그가 영원 전부터 신성 안에 소유하셨던 관계다. 삼위일체 교리는 우정을 하나님의 속성의 가장 중심에 자리하게 만든다. 그리고 믿기 어려운 일이지만, 성부와 성자와 성령을 하나로 묶는 그 영원한 동반자로서의 상호 교류가, 예수님이 부르시고 자신을 따르도록 하신 그의 친구들에게까지 확장된다.

영적 우정의 이상

다윗과 요나단, 룻과 나오미와 보아스 그리고 예수님과 제자들 사이의 관계를 보면 다섯 가지의 상호 관련된 요소들이 드러난다. 바로 사랑, 정직, 친밀함, 상호성, 동행이다. 이제 영적 우정의 이상인 이 요소들을 하나씩 좀더 자세히 살펴보자.

사랑. 우정은 사랑의 띠로 연결된 것이며, 결코 사랑해야 한다는 의무감이 개입되지 않는다. 요나단은 다윗을 자기 생명처럼 사랑했고, 다윗과 한 마음이 되었다. 그러므로 그는 다윗을 위한 희생과 모험을 달게 받아들였다.

참된 친구는 심오한 방식으로 친구를 자신의 일부로 여긴다. 나는 한 여성이 그런 우정을 자신의 영혼의 다른 반쪽을 발견하는 것과 같다고 말하는 것을 들은 적이 있다. 플라톤은 이와 동일한 은유를 사용하여 깊은 우정을 '두 몸 안에 있는 하나의 영혼을 체험하는 것'이라는 말로 표현했다.

영이나 영혼이 하나가 된다는 은유를 너무 문자적으로 해석하여, 이런 관계가 없으면 반쪽을 잃어버린 상태라고 생각하는 데까지 가서는 안 된다. 이 은유는 다윗과 요나단의 우정과 같은 관계 안에 존재하는 깊은 연결됨의 감각을 가리킨다. 이런 연결됨은 단순히 공통 관심사나 가치관을 발견하는 것을 훨씬 넘어서는 일이다. 성격이 비슷한 사람들끼리도 깊은 영혼의 연결을 경험하지 못할 수 있는 반면 매우 다른 두 사람이 깊은 영혼의 연결을 경험할 수도 있다. 몸이 서로 연결된 샴 쌍둥이처럼 영혼의 친구들은 내면의 자아의 깊은 부분이 서로 연결되어 있다.

C. S. 루이스에 의하면 깊은 우정의 결합은 서로를 '영혼의 동족' (kindred soul)으로 경험하는 것이다. 루이스는 영혼의 동족이란 같은 진리를 보는 사람들, 혹은 더 나은 표현으로는, 같은 진리에 관심을 가지는 사람들이라고 말한다.[1]

우정에는 열정이 수반된다. 두 사람 사이의 관계에만 열정이 머무르

---

1) C. S. Lewis, *The Four Loves* (London : Fontana, 1960), p.62. 「네 가지 사랑」(홍성사).

는 낭만적인 사랑과는 대조적으로, 우정에서 공유되는 열정은 그 관계의 외부에 있는 어떤 것과 관련이 있다. 친구들은 적어도 한 가지 이상의 어떤 대상에 대한 사랑을 공유한다. 그 대상은 사상이나 정치, 예술이나 영적 여정 등 무엇이든 될 수 있으며, 이를 떠나서는 우정이 아무런 의미가 없다. C. S. 루이스가 말한 것처럼, 나눌 것이 없는 사람은 아무것도 나눌 수 없다. 아무 곳에도 가지 않을 사람은 여행의 동반자를 얻을 수 없다. 그러므로 영혼의 동족이 되는 느낌은 삶의 중요한 양상들에 대해 서로가 공유하고 있는 열정에 기초한다.

친구는 연인이 될 수 있고, 연인은 이상적으로는 친구가 되어야 한다. 하지만 C. S. 루이스는 이 두 가지 형태의 사랑을 대조하여 설명한다. 이 두 종류의 사랑을 너무 멀리 떼어 놓으려 하지만 않는다면, 이 대조는 매우 유익하다. 그의 은유적인 표현에 의하면, 연인들은 서로의 눈을 바라보며 서 있지만 친구들은 서로가 공유한 관심사를 추구하며 함께 걸어간다. 연인들은 언제나 서로의 관계에 대해 이야기를 나누는 반면, 친구들은 결코 그런 일이 없다. 친구들의 대화의 초점은 다른 곳, 즉 그들이 공유한 여정에 있다.

이 점은 예수님과 제자들의 관계에서 분명히 나타난다. 그들의 초점은 우정 관계 자체에 있지 않았다. 예수님은 하나님 아버지의 뜻과 그 뜻에 순복하는 행위로서의 하나님 나라의 활동에 대해 말씀하시며 그것들을 주목하게 하셨다. 그들의 우정은 단지 좋은 느낌을 가지고 서로를 존중하는 사교적 관계가 아니었다. 그 관계는 하나님을 알고 사랑하고 섬기는 것을 중심으로 형성되었다.

또 한 가지 친구 관계와 연인 관계의 중요한 차이는, 친구 관계가 질투로 인해 손상될 가능성이 훨씬 적다는 점이다. 낭만적인 사랑과는 대조적으로, 친구를 남과 공유한다고 해도 잃는 것은 아무것도 없다. 우정에는 배타성이 들어설 자리가 없다. 사실 정상적인 상황이라면 또 다른 '영혼의 동족'이 나타나면 우정의 원은 더 확장된다. 우정의 원에 하나가 더해지면 그 관계망의 가치는 희석되는 것이 아니라 증가한다. 우정의 원에 속한 사람은 다른 사람들 개개인의 성품 중 특정한 부분을 끌어내기에, 각 사람은 위협으로 간주되기보다 환영의 대상이 된다.

제자들은 우정 관계에서 예수님이 보여 주신 포용성을 이해하기가 어려웠음이 틀림없다. 그들은 좀더 배타적이고 안과 바깥 원 사이의 경계가 더 분명한 관계에 익숙했다. 제자들이 귀신을 쫓아낸 어떤 사람을 꾸짖었을 때, 그를 반대하지 않는 사람은 그를 위하는 사람이라고 선언하신 예수님을 보고(막 9:38-40) 제자들이 받았을 충격을 상상해 보라. 예수님이 죄인들과 버림받은 자들을 우정의 원 안으로 환영하며 받아들였을 때, 그리고 여자들까지도 공개적으로 받아들였을 때, 그들이 받았을 충격을 상상해 보라.

친구들은 끝없이 다양한 방식으로 서로의 사랑을 드러낸다. 그러나 이 사랑을 지탱하는 중심된 갈망은 친구가 복을 얻기를 바라는 마음이다. 친구들은 서로가 잘되기를 바라며 그것을 위해 할 수 있는 것은 무엇이든 행한다.

친구들은 내가 감정적, 영적, 지적, 육체적으로 진보할 수 있도록 도와준다. 그들은 내가 그저 현재의 모습에 머물기를 바라지 않는다. 그들은 나의 성장을 위해 노력한다. 그들은 나의 모든 가능성이 다 이루어지기를 바란다. 그들은 나의 은사가 개발되고 잠재력이 온전히 실현되기를 원한다. 그들은 내가 완전한 궤도에 올라 영원 전부터 부름받은 모습대로 그리스도 안에 있는 사람이 되기를 바라며, 그 이하에 머무는 것을 원치 않는다. 그들은 내가 온전함과 거룩함에 조금이라도 못 미치는 것을 원치 않는다. 이런 우정을 단 하나라도 소유하는 것은 얼마나 복된 일인가!

또한 친구 간의 사랑은 실재에 근거한다는 사실을 기억하는 것이 중요하다. 이것은 막연한 이상을 포기할 때 시작된다. 낭만적 사랑의 커다란 약점은 연인들이 서로를 비현실적인 이상화의 렌즈를 통해 본다는 점이다. 그리고 이런 이유 때문에 낭만적 사랑은 불안정하다. 결국 실재는 언제나 드러나게 되며, 연인에 대한 비현실적 인식은 산산조각 나고야 만다.

이와는 대조적으로 진정한 친구들은 서로를 현실적으로 바라본다. 그들은 서로를 너무 잘 알기 때문에, 멀리 있는 사람들에게는 드러나지 않을 약점들까지도 잘 파악하고 있다. 그러나 이런 약점들이 친구에 대한 존중과 애정과 존경심을 감소시키지 않는다. 또한 그들은 친구를 우상화하려 하지도 않는다. 친구들은 서로에게 매료되었거나, 상대를 향해 경외심을 품고 있는 것이 아니다. 그들은 서로를 외적인 페르소나로 아는 것이 아니라, 좀더 믿을 수 있고 상대적으로 더 안정적인 요소들 즉 습관, 성품, 성향, 타고난 소질을 통해 알고 있다. 우정은 이런 현실적인 성격 때문에 안정성과 지속성이 있다. 우정은 낭만적이지 않을 수 있지만 분명히 실재에 닻을 내리고 있다.

예수님과 제자들의 만남에 대한 복음서의 한 일화는 이런 면에서 특별히 충격적이다. 마태는 자기가 어떻게 예수님의 제자로서 친구로 부름받아 세리라는 전직을 떠나게 되었는지 말해 준다. 1세기 팔레스틴에서 세리들은 타락한 자들로 악명이 높았고, 거의 모든 사람들에게 멸시를 받았다. 그러므로 예수님이 마태의 집에 저녁을 먹으러 가시고 그 자리에 마태의 동료 세리들이 이 새 친구를 만나러 나타났을 때, 바리새인들은 예수님이 죄인들과 함께 먹고 마신다고 비난했다.

예수님의 반응은 의미심장하다. 예수님은 마태와 그 친구들을 옹호하기보다는 그들의 죄인 된 상태를 받아들이셨다. 예수님은 더 나아가 그들과 자신을 동일시했고, 건강한 자가 아니라 병자에게 의사가 필요한 것처럼 자신의 우선 순위가 의인이 아니라 죄인에게 있다고 선언하셨다(마 9:10-13).

이런 실재에 근거한 특성이 진정한 우정에 굉장한 성장의 잠재력을 불어넣는다. 실재를 좀더 확실히 붙잡아야만 성장이 가능하기 때문이다. 확고한 실재와의 접촉을 떠나서는 의미 있는 성장이란 없다.

친구 간의 사랑에 내재된 마지막 특성은 충성이다. 다윗에 대한 요나단의 충성이야말로 그 이야기가 시간을 초월하여 감동을 주는 핵심적인 이유다. 나오미에 대한 룻의 충성도 마찬가지다. 충성은 언제나 사랑으로 주어지는 선물이다. 이것은 요구될 수 없기 때문에 선물이다. 그러나 이것이 없으면 진정한 우정은 없으며, 영적 우정이라 불릴 만한 것은 더더욱 존재할 수 없다. 충성은 친구와 우정에 대한 존경의 표시로서 친구에게 주어진다.

충성은 신실한 헌신을 의미한다. 이 헌신은 때로는 말로 표현되고, 때로는 침묵으로 표현된다. 진정한 친구들은 서로의 비밀을 지켜 주며, 서로에게 정직하며, 서로를 공개적으로 비난하지 않으며, 예의를 지키고, 존중하는 마음을 간직한다. 그들은 친구의 최선의 유익을 추구하고, 친구를 보호하고 성장시키려 애쓴다. 그들은 친구의 이익을 보호하기 위해 개인적 대가를 지불할 준비도 되어 있다. 충성은 때로 자기의 이익을 희생하도록 요구한다. 그러나 이것은 우정이라는 값을 매길 수 없는 귀한 진주를 얻기 위해 지불하는 작은 비용에 불과하다.

정직. 친구는 서로의 성장과 발전을 바라기 때문에 그들의 사랑은 정직을 요구한다. 이 사랑은 환상을 깨뜨린다. 그리고 진실을 직면하게 함으로써 일시적으로 불편한 감정을 일으킬 수 있는 위험도 감수한다.

예수님은 제자들을 향한 사랑 때문에, 제자들 속에서 발견한 어떤 것들을 무시할 수 없으셨다. 예수님이 베드로의 부인을 예고했을 때, 그것은 자신의 예언 능력을 뽐낸 것이 아니라 베드로의 자만심을 지적한 것이었다. 제자들이 예수님이 풍랑 이는 바다에서 자기들을 보호할 능력이 있음을 믿지 못할 때, 예수님이 제자들의 불신앙을 꾸짖은 것은 그들의 믿음을 격려하기 위한 것이었다. 그리고 제자들이 누가 더 큰지 논쟁하는 것을 듣고 예수님이 그들의 잘못을 지적하신 것은, 그들의 영적인 유익을 바라는 동기에서 나온 것이다.

사랑 안에서 진리를 말하는 것에 관한 매우 충격적인 사례는 예수님이 자신의 죽음을 예고한 직후 일어난 예수님과 베드로의 대립에서 나타난다. 베드로가 예수님의 죽음을 반대하자 예수님은 보통을 넘어서서 매우 심하게 느껴졌을 말로 대응하셨다. "사탄아, 내 뒤로 물러가라. 네가 하나님의 일을 생각하지 아니하고 도리어 사람의 일을 생각하는도다"(막 8:33). 이 말은 돌보는 마음의 부족을 보여 주는가, 아니면 오히려 깊은 사랑을 보여 주는가? 정말로 돌보는 마음이 부족했다면, 예수님은 베드로 안에 감추어진 승리주의적 전제들을 간과해 버렸을 것이 틀림없다. 예수님이 베드로와 대립하신 것은 사랑 때문이었다. 사랑은 사랑하는 사람 속에 있는 자기 파괴적 실체를 무시할 수 없게 만든다.

친구들은 용기를 내어 우리를 정직하게 대함으로써 우리의 성장을 위한 매우 소중한 기회를 제공한다. 그들은 우리가 자기 기만과 오래 간직해 온 환상을 꿰뚫어 볼 수 있도록 도와준다. 마치 사람 눈의 망막에 맹점이 있는 것처럼, 인간의 영혼에도 맹점이 있다. 영혼의 친구는 우리가 스스로의 힘으로는 도저히 볼 수 없는 것을 보도록 도와준다. 우리에게는 그들 없이는 결코 인식할 수 없는 부분들이 있다. 진정한 영적 친구는 우리의 자기 기만을 결코 용납하지 않으며, 부드럽고도 단호하게 영적으로 눈 먼 우리의 무지를 지적할 것이다. 영혼의 친구들은 서로가 부름받은 온전하고 거룩한 사람이 되는 것에 못 미치는 수준에 안주하기를 원치 않는다.

과거에 친구들이 내 성장을 자극해 온 방식을 돌아보면서 수많은 예가 떠오른다. 이 예들은 주로 나의 반복되는 죄, 곧 성격상의 문제와 관련이 있다. 고등학교 시절 한 좋은 친구가 나의 교만함을 지적했고, 나는 그 지적을 무시하려 했다. 그러나 몇 년 후에 다른 친구가 같은 문제를 무관심이라는 말로 표현했을 때, 나는 그 문제를 좀더 인식하게 되었다. 다시 몇 년 후에 나의 가장 가까운 친구인 아내가 종종 나의 표면 아래에 감추어진 분노에 대해 숙고해 보도록 권했다.

자만심과 무관심과 특권 의식을 중심으로 움직이는 한 가지 유형이 드러났다. 이런 움직임들은 내 영혼의 맹점 한가운데 있었다. 친구들의 부드러운 지적이 아니었다면, 나는 이 죄들을 볼 수 없었을 것이다.

훌륭한 친구들이 이런 지적을 통해 매 순간 제공해 준 기회에 대해 충분히 열린 마음을 품지는 못했지만, 나는 그들에게 엄청난 감사의 빚을 지고 있음을 고백한다. 물론 이 영역에서 나의 싸움은 계속되고 있다. 그러나 이 친구들이 용기를 내어 사랑의 자극을 주지 않았더라면, 나는 현재보다 훨씬 더 심각한 자리에 머물러 있었을 것이다. 그들은 용기를 내었고, 내게 기회를 주었다.

친구들은 서로의 잘못을 지적할 때 그 일을 사랑으로 행한다. 이 점이 그들의 교제를 통해 성장이 일어날 가능성을 엄청나게 증가시킨다. 만일 내가 친구의 지적을 단순한 공격으로 여겨 의심했다면, 그의 도전을 무시하기도 쉬웠을 것이다. 그러나 내 친구가 나를 사랑하며 내가 성장하기를 바라기 때문에 나를 도전하고 있음이 분명할 때에는, 그 지적을 무시하기가 훨씬 어려웠다.

문제는 격려와 책망 사이의 중요한 균형을 잃지 않으면서 사랑을 전달하는 것이다. 격려 없는 책망은 결코 사랑으로 느껴지지 않는다. 책망 없는 격려는 언제나 무미건조한 사랑이 되어 버린다.

친구들은 감정적, 영적 지원을 통해 서로의 사랑을 전달하며, 그 목적은 친구의 성장이다. 그러나 이 지원이 성장을 조건으로 주어지는 것은 아니다. 즉 내가 충분히 잘 활용하지 못한다고 해서 그 지원이 거두어지지는 않는다.

마지막으로, 정직은 노력하고 훈련해서 얻는 그 무엇이 아니라 즐겁게 여기는 경험이다. 진실하고 깊은 친구 관계에서 나타나는 정직은 단순히 말로만 이루어지는 것이 아니라 존재로 드러나는 것이다. 친구들은 서로에 대해 안전감을 느끼므로 긴장을 풀고 자기 자신이 될 수 있다. 친구는 나를 이미 나 자신의 모습 그대로 알고 사랑하고 있기에, 가면을 곁에 내려놓고 나 자신이 될 수 있다. 랠프 왈도 에머슨(Ralph Waldo Emerson)은 친구란 그 앞에서 혼잣말을 할 수 있는 사람이라고 말한다. 겉모습을 잘 관리해야 할 필요로부터의 자유, 이것이야말로 모든 참된 우정의 근본이며 기초다.

친밀함. 사람들이 좀더 의미 있는 우정을 동경하는 것은 방금 언급한 것처럼 자유롭고 정직하게 자신을 드러내어 알릴 수 있는 사람을 원하기 때문이다. 그리고 상대방도 이와 같은 방식으로 알아 가기 원하기 때문이다. 한마디로, 그들은 친밀함을 원한다.

예수님과 우정 관계를 맺는 것은 친밀함을 제공받는 일이었다. 예수님은 우리의 삶과 경험을 공유하기를 원하신다. 더 놀라운 것은, 우리도 그분의 삶과 경험을 공유하도록 초대하신다는 점이다.

예수님이 겟세마네 동산에서 자신의 고통을 제자들과 나눈 것이 얼마나 놀라운 일이었을지 생각해 보라(마 26:36-46). 그분은 홀로 그 동산에 오르지 않으셨다. 우리는 아마도 예수님께서는 아버지와의 우정 관계가 있었으므로 그저 기도를 통해 하나님과 자신의 감정을 나누는 것만으로도 충분했으리라 단정할 것이다. 그러나 그렇지 않았다. 예수님은 자신의 임박한 체포와 십자가 처형을 예견하고 그 문제를 직면하기 위해 세 사람의 제자들을 데리고 동산을 오르셨다.

그리고 이제 예수님이 제자들과 나눈 대화를 들어 보라. 그 대화에는 놀라울 정도의 정직함과 친밀함이 드러난다. 그분은 제자들에게 자신의 영혼이 속에서 터질 것만 같으며, 고민하여 죽게 되었다고 말씀하셨다. 예수님은 그들에게 더 이상 견딜 수 없을 것만 같다고 말씀하셨다.

실제로 그분은 죽음 직전에 이르러 있었던 것이다. 그리고 예수님은 제자들에게 (이 경험을 공유하면서) 자기와 함께 깨어 있어 달라고 부탁했다.

친밀함은 공유하는 경험이다. 예수님은 자신의 경험을 가장 가까운 친구들과 공유했다. 그는 자신이 이 경험들을 통과하며 걸어가는 동안 자신과 동행하도록 그들을 초청했다.

친밀함은 다양한 형태로 경험할 수 있다. 두 사람이 영적인 경험을 공유할 때, 그들은 영적으로 친밀하다. 감정적인 경험을 공유한다면 그들은 감정적으로 친밀하다. 성적인 경험을 공유하면 성적으로 친밀하며, 지적인 경험을 공유하면 지적으로 친밀하다고 할 수 있다. 그 외에도 직업적인 친밀함(일을 공유함), 여가 활동의 친밀함(놀이의 즐거움을 공유함), 창조적인 친밀함(무엇인가를 만드는 경험을 공유함), 심미적인 친밀함(아름다움을 즐기는 경험을 공유함), 사회 정의의 친밀함(더 나은 세상을 만들기 위해 함께 일함) 등이 있다.

친밀함의 영역들은 서로를 강화한다. 지적 발견을 공유하는 친구들이 정치적이거나 영적 혹은 심미적 경험들을 공유하게 되면 그 관계는 더 깊어진다. 부부의 친밀함이 성관계에만 제한된다고 생각하는 부부들은, 다른 넓은 범위의 삶의 영역들을 공유하는 부부들에 비해 진정한 친밀함에 대한 지식이 훨씬 제한되어 있다. 가장 깊은 영적 우정에서는 친밀함의 영역의 범위가 계속 확장되어 간다.

이 통찰은 결혼 관계를 위해서 아주 중요하다. 결혼 관계에서 우리는 삶의 한두 가지 차원에서는 배우자와 친밀하면서도 다른 영역들에서는 친구들로부터 친밀함을 쉽게 빌려오려 한다. 많은 부부들이 성적이고 감정적인 친밀함을 공유하면서도 지적, 심미적, 영적인 영역에서는 아주 제한적인 친밀함을 경험한다. 그러나 결혼 관계 안에서 발전되는 역동적인 영적 우정을 살펴보면, 그들은 점점 더 많은 삶의 영역 안에서 배우자와 경험을 공유하기를 갈망한다. 친밀함의 필요를 결혼 관계 밖에서 대부분 충족시키는 것은 매우 위험한 일이다. 그 결과 결혼의 친밀함이 쉽게 말라 버리기 때문이다.

다른 여러 형태의 관계들과 마찬가지로 우정 관계 역시 정적으로 남아 있지 않으려는 경향이 있다. 우정은 진화하거나 퇴화하며, 계속 자라거나 쪼그라든다. 우정이 시간이 흐름에 따라 깊어지면 친밀함도 그 깊이와 넓이가 증가한다. 사실 친밀함의 성장이야말로 그 관계가 자라고 있음을 보여 주는 가장 좋은 척도다. 반대로, 죽어가는 관계의 확실한 표시는 친밀함이 줄어드는 것이다.

영적 친구들은 영혼의 차원에서 서로의 삶을 나눈다. 물론 이것은 그들이 진지하고 개인적이고 영적인 이야기만 나눈다는 의미는 아니다. 그러나 영혼의 차원에서 나눔이 없는 관계는 영적 우정, 혹은 영혼의 우정이라 불릴 가치가 없다. 영혼의 차원에서 나눈다는 것은 그들의 친밀함이 외부 세계의 경험에만 제한되지 않음을 의미한다. 영혼이 전인을 의미하되 특히 내면의 삶에 강조점을 두는 말임을 기억하라. 그러므로 영혼의 친밀함은 서로 내면의 자아를 나누는 것 위에 생겨난다.

영혼의 친밀함을 즐기는 친구들은 농담이나 단순한 정보 교환에 결코 만족하지 않는다. 대신에 그들은 사건과 정보들을 그들의 감정과 인식과 가치와 생각과 의견들을 나누는 발판으로 이용한다. 그런 친구들의 대화는 단순히 그들의 삶 속에 (혹은 세상에) 무슨 일이 일어났는지 말하는 데 그치지 않고, 더 나아가 그 일어난 일들을 어떻게 경험하고 반응하고 이해하는지를 나눈다. 대화는 표면에서 심층으로, 외부에서 내부로 계속 옮겨 간다. 이것이 영적 우정에서 일어나는 대화의 매우 중요한 특징이다.

영적인 친밀함은 이렇게 내면 세계에 주의를 기울이게 한다. 영혼의 대화는 단순히 외부 세계가 아니라 내면의 경험에 주의를 기울임으로써 삶의 영적인 차원을 나누도록 초청한다. 우리의 영성은 우리를 살아 있게 만드는 깊은 갈망들을 통해 가장 분명히 표현된다. 갈망은 단순한 욕구들와는 달리 우리의 깊은 곳에서 솟아나온다. 갈망은 표면으로 샘 솟듯 흘러나오는 영의 반영이다. 신학적으로 우리는 이것을 성령에 대한 우리 영의 응답이라 말할 수 있다. 영적인 것에 주의를 기울이는 것은 우리의 깊은 곳에서 일어나는 이런 움직임들에 주의를 기울이는 것이다.

영적인 친밀함은 이런 갈망들을 나누는 것과 관련이 있다. 그것은 또한 피상적인 대화에서는 종종 무시되는 다른 내면적 경험들 즉 근심과 소망, 관심사, 꿈(비유적으로나 또는 문자적인 의미로), 염려, 생각 등을 나누는 것도 포함한다. 이런 대화는 내면 세계에 주의를 기울이기 때문에, 일반적으로는 사소하게 여겨질 수도 있던 일들이 소중하게 여겨지고 나누어진다.

그러나 영적인 친밀함의 가장 중요한 부분은 하나님 체험을 나누는 것과 관련이 있다. 나는 친구와 최근에 하나님이 부재하는 것 같은 영적인 메마름을 경험하고 있음을 나눌 수 있다. 또는 기도 응답에 대한 감사의 마음을 나눌 수도 있다. 또는 요즘 보통 때와 다른 강한 영적인 굶주림을 느낀다는 이야기를 할 수도 있다.

이것은 신학적인 주제로 토론하는 것이나, 교회 정치나 주일 설교에 대해서 이야기하는 것과는 다르다. 진정한 영적인 친밀함은 단지 나의 생각이 아니라 체험을 나누는 것이다. 일반적으로 이렇게 나누는 체험들 중 한 요소가 하나님 체험이다.

영적 친구 사이에 존재하는 친밀함은 분리됨을 존중하는 함께함이다. 나는 절대로 내 친구를 내 자아의 연장으로, 즉 나의 재산이나 소유물 또는 나를 위해 존재하는 사람으로 보아서는 안 된다. 이런 소유하지 않는 태도는 영적 우정을 특징짓는 기초다. 각 개인의 분리됨을 존중하지 않으면, 우정 관계의 친밀함은 파괴적인 공생으로 전락한다.

우정은 분리됨을 존중하기에 보통의 관계에 존재하는 의무들로부터 자유롭다. 친구는 서로 사랑하는 것 외에는 아무런 의무가 없다. 그들은 분리된 자율적인 사람들이다. 자녀와 부모 사이에는 많은 의무들이 존재한다. 마찬가지로, 결혼 관계도 핵심적인 의무들로 정의된다. 그러나 친구 사이에는 공식적인 의무들이 훨씬 적다. 그들은 사랑 외에는 서로에 대해 아무런 의무도 없다. 그들이 주어야 하는 것 그 이상을 준다면, 이것이 바로 은혜의 선물이다.

어떤 관계에서든 소유하려는 마음이 있으면 항상 파괴적인 역동이 나타난다. 소유하려는 마음의 열매는 질투다. 질투는 결혼에서와 마찬가지로 우정 관계에서도 파괴적이다. 소유하려는 마음과 또 그와 관련된 지배와 조작의 역동 배후에는 언제나 상대편의 분리됨과 자율성을 존중하지 않는 정신이 있다.

가장 친밀한 우정이라 할지라도 두 사람 사이에 존재하는 낯섦을 완전히 제거할 수 없음을 기억하는 것이 중요하다. 친구는 언제나 한 부분은 낯선 사람으로 남는다. 두 사람이 서로를 완전히 알 수 있다고 믿는 것은 순진한 생각이다. 현실의 우정은 다른 사람의 신비를 인정한다. 이 신비는 때로는 기쁨이 되고, 때로는 실망이 될 수도 있다. 그러나 이 낯섬과 분리됨이 우정 안에 열정이 살아 있게 만든다. 공간은 언제나 진정한 우정에 양분을 공급한다.

그러므로 건강한 우정은 그 안에 있는 공간을 존중한다. 그들은 서로 공유하지 않는 친구, 관심사, 경험을 위한 많은 공간을 허락한다. 그런 분리됨은 내 친구의 삶이 내 삶이 아니라는 인식에 기초한다. 그의 여정과 나의 여정은 어떤 중요한 면에서 서로 연결되어 있다. 그러나 그와 나는 분리되어 있으므로 그의 소명과 여정은 그의 것이다. 토머스 무어(Thomas Moore)가 말한 것처럼, "영혼은 포옹이 필요한 만큼 날아다니는 것도 필요하다."[2] 그가 내 곁에 있으며 때로 손을 잡고 걷기도 하지만, 우리는 분리된 서로 다른 경로를 걷고 있다. 진정한 친구들은 언제나 이 사실을 망각하지 않는다.

상호성. 친구 관계와 다른 돌봄의 관계들 사이의 한 가지 중요한 차이점은 친구 관계가 어느 정도의 상호성을 지닌다는 점이다. 우리는 아무것도 돌려주지 않을 사람을 위해 지원과 상담과 사역을 제공할 수 있다. 그러나 우리는 동일한 것을 돌려주는 사람에 대해서만 친구가 될 수 있다. 친구들은 서로에게 받는 것을 다시 돌려준다. 우정의 이 상호적인 성격은 이 관계를 다른 모든 돌봄의 관계와 구별되게 한다.

---

2) Thomas Moore, *Soul Mates* (New York: HarperPerennial, 1994), p. 21.

예수님이 제자들과 맺은 우정에서 드러나는 상호성은 정말로 주목할 만하다. 예수님은 제자들을 단지 따르는 자로서가 아니라 친구로 맞이하셨다. 그리고 더 나아가 그들의 친구가 되어 주셨을 뿐 아니라, 그들도 예수님의 친구가 되도록 초대하셨다.

우정은 상호적이고 서로 주고받는 것이기에, 우리는 우리의 우정이 그렇지 못할 때 배반당했고 이용당했다고 느끼게 된다. 그리고 우정에서 항상 받는 자리가 아니라 주는 자리에 있다고 불평한다. 이런 관계는 나름대로 깊은 의미가 있으며, 영혼의 돌봄 관계라 불릴 만한 가치가 있을 것이다. 그러나 이것을 우정으로 바라본다면 좌절에 빠지고야 말 것이다. 우리는 상호성을 기대하고 있기 때문이다. 이런 관계는 돌봄을 베풀면서도 아무것도 돌려받을 것을 기대해서는 안 되는, 사역이나 봉사의 관계로 보는 편이 훨씬 낫다.

내가 기독교적인 자선을 베푸는 모든 사람을 친구로 본다면 우정의 개념은 희석된다. 마찬가지로, 목회적 돌봄이나 기독교적 양육의 모든 관계를 우정으로 보게 되면, 정직하지 못한 요소가 들어오게 된다. 친구들이 경험하고 기대하는 수준의 상호성은 기독교적 사역과 관련된 대부분의 관계에는 해당하지 않는다.

우정의 상호성은 각자의 주고받음이 (어떤 날, 어떤 주, 심지어 어떤 달도 아닌) 긴 시간에 걸쳐 균형을 이루는 리듬에 기초한다. 우정은 일차적으로 돌봄의 관계가 아니다. 우정은 무엇보다도 영혼의 친밀함이다. 친구들은 필요하다면 서로를 돌보아 주겠지만, 그런 돌봄이 이 관계의 유일한 차원은 아니다. 만일 그렇게 된다면, 상호성은 사라질 것이며 영혼의 동족으로서 세상을 함께 탐구하려 했던 원래의 동기도 상실된다. 그 관계는 영혼의 우정이 아닌 다른 무엇으로 바뀌고 만다.

그러나 상호성이 평등을 의미하는 것은 아니다. 예수님이 제자들에게 준 것은 제자들이 예수님께 준 것과 다르다. 예수님은 영적인 선생이었고, 제자들은 학생이었다. 하지만 예수님은 그들을 친구라고 불렀다. 그 관계는 평등하지는 않았지만, 친밀함과 상호성이 있는 관계였다. 영적 우정의 특별한 형태인 영성 지도에서도 이와 비슷한 일이 일어난다. 영성 지도에 대해서는 다음 장에서 살펴볼 것이다.

동행. 이것은 우정이 추구하는 이상의 마지막 요소다. 친구들은 삶의 여정에서 서로의 동반자가 된다.

내 친구 하나는 연주회의 반주자다. 그는 내게 반주자의 임무는 연주를 주도하거나 전면에 등장하는 것이 아니라, 주 연주자와 교감하며 그를 가까이서 지원하는 것이라 말한다. 영적 동반자의 임무도 마찬가지다.

성경에 기록된 예수님과 제자들 사이의 최초의 교류는 예수님이 그분의 여정에 함께하도록 제자들을 초대한 일이다. 이 초대를 받아들임으로써 놀라운 일이 벌어졌다. 예수님도 그들의 여정에 동반자가 된 것이다. 그리고 이것은 우리에게도 동일하다. 그리스도를 따르는 자들로서 우리는 그분의 삶에 참여한다. 그러나 그분 또한 우리의 삶에 참여한다. 이것이 진정한 친구의 임무다. 그들은 서로의 삶의 여정에서 동반자가 된다.

때로 우리는 성인이 된 이후의 전 생애를 친구와 동행할 수 있는 복을 얻는다. 룻과 나오미는 서로 함께할 수 있는 복을 받았고, 그들의 우정은 아마도 룻과 보아스의 결혼 후에도 지속되었을 것이다. 어떤 경우에는 동행의 기간이 짧을 수도 있다. 요나단은 다윗의 인생에서 아주 잠시 동안 동반자가 되었다. 그러나 진정한 친구는 친구로 있는 시간이 얼마가 되든 간에 서로의 여정을 충분히 공유하며, 두 사람의 여정은 서로 얽혀 하나가 된다. 분리되었던 것은 연결되고, 나의 여정은 우리의 여정이 되며, 나는 더 이상 혼자가 아니다.

친구들은 서로의 여정에 적극적인 관심을 가짐으로써 동반자가 된다. 앞에서 언급한 것처럼, 이런 관심은 그 우선 순위가 특히 그 여행의 내면적 차원에 있다. 그러나 영혼은 전인격이므로 친구들은 또한 각자의 삶의 외부적인 측면들에도 관심을 가진다. 그들은 직장에서 느끼는 좌절감이나 가족 관계, 또는 다른 삶의 상황들도 함께 나누며 서로 관심을 가지고 포용해 준다. 왜냐하면 진정한 친구들은 서로의 삶 전체를 돌아보기 때문이다.

영혼의 친구들의 우선 순위는 내적 여행의 동반자가 되는 것이므로 그들 사이의 물리적 거리는 문제가 되지 않는다. 친구들은 시공을 초월하여 서로에게 공명할 수 있고, 서로의 삶의 흐름을 지속적으로 감지할 수 있다. 지난 일들도 신속히 따라잡을 수 있기에, 연결이 한 번도 끊어진 적이 없는 듯 보인다. 동행을 위해 실제로 많은 시간을 함께 보내야만 하는 것은 아니다.

친구들의 삶은 서로 융합되며, 그들이 경험하는 친밀함은 종종 다양한 경험 영역들의 경계를 넘어 확장된다. 그들이 서로의 삶의 이야기의 중요한 부분이 되는 것은 서로의 삶에 중요한 방식으로 참여하기 때문이다. 이런 참여는 그들의 삶을 하나로 묶는 동행이라는 끈을 구성하는 중요한 재료다. 린과 안젤라의 우정은 이것을 보여 주는 훌륭한 사례다.

주 안에서 자매가 되다

린은 마흔네 살이며 독신으로 지내는 의사다. 마흔여섯 살인 안젤라는 결혼하여 두 자녀를 둔 주부이며 한 사무실에서 관리자로 일하고 있었다. 안젤라의 남편 제리도 그들의 관계에서 중요한 부분을 차지하므로 여기서 소개하겠다.

안젤라와 린은 교회에서 처음 만났다. 안젤라가 직장을 옮기려 한다는 것을 알고, 린은 안젤라에게 자기가 일하는 가정의학과 병원에 중간 관리자로 오지 않겠느냐고 물었다. 안젤라는 이 제안을 받아들였고, 병원에서 상급 관리자로 일하는 린에게 보고하는 직무를 맡게 되었다. 곧 안젤라와 린의 관계는 우정 관계로 발전되었다.

린은 외동딸이었고 늘 자매가 있었으면 했다. 안젤라와 함께 일을 시작하자마자 린은 안젤라에 대해 그녀가 바라던 자매와 같은 감정을 느꼈다. 그러나 안젤라는 두 자녀의 어머니이며 나름의 삶이 뚜렷하게 형성된 상태였기 때문에, 린은 그 기대를 조심스럽게 마음에 품고만 있었다. 그러나 분명 안젤라도 그들의 우정이 발전되는 것을 즐거워하고 있었다. 그녀는 원래 형제 자매들이 여러 명 있는 가정에서 자라났지만, 그녀의 가족 관계는 갈등이 많고 역기능적이었다. 그녀 또한 자매간의 친밀한 관계를 갈망하고 있었다.

한참 동안 그들은 이런 마음을 서로 나누지 않았다. 그들 우정의 기초는 단지 서로 함께 일하는 것을 좋아한다는 사실이었다. 그러나 나중에는 서로가 비슷한 꿈과 소명 의식을 지닌 것을 알게 되었으며 점점 더 친한 친구가 되어 갔다.

안젤라는 봉사에 대한 열정을 지니고 있었다. 그녀는 사람을 사랑했고, 봉사하는 것을 좋아했다. 그녀는 관리자의 일을 좋아했고 그 일에도 탁월함을 발휘했지만, 늘 자기가 대학에 다녔더라면 하는 생각을 하고 있었다. 그녀는 만일 자신이 대학에 갔더라면 건강 관리 전문가가 되는 훈련을 받았을 것이라고 말했다. 그녀는 돕는 자의 영혼을 소유했으며, 자신의 은사를 좀더 온전히 개발할 수 있는 길을 발견하기 원했다.

린의 장기적인 목표는 세계의 좀더 가난한 지역에 사는 사람들을 돕는 것이다. 안젤라를 만나기 전에 이미 그녀는 여러 번 단기 의료 선교 여행을 다녀왔었다. 그녀의 꿈은 이보다 훨씬 더 많은 일을 하는 것이었다. 그녀는 또한 사회적, 경제적으로 소외된 사람들을 섬기기 위해 도심지에 병원을 개업하려는 꿈도 가지고 있었다. 이런 이야기를 안젤라와 나누었을 때, 그녀는 안젤라도 같은 열정을 품고 있었음을 발견했고 서로 깊이 마음이 통했다.

처음부터 제리는 아내의 새로운 상급자와의 우정을 매우 적극적으로 후원해 주었다. 그는 이 관계가 안젤라에게 얼마나 중요한지를 감지했다. 그리고 좋은 직업과 친구를 선물로 주신 하나님께 감사하고, 두 사람의 관계를 계속 격려했다. 제리와 린도 서로 잘 지냈다. 얼마 후 린은 매주 한 번씩 그들의 집에서 식사를 하기 시작했고, 세 사람은 점점 더 가까워졌다.

그 다음 여름에 안젤라와 린은 함께 필리핀으로 2주 간의 의료 선교 여행을 떠났다. 이 일은 그들의 관계를 공고히 하는 계기가 되었다. 돌아오면서 그들은 다음 여행도 함께 가기로 약속했다. 곧 이 일은 매년 반복되는 행사가 되었다.

이 우정에서 흥미롭고도 특별한 부분은 제3자인 제리의 존재다. 세 사람의 관계는 불안정한 경우가 많다. 그러나 10년이 지나도록 이 관계는 여전히 견고하다. 제리는 안젤라와 린의 특별한 우정을 계속 지원하고 있다. 린은 항상 안젤라와 제리의 결혼 관계를 존중해 왔다. 그리고 안젤라는 제리가 질투나 분노를 느낄 만한 이유를 만들지 않도록 조심했다. 안젤라와 린의 우정은 모든 사람들이 알 만한 것이었지만, 그들 셋 역시 훌륭한 우정 관계를 이루고 있었다. 몇 번은 셋이서 함께 휴가를 떠나기도 했고, 제리가 안젤라와 린이 매년 떠나는 선교 여행에 두 번 동참하기도 했다. 그럼에도 불구하고 결혼 관계와 안젤라와 린의 우정 관계는 각각 견고히 남아 있다. 한 관계가 다른 관계를 후원하며, 그 관계의 가치를 감소시키기보다는 더하고 있는 것 같다.

함께 성장하기

안젤라와 제리와 린의 관계망은 영적 우정의 궁극적인 평가 기준이 '그 관계의 결과로 모든 사람들이 성장하고 있느냐'임을 기억하게 한다. 친밀한 관계는 영혼을 파괴할 수도 있고 양육할 수도 있다. 영혼을 양육하는 우정은 다음의 내용들이 지속적으로 증가한다.

- 성령에 대해 깨어 있음, 하나님에 대한 굶주림, 하나님의 뜻에 자신을 의탁함
- 다른 사람들을 향한 사랑
- 자기 이해, 나의 내면 세계의 목소리에 주의를 기울임

- 하나님의 창조에 대한 호기심
- 삶의 즐거움
- 그리스도 안에 있는 고유한 자아를 분별함
- 소명을 따를 수 있는 용기
- 열정과 공감의 깊이
- 감사의 마음
- 거룩함과 온전함에 대한 경험

그러나 우리 중 누구도 하나의 관계만 맺고 사는 사람은 없기 때문에, 우정에 대해 한 가지 질문을 추가해야 한다. 즉 '그 관계가 다른 관계들에 어떤 영향을 끼치느냐' 하는 질문이다. 결혼한 부부들은 '그 관계들이 결혼에 어떤 영향을 끼치느냐'라는 기준으로 다른 모든 관계들을 평가해 보아야 한다. 독신자들은 '이 우정이 다른 친밀한 관계에 어떤 영향을 끼치는지' 물어야 한다. 그리스도인들은 한 관계가 우리와 하나님과의 관계에 미치는 영향에 대해 물어야 한다.

우리가 경험하는 모든 관계, 특히 의미 있는 관계는 우리에게 중요한 변화를 일으킨다. 문제는 그런 변화가 성장을 도울 것이냐, 아니면 방해할 것이냐다. 그 관계가 나의 영적 여정에 끼칠 충격이 전체적으로 보아 긍정적인가 부정적인가? 이 두 가지 가능성은 모두 존재한다.

비그리스도인과의 영혼의 우정

어떤 그리스도인들은, 비그리스도인과의 친밀한 우정이 그들의 영적인 삶에 부정적인 영향을 끼칠지도 모른다는 두려움 때문에 그들과의 영혼의 친밀함을 피한다. 또 어떤 이들은 신앙의 여정을 공유하지 않고는 영혼의 친밀함을 나누는 것이 불가능하다고 믿기 때문에 그런 관계를 피한다. 내 생각에는 이 두 가지 이해는 모두 잘못된 것 같다.

비록 이 장에 언급된 가장 친밀한 형태의 영적 우정은 모두 비슷한 영적 여정을 걷는 사람들 사이의 관계에 제한되어 있지만, 다른 사람과 깊은 영혼의 연결을 경험하도록 만드는 것은 우리가 공유하고 있는 인간됨이라는 데는 의문의 여지가 없다. 오직 우리에게 필요한 것은 사람을 깊이와 정직과 상호 존중 가운데 만나는 것이다.

나는 남편과 아내들이 영혼의 친밀함을 간절히 바라면서도 자기 배우자는 그리스도인이 아니라는 이유 때문에 친밀함을 나눌 대상 목록에서 제외시켜 버리는 것을 너무 자주 보았다. 슬프게도 그 결과 양쪽은 모두 외로움과 거부와 분노를 경험하게 된다.

배우자를 신뢰하며 자신의 내면 세계를 드러낼 수 있게 된다면, 그것이 남편과 아내들에게 얼마나 놀라운 변화를 일으키는 선물이 될 수 있는지! 이것은 결코 배우자를 변화시키려는 조작적인 전략으로 이용되어서는 안 되며, 반드시 서로의 인간됨을 공유하는 자리에서 상대편을 영혼의 친밀함으로 만나려는 초대의 신호로 주어져야 한다.

나는 한 그리스도인이 비그리스도인 상대를 있는 모습 그대로 받아들이며 영혼의 친밀함을 가꾸어 나가려 할 때, 그들 사이의 우정이 놀랍게 발전하는 것을 여러 번 보았다. 이것은 결코 신속하게 일어나는 일은 아니다. 관계의 역사에 따라 최초의 시도가 거절당하거나 불신을 얻을 수도 있지만, 환대는 관계를 맺는 양쪽 모두를 변화시킬 수 있다. 그러나 이것은 조작의 전략이 아니라 초대가 되어야 한다. 초대는 언제나 거절당할 수 있으며, 받아들여진다는 보장은 없다.

이 원리는 배우자가 아닌 친구들 사이에서도 똑같이 적용된다. 훌륭한 잠재적인 영혼의 친구들이 같은 영적 여정 위에 있지 않다는 이유로, 혹은 영적 여정에서 같은 장소에 있지 않다는 이유만으로 단순히 무시되어서는 안 된다.

은혜, 그리고 이상과 현실 사이의 간격

우리는 우정의 이상을 현실과 혼동하면 안 된다. 현실 세계에서 친구들은 기대를 충족시키지 못하고, 서로를 통제하려고 애쓰며, 소유욕과 질투를 느끼고, 사랑의 한계를 경험하며, 정직과 친밀함을 위한 용기를 결여하고 있다.

예수님과 특별히 가까웠던 친구들의 실패는 놀라울 정도다. 베드로는 최고의 의욕과 결심을 보였음에도 불구하고 그리스도를 부인했다. 두려움이 충성심보다 더 강력했다. 예수님은 유다를 그가 자신을 배반하는 순간까지 '친구'라 불렀지만, 유다는 참된 친구와는 거리가 멀었다.

나 자신의 가장 가까운 관계들을 생각해 보면, 나는 나 자신이 방금 말한 이상들에 다가가기에 얼마나 형편없는지 깨닫는다. 나의 사랑은 내 관심사를 내려놓을 수 없는 무능함에 의해 제약을 받으며, 정직은 풍부하고 끝없이 창의적인 자기 기만에 의해, 친밀함은 두려움에 의해, 진정한 대화는 이기심에 의해, 분리됨에 대한 존중은 조종하려는 욕구에 의해 제한된다.

그러나 참된 우정이 완전을 요구하는 것은 아니다. 우리는 있는 모습 그대로 나아오며, 우리의 불완전한 자아를 용납하고 받아 주는 누군가에 의해 은혜로 받아들여진다. 무엇보다도 우리는 다른 자아를 가지고 올 수 없다. 우리의 친구가 우리를 이 모습 이대로 받아 주든지, 아니면 우리가 다른 관계에서처럼 가장된 태도를 취해야 하든지 둘 중 하나다. 진정한 우정이 주는 위대한 선물은, 이 관계가 우리로 하여금 이상과 현실 사이의 간격 안에서 살도록 용납한다는 것이다.

영적 우정의 이상에 관한 묵상

이 장은 우정에 대한 몇 가지 성경적인 사례를 살펴보는 것으로 시작했다. 그러나 성경에서 우정은 이런 몇몇 사례들이 제시하는 것보다 훨씬 더 중요한 자리를 차지한다. 우정의 기원과 의미는 하나님의 속성 안에 존재하는 영원한 우정의 원과 그 관계 속에 있는 친밀함에서 나온다.

만일 하나님이 삼위일체 안에서 영원한 우정을 경험하지 않으셨다면, 우리는 영혼의 친밀함이라는 이 선물을 결코 알지 못했을 것이다. 놀랍게도 하나님은 우리를 이 영원한 우정에 참여하도록 초대하시며, 이 관계는 모든 인간 우정의 원형이 된다.

◎ 영원 전부터 성부와 성자와 성령 사이에 이루어진 우정을 묵상해 보라. 그리고 하나님이 인간을 창조하시고 그들을 이 우정의 원 속으로 초대하기로 결정하신 날을 상상해 보라. 묵상하는 동안 이 일에 대하여 하나님께 감사의 기도를 올리라. 인간 우정의 근원이 되는 영원한 우정을 인식하는 것이 우정의 이상에 대한 당신의 이해를 어떻게 변화시키는가?

영적 친구들은 자기 자신과 자신의 경험을 나눔으로써 거룩하게 영감된 형태의 친밀함에 참여한다. 친밀함의 영역들은 서로를 강화하며, 확장되거나 수축되며 변화하는 경향이 있다.

◎ 당신의 결혼 관계나 가까운 친구 관계를 생각해 보고, 그 관계 안에서 당신이 경험하는 친밀함의 영역들(성적, 영적, 지적, 심미적, 여가적, 직업적 영역 등)을 구분해 보라. 지난 한 해 동안에 당신의 친밀함의 성격은 어떻게 변화되었는가? 이 관계 속에서 당신은 어떤 도전과 기회들을 만났는가?

◎ 당신의 가장 중요한 친구 관계들을 떠올려 보고, 그 안에서 경험하는 영적인 친밀함에 대해 생각해 보라. 이런 우정 관계들은 당신이 영혼의 움직임에 대해 정기적으로 나눌 수 있는 자리를 제공해 주는가? 당신은 다른 사람들이 그들의 내적인 여행에 대해 나누도록 격려 받는 공간을 얼마나 잘 만들고 있는가? 당신이 다른 사람으로 하여금 그들의 초점을 외부 세계에서 내적인 경험으로 옮기도록 도울 때 장애물이 되는 것은 무엇인가?

모든 우정이 항상 이상을 실현하고 있는 것은 아니다. 비극적인 일이지만, 실제 우정의 경험은 환상이 깨지고 크게 실망하는 것으로 끝나는 경우도 많다.

◎ 우정 관계에서 당신이 경험했던 중요한 실패들을 묵상해 보라. 당신은 이런 관계들을 통해 스스로에 대해 무엇을 알게 되었는가? 이런 관계들이 현재 당신이 우정에 접근하는 방식에 어떤 영향을 끼쳤는가? 영적 우정에 대한 당신의 열망이 더 보강되어야 할 필요가 있다면, 이 장 앞부분에 언급된 성경적인 우정의 사례들을 묵상해 보라.

당신이 하나 혹은 그 이상의 진정한 영적 우정을 소유하는 복을 받았다면, 하나님께 감사하는 것을 잊지 말라. 왜냐하면 그런 관계들은 당연한 권리가 아니라 선물이기 때문이다. 제자들에게 "너희가 나를 택한 것이 아니요, 내가 너희를 택했노라"고 말씀하신 그리스도는, 우정을 맺고 있는 그리스도인들에게 "너희가 서로를 택한 것이 아니요, 내가 너희를 서로를 위해 택하였노라"고 말씀하셨을 것이다.

영적 우정은 선행에 대한 보상으로 얻는 것이 아니다. 그것은 하나님이 그분의 선하심을 드러내는 수단이다. 친구를 통해 하나님은 우리가 다른 사람과 우리 자신을 알게 만드시며, 그 결과 하나님을 알게 하신다. 우정은 하나님이 우리에게 주시는 선물이자 우리가 다른 사람들에게 줄 수 있는 선물이다.

2부 · 영성 지도

최근까지 대부분의 개신교인들은 영성 지도라는 개념에 익숙하지 않았다.
이 개념을 들어 본 사람들도 종종 이것을 종교적 권위에 복종하는 것과
동일시하며 의심의 눈초리로 바라보았다.
어떤 사람들은 이것을 상담과 관련된 개념으로 생각하기도 했다.

4장 영성 지도의 신비를 벗기다

　　　　　　　　　　최근까지 대부분의 개신교인들은 영성 지도라는 개념에 익숙하지 않았다. 이 개념을 들어 본 사람들도 종종 이것을 종교적 권위에 복종하는 것과 동일시하며 의심의 눈초리로 바라보았다. 어떤 사람들은 이것을 상담과 관련된 개념으로 생각하기도 했다. 그들은 아마도 영성 지도를 가장 최근에 유행하는 상담의 한 분야로서 새로운 기술이나 접근법을 사용하는 것이라 상상했을 것이다. 몇몇 사람들은 영성 지도가 새로운 것이 아니라 오래 된 것이며, 권위와는 아무런 상관이 없음을 알았다. 하지만 그들도 이것이 전문적으로 종교적 소명을 추구하는 사람에게만 해당되는 것이라고 잘못 단정지었다.

　　이런 모든 반응은 심각한 오해에 기초한 것이다. 영성 지도는 영혼을 돌보는 관계라는 왕관에 박힌 보석이며, 교회의 가장 처음 시기부터 신자의 양육을 위한 공식적인 관계에서 중요한 부분을 차지했다. 이것은 소수의 전문가들만을 위한 것이 아니라, 영적 여정을 진지하게 추구하는 모든 그리스도인에게 유익한 것이다. 이것은 권위의 관계라기보다는 영적 우정의 한 형태다. 그리고 영성 지도는 상담이나 다른 돌봄의 관계와 어떤 특징들을 공유하지만, 다른 관계들과는 구별된다. 이것은 기독교 상담의 한 요소라기보다는 대안이 될 것이다.

그러나 영성 지도가 무엇이며 무엇이 아닌지 좀더 주의 깊게 들여다보기 전에, 사례들을 통해 영성 지도라 불리는 이 영적 양육 관계의 풍부하고 다양한 형태들을 살펴보자.

시타는 한 달에 한 번씩 목사님을 만나 영적인 격려를 받는다. 그녀에게 특별히 도움이 필요한 문제가 있는 것은 아니다. 그녀는 단순히 목사님과 만나 자신이 영적 여정에서 어떻게 진보하고 있는지에 관해 대화하고 기도한다. 비록 짧은 시간이지만 그녀는 이 시간을 소중히 여긴다. 그녀나 목사님 중 어느 누구도 이 일을 영성 지도라고 생각하지는 않는다. 목사는 아마도 이것을 목회적 돌봄이라고 부를 것이며 시타는 그것을 단순한 영적인 지원이라고 생각할 것이다.

빌은 교회의 양적 성장과 영적 성장의 균형을 유지하며 목회하려고 애쓰는 목사다. 여섯 달 전에 한 주말 피정에 참여한 그는 주 강사와 짧게 대화하고 기도하는 시간을 가졌다. 그 이후로 빌은 그와 정기적인 만남을 가져 왔다. 그들의 대화는 주로 빌의 기도 생활에 초점을 맞춘다. 그는 이런 만남을 매우 소중히 여기는데, 그 시간이야말로 완전히 자유롭게 자기 자신이 될 수 있는 순간이기 때문이다. 그는 또한 그가 영성 지도자에게 목회적으로 봉사해야 할 아무런 의무가 없다는 점에 대해서 고맙게 여긴다. 이 관계는 그만을 위한 것이다.

폴과 그의 친구 매트는 수년 전 한 성경 공부 모임에 함께 참여했다. 그 이후로, 그들은 정기적으로 만나 기도와 대화의 시간을 가져 왔다. 그들은 한 달에 두 번, 출근하는 길에 조용한 커피숍의 한 구석에서 만난다. 시간이 흐름에 따라 그들의 모임 진행 방식은 조금씩 바뀌었다. 지금은, 한 달에 한 번은 폴과 그의 영적 여정에 초점을 맞추고, 다음 만남에서는 매트의 경험에 초점을 맞추어 대화하고 있다. 이들은 이 경험을 '서로 격려하고 책임지는 만남'이라고 말한다. 그들은 같은 교회에 다니므로 다른 이유로도 만남을 가진다. 그러나 첫 번째와 세 번째 화요일 아침의 만남은 특별한 것이며 다른 모든 만남들과 구분된다. 그들은 이 시간을 특별히 보호하며, 이 시간만큼은 오직 그들의 영적 여정에만 초점을 맞추려 한다.

마리아는 한 달에 한 번씩 자신이 영적인 면에서 늘 존경해 왔던 한 선배 여 집사와 만난다. 이 만남은 주일 예배를 마치고 격의 없이 나누던 대화에서 시작되었다. 마리아는 종종 이 친구에게 자신의 영적인 갈등을 털어놓곤 했다. 그녀는 충고하기를 꺼려했지만, 마리아에 대해 깊이 염려해 주었고 마리아를 위해 기도하겠다고 격려해 주었다. 최근에 그들은 좀더 깊은 대화를 위해 점심 시간에 따로 만나기 시작했다. 요즘 바뀐 점은 매번 짧은 기도 시간을 갖는 것이지만 상호 교류의 패턴은 전과 비슷하게 유지된다.

영성 지도는 무엇이 아닌가

영성 지도는 신비스런 것이 아니다. 이것은 비밀스런 악수나 비밀 종교 의식과는 아무런 관련이 없다. 영성 지도는 서로의 영적인 성장을 돕기 위해 그리스도인들이 현재 행하고 있는 어떤 활동들과 크게 다르지 않지만, 사람들이 떠올리는 영성 지도자의 이미지들과는 큰 차이가 있다. 영성 지도를 이해하는 첫 걸음은 먼저 무엇이 영성 지도가 아닌지를 분명히 아는 것이다.

영성 지도는 새로운 것이 아니다. 기독교적 영성 지도는 교회의 가장 처음 시기로 거슬러 올라가며, 그 이전에도 영성 지도는 유대교와 다른 종교들 안에 잘 정립되어 있었던 방법이었다. 주후 1세기에는 영적 인도의 편지가 영성 지도를 행하는 주요 수단이었으며, 그런 편지들은 신약 성경 안에 서신서의 형태로 보존되어 있다. 4, 5세기의 사막 교부들은, 개인적 거룩함을 증진시키려고 중동의 사막으로 그들의 은둔처를 찾아 방문한 수천 명의 그리스도인들에게 영적인 조언을 해주었다. 이런 그리스도인 현자들은 글을 통해 오늘날에 이르기까지 많은 사람들을 인도하고 있다.

개신교 종교개혁가들은 모두 사람들에게 적극적으로 영성 지도를 베풀었다. 마르틴 루터는 자신보다 14세기 앞서 사도 바울이 행했던 것처럼 편지를 통해 영성 지도를 행했다. 울리히 츠빙글리는 하나님 한 분께만 죄를 고백하도록 권했지만, 영적 여정에서 도움을 얻기 위해 다른 현명하고 성숙한 그리스도인에게 조언을 구하라고 강권했다. 그리고 칼뱅은 그리스도인들이 개인적으로 하나님께만 종속됨을 강조하면서도 영성 지도를 행했고 그 유익을 공개적으로 언급했다.

이런 사실을 생각하면 종교개혁 이후에 개신교인들 사이에서 영적 인도에 대한 관심이 쇠퇴한 것이 놀랍게 여겨진다. 이후 모든 신자의 제사장직을 강조하고 영적 양육의 주된 방편으로서 설교를 강조하면서 영성 지도는 점점 의심스러운 것이 되었다. 그런데 지난 수십 년에 걸쳐 이런 현상에 변화가 일어나기 시작했다. 이런 변화는 복음주의자들이 목양과 제자 훈련에 대한 다양한 실험을 행하면서, 그리고 좀더 최근에는 많은 개신교인들이 고전적인 영성 훈련의 풍부함을 발견하고 마음을 열고 그것들을 받아들이면서 일어나게 되었다.

영성 지도는 권위주의적인 것이 아니다. 과거에 많은 개신교인들이 영성 지도에 대해 의심을 품은 것은 영성 지도에서 권위의 역할과 자리를 오해했기 때문이다. '지도'라는 용어는 어떤 사람에게 무엇을 하라고 지시하는 모습을 떠올리게 한다. 그러므로 영성 지도에 대한 두려움은, 도움을 요청하는 사람이 영성 지도자의 권위 아래에 놓이고, 주어지는 지시에 수동적으로 복종하게 되는 것에 대한 두려움이다. 과거의 어떤 시기에 영성 지도가 이렇게 실행되었을 수도 있지만, 지금은 일반적으로 그렇게 행하지 않는다.

영성 지도와 목양을 구별하는 것은 중요하다. 목양은 어떤 교파에서 최근 수십 년 간 두드러지게 나타난 다소 전제주의적인 영적 리더십의 한 형태인데, 영성 지도와는 거의 아무런 공통점이 없다.

영성 지도는 결코 인간의 권위로 하나님의 권위를 대체하는 것이 되어서는 안 된다. 영성 지도는 하나님과 개인 사이에 중보자를 두는 것이 아니다. 영성 지도에서 합법적인 유일한 권위는 하나님과 그의 말씀이다. 참된 영성 지도자는 하나님의 영이다.

영성 지도는 하나님을 향해 깨어 있도록 돕는 일이다. 이것은 부대장이 병사에게 지시를 내리는 것과는 전혀 다르다. 오히려 이것은 한 그리스도인이 다른 그리스도인의 동반자가 되어 그로 하여금 하나님의 영의 임재와 지시에 주의를 더 잘 기울이도록 돕는 일이다.

영성 지도는 조언을 주는 것이 아니다. 일부 사람들이 영성 지도에 끌리는 이유는, 믿을 만한 사람이 영적인 삶을 제대로 영위하기 위해 무엇을 행하라고 말해 줄 것이라는 기대감 때문이다. 그들은 아마 영적 여정에서 만난 커다란 문제에 압도되었거나, 또는 충격을 느끼고 있을 것이다. 또 어떤 사람들은 영적인 것에 대해 아무것도 느끼지 못할 수도 있다.

이런 이유로 영성 지도를 찾는 것은 좋은 일이다. 그러나 당신은 영성 지도자가 무엇을 지시해 주기를 기대해서는 안 된다. 정말로 당신이 찾는 그런 도움을 찾는다면 목회 상담의 관계(때로는 성경적 상담이라고 불리는)가 좀더 적당하다.

영성 지도자가 자신의 생각을 말해 줄 수도 있지만, 그들의 임무는 조언이나 지시가 아니다. 그 역할은 참된 영성 지도자인 성령의 것이다.

영성 지도는 제자 훈련이 아니다. 영성 지도는 몇 가지 중요한 점에서 제자 훈련 관계와 다르다. 제자 훈련이라는 용어가 다양한 방식으로 사용되기는 하지만, 그것은 일반적으로 도움을 얻고자 하는 사람에게 좀더 책임이 주어지고 도움을 베푸는 사람이 좀더 지시를 내리는 관계다. 영성 지도에도 어느 정도의 책임이 따르기는 하겠지만, 영성 지도는 일차적으로 동반자가 되는 것이다. 그리고 때로 영성 지도자들이 토론의 과정을 주도한다고 해도, 그 내용을 주도하려 하지는 않을 것이다. 또한 그들은 조언을 주는 것보다는 제안하는 것에 머물 것이다.

또한 제자 훈련은 영성 지도에 비해 좀더 구조화되어 있다. 제자 훈련은 종종 어떤 훈련 커리큘럼에 따라 진행된다. 이와는 대조적으로, 영성 지도에는 표준화된 커리큘럼이나 영성 지도자 쪽에서 미리 준비한 계획이 없다.

마지막으로, 앞서 언급한 것처럼 제자 훈련은 그리스도인의 영적 여정의 초기 단계들에 초점을 맞추는 경향이 있다. 사람들을 도와 제자가 되게 한다는 은유는 풍부한 의미가 있으며, (넓은 의미로 이해한다면) 모든 그리스도인의 영적인 양육 관계에 적용될 수 있다. 그러나 일반적으로 이해되는 바로는, 제자 훈련은 신앙을 처음 접하는 사람들이 그리스도인의 삶의 토대가 되는 습관들을 훈련하고자 할 때 좀더 구체적으로 주어지는 도움을 의미한다. 이와 대조적으로, 영성 지도는 이미 그리스도인의 삶의 기본 훈련을 받은 사람들에게 크게 유익하다.

영성 지도는 설교가 아니다. 영성 지도는 해야 할 일에 대한 생각을 말해 주는 것이 아니며, 하나님의 뜻이라고 생각되는 바를 말해 주는 것도 아니다. 그 관계는 선포나 해설을 위한 것이 아니다.

영성 지도자는 하나님의 말씀을 강해함으로써 다른 사람에게 도전이나 권면이나 교훈을 주고 인도해 주는 설교자와는 그 기능이 다르다. 영성 지도 관계에서도 성경의 역할이 있지만, "주께서 말씀하시기를…"로 시작되는 것과 같은 종류의 선언이 차지할 자리는 없다.

일반적으로 영성 지도는 말씀 중심이기보다는 성령 중심이다. 영성 지도의 초점은 하나님 그분께 있으며, 그 중심 과제는 성령의 임재와 이끄심을 분별하는 것이다.

4장 영성 지도의 신비를 벗기다

영성 지도는 도덕적인 지도가 아니다. 아마도 이는 매우 놀라운 사실일 것이다. 영성 지도라는 양육의 형태에서는 도덕이 주된 관심이 아니다. 주된 관심은 하나님과의 관계가 깊어지는 것이다.

도덕은 인격의 아주 깊고 근본적인 부분을 형성하므로, 대부분의 중요한 영혼의 대화는 도덕적인 문제들을 다루게 될 것이다. 또한 하나님과의 관계에는 죄가 끼어들기 때문에, 그 관계를 심화하기 위해서는 종종 죄를 직면해야만 한다. 그러나 영성 지도를 도덕적인 지도로 제한하는 것은 그 범위를 심하게 축소한 것이다. 그리고 도덕적인 문제들에만 관심을 쏟다 보면, 하나님의 영에 대해 충분히 관심을 가지지 못하게 된다. 한 사람을 변화시키기 위한 성령의 과제 목록은 우리의 과제 목록과 다른 경우가 많다.

영성 지도는 상담이 아니다. 상담과 영성 지도는 몇 가지 공통적인 특징을 가지고 있지만, 아주 중요한 부분에서 서로 다르다. 이 차이들 중에서 가장 중요한 것은, 상담이 문제 중심적이라면 영성 지도는 성령 중심적이라는 점이다. 이론적으로는 영성 지도가 어떤 위기나 문제 때문에 시작될 수 있지만, 그 목표는 하나님과의 관계의 성장이지 특정한 문제를 해결하는 것이 아니다. 문제는 단지 하나님을 만날 수 있는 배경이 될 뿐이며 결코 초점의 대상이 되지 않는다.

상담과 영성 지도의 또 다른 중요한 차이는, 각 관계 안에서 공감이 지닌 역할에서 드러난다. 상담자들은 내담자의 내면적 경험에 공감하려고 노력한다. 한편 영성 지도자들은 공감의 초점을 일차적으로 사람이 아니라 성령께 둔다. 이것은 영성 지도자의 우선적인 목표가 피지도자의 감정을 이해하는 것이 아니라는 뜻이다. 또한 그 사람의 경험 안으로 들어가 세상을 그가 바라보는 방식으로 보는 것도 아니다. 오히려 영성 지도자의 목표는 그 사람이 하나님의 영과 좀더 가까이 접촉하도록 돕는 것이다. 다음에 살펴보겠지만, 영성 지도자의 공감의 초점은 일차적으로 사람이 아니라 하나님의 영이다.

상담과 영성 지도의 마지막 차이점은 기록에 관한 것이다. 임상 치료의 관계에서는 이것이 중요하게 여겨지지만, 대부분의 영성 지도자들은 영성 지도에서 기록은 불필요하다고 말한다. 나는 이 판단에 동의한다. 기록은 만남을 지나치게 임상적으로 만든다. 또한 그것은 영성 지도자의 초점을 하나님으로부터 사람에게로 이동시킨다.

영성 지도는 가르침이 아니다. 영성 지도는 가르침의 경우와는 달리 내용에 초점을 두지 않는다. 반드시 다루어야만 하는 커리큘럼은 없다. 영성 지도의 성공은 개념 이해나 신학적 정통성으로 평가되지 않는다. 영성 지도에서 배움은 분명히 중요한 부분이다. 그러나 그것은 신앙 고백서의 조항들을 배우기보다는 사랑을 배우고 자신을 의탁하는 법을 배우는 것에 훨씬 더 가깝다. 또한 그것은 전문가가 초보자에게 기술이나 지식을 전수해 주는 것이라기보다는 함께 배워 나가는 과정이다.

이렇게 함께 배워 나가는 과정에서 영성 지도자는 선생이라기보다는 안내자의 역할을 한다. 그들은 전문가가 아니라 동료로서 여행의 동반자가 된다. 비슷한 여정에서 다른 사람들을 안내해 보았기에, 때로 그들은 당신이 가장 좋은 경로를 선택하도록 도울 수 있는 위치에 있게 된다. 뿐만 아니라, 그들은 당신과 그들이 여행하고 있는 지역을 잘 알기에, 당신이 있는 곳을 목적지에 견주어 보게 하고, 그리하여 그 여행을 전체적인 안목으로 보도록 도울 수 있다. 그러나 그들이 당신으로 하여금 영적 여정의 중요한 것들을 배우게 하는 가장 좋은 방법은, 당신과 함께 성령을 계속 바라보는 것이다.

영성 지도란 무엇인가

나는 영성 지도를 다음과 같이 정의할 것을 제안한다.

영성 지도란 하나님과의 깊은 인격적 관계를 개발하는 일에 도움을 받고자 하는 사람이 다른 사람을 만나, 삶의 경험 속에서 하나님을 인식하는 것과 하나님의 뜻에 자신을 의탁하는 것에 초점을 두고 함께 기도하고 대화하는 기도의 과정이다.

이 정의에는 네 가지 기본적인 요소가 나온다. 이 요소들이 실제 삶에서 어떻게 하나로 결합될 수 있는지 생각하기 전에, 먼저 각 요소들을 간략하게 살펴보자.

먼저, 영성 지도는 기도의 과정이다. 기도는 영성 지도의 중심이다. 이것은 영성 지도가 기도에 관한 대화라는 뜻이 아니며, 때로 영성 지도 중에 실제로 기도를 한다는 의미도 아니다. 내가 말하려는 것은 영성 지도가 곧 기도라는 것이다.

나는 기도를 하나님의 임재에 깨어 있으면서 그것에 응답하는 것으로 이해한다. 자신이 하나님의 임재 안에 있다는 사실을 의식하는 것, 이 임재에 주의를 기울이며 언어나 비언어적 수단들로 응답하기를 배우는 것이다. 하나님의 임재에 더 잘 깨어 있으려고 애쓰는 사람과의 대화는 그 자체가 기도다. 예수님이 두세 사람이 그의 이름으로 모인 곳에 함께하겠다고 약속하셨을 때, 그것은 두 사람의 대화가 실제로는 세 사람의 대화가 됨을 의미한다. 지도자와 피지도자 모두 하나님의 임재 안에 있음을 의식할 때, 대화는 기도가 된다.

눈을 감든지 뜨든지, 말을 하든지 하지 않든지, 지도자와 피지도자가 모두 하나님의 임재에 주의를 기울이려 하고 그에 따르는 인식에 응답하려 한다면, 영성 지도는 기도다. 기도는 영성 지도의 중심이다. 왜냐하면 영성 지도에 참여하는 두 사람이 모두 하나님께 초점을 맞추기 때문이다.

둘째로, 영성 지도는 하나님과의 깊은 인격적 관계를 개발하도록 돕는 것이다. 영성 지도의 목표는 하나님과의 관계가 더 깊어지도록 돕는 것이다. 영성 지도자들이 피지도자로 하여금 하나님과 관계를 맺게 만들 수는 없다. 그러나 그들은 그 관계가 발전할 수 있도록 돌보아 주고자 한다.

영성 지도는 세 인격 곧 지도자와 피지도자와 하나님 사이의 관계가 결합된 것이다. 그러나 영성 지도의 중심은 지도자와 피지도자의 관계가 아니라 피지도자와 하나님의 관계다. 이와는 달리 상담에서는 상담자와 내담자의 관계가 일차적으로 중요하게 여겨진다. 영성 지도자들은 자기가 돕고자 하는 사람과의 관계를 중요한 위치에 놓아서는 안된다. 일차적으로 중요한 것은 영성 지도를 받고자 하는 사람과 주님의 관계이며 그 다음으로 중요한 것은 지도자와 하나님의 관계다.

각 사람이 하나님과 맺고 있는 관계가 지도자와 피지도자의 관계를 지탱하는 기초가 된다. 이 두 개의 일차적인 관계가 지도자와 피지도자의 만남을 가능하게 하며, 그 결과로 피지도자와 하나님의 인격적인 관계가 도움을 받을 수 있다.

이 점이 매우 중요하다. 만일 지도자가 자신과 피지도자의 관계가 영성 지도의 결정적인 부분이라고 생각하면, 지도자와 피지도자 모두가 심각한 문제에 빠진다. 지도자는 뒤로 물러나 무대의 배경이 되어야 한다. 결정적인 부분은 하나님의 임재이며, 결정적인 관계는 각 사람이 하나님과 맺는 인격적인 관계다.

셋째로, 영성 지도는 삶의 경험 속에서 하나님을 인식하는 것에 초점을 둔다. 영성 지도의 일차적인 초점은 신학이 아니라 체험이다. 체험 중에서도 그 우선 순위는 영적인 체험(즉 하나님을 의식하는 것)에 있다. 그러나 처음에는 모든 체험을 고려하는데, 그 이유는 일상의 경험들 가운데서 하나님을 찾는 것이 하나님의 임재에 깨어 있는 삶의 출발점이기 때문이다. 하나님의 임재에 깨어 있는 것은 기도의 핵심이며, 그분과 더 깊은 관계로 나아가는 왕도다.

하나님께 주의를 기울이는 것은 영성 지도의 핵심이다. 영성 지도자들은 우리에게 항상 다가오시는 하나님을 주목하도록 도우려 한다. 기독교의 하나님은 계시의 하나님이다. 그분은 그리스도 안에서 자신을 계시하셨고, 성경 안에서 자신을 계시하시며, 또한 그의 세계 안에서 자신을 계시하신다. 그러나 초월자이시며 동시에 이 세상에 내재하시는 하나님은 또한 우리의 내면 세계에서 우리를 만나신다. 그는 우리 영혼의 고요한 침묵의 장소에서 우리에게 말씀하신다. 그러나 하나님의 음성을 듣기 위해서는 분별이 필요하며, 자기 몰두로부터 하나님에 대한 몰두로 나아가야 한다.

자기 몰두는 하나님을 향해 깨어 있는 것을 방해하는 강력한 적이다. 그러므로 자기 몰두를 깨뜨리는 것이라면 그것이 무엇이든지 하나님께 주목하는 데 도움을 준다. 음악 감상, 숲을 거니는 것, 또는 위대한 예술 작품을 감상하는 것 등이 모두 중요한 역할을 할 수 있다. 이것은 하나님이 어떤 특별한 방식으로 그런 경험들 안에 존재하시기 때문이 아니라, 그런 경험들이 우리로 하여금 자기 몰두를 벗어나도록 도와주기 때문이다. 자기 몰두를 깨뜨리는 것은 언제나 하나님에 대한 몰두로 나아가는 첫걸음이다.

하나님은 우리의 주의를 끌어 우리가 그분을 알기를 바라시며 늘 우리에게 다가오신다. 그러나 우리는 하나님의 세계 안에 있으면서도 그분을 인식하지 못하고 눈먼 상태로 걷고 있다. 우리 자신이라는 껍질(우리의 계획, 근심, 활동)이 우리를 너무도 잘 감싸고 있기에 우리는 하나님을 보지 못한다. 하나님에 대한 열린 마음과 수용적인 자세를 계발하도록 돕는 도구가 있다면, 그것은 또한 지속적으로 자신을 알리시는 하나님과의 만남을 위해 우리를 준비시키는 도구다.

영성 지도가 추구하는 것은 체험에 주의를 기울이고 성찰하는 태도를 기르는 것이다. 특히 주목해야 할 초점은 우리의 삶 속에 드러난 하나님의 영의 임재와 인도를 분별하려는 노력이다. 기도하는 마음으로 주의를 기울이는 것은 이 과정에서 가장 중요한 부분이다.

마지막으로, 영성 지도는 하나님의 사랑의 뜻에 자신을 의탁하는 것을 지향한다. 삶 속에 드러난 하나님의 영의 임재와 인도에 주목하는 일의 목표는, 하나님의 사랑과 우리를 향한 하나님의 뜻에 의탁하는 것이다. 단순히 하나님의 부르심과 임재를 분별하는 것만으로는 충분하지 않다. 하나님은 우리가 그의 사랑에 의탁하기를 바라신다. 이를 떠나서는 하나님이 온전히 알려질 수 없기 때문이다. 이런 종류의 하나님에 대한 앎 안에서만 진정한 변화가 일어날 수 있다.

하나님의 사랑에 의탁하는 것은 또한 그의 뜻에 의탁하는 것이다. 그의 사랑에 의탁하지 않는다면 복종은 경건의 표현이 아니라 의무적인 행동이 될 뿐이다. 하나님이 바라시는 것은 복종 이상이다. 그분은 우리의 사랑을 원하신다. 영성 지도가 추구하는 것은 하나님의 사랑에 더 잘 의탁하도록 돕는 것이며, 이 사랑에 대한 의탁은 우리의 뜻을 넘어 하나님의 뜻을 선택하는 것으로 드러난다.

실제 사례

영성 지도가 실제 관계 속에서 어떻게 작용하는지 더 잘 이해하기 위해 앞에서 언급했던 빌의 이야기로 돌아가 보자. 빌은 하나님과의 더 깊은 인격적 관계를 추구하는 목사였고, 그의 회중 안에서 교회 성장과 영적 성장의 균형을 이루려고 애쓰는 사람이었다. 그는 우리 부부가 인도하는 피정에 참여했고, 피정 후에 내가 자기에게 영성 지도를 베풀어 줄 수 있는지 물었다.

빌은 영적 여정에서 이미 상당히 진보해 있는 사람이었다. 그는 성공적인 목회를 하고 있었고, 영적 성숙함과 지혜로 주위에 널리 알려진 사람이었다. 또한 그는 오랜 세월 동안, 자신이 멘토링이라고 부르는 일종의 영성 지도를 다른 사람에게 베풀고 있었다. 그러나 그는 자신의 영성 생활에 불만을 느낀다고 했다. 그는 하나님을 기도 가운데 좀더 깊이 만나는 데 도움을 받고자 했다.

나는 주저할 수밖에 없었다. 기도에 대해 내가 그에게 무엇을 가르칠 수 있을까? 아마도 내가 여태껏 기도에 대해 설교를 들은 횟수보다, 그가 기도에 대해 설교한 횟수가 더 많을 것이다. 더구나 그는 신학 분야에 두 개의 학위를 가지고 있었다. 대조적으로, 나는 공식적인 신학 훈련을 받아 본 적이 없다.

기도를 배우는 일에 내가 그를 돕는다는 생각 자체가 우스워 보였다. 오히려 내가 그에게 내 기도 생활을 도와 달라고 부탁하고 싶었다! 그래서 나는 그런 내 생각을 전했다. 이것은 잘한 일이었는데, 그가 나의 역할을 다시 올바른 관점에서 보도록 도와주었기 때문이다. 그것은 우리가 선택하려 하는 이 모험의 성격이 협동적인 것임을 알려 주는 첫 번째 신호였다.

빌은 내게 자신이 기도의 고급 기술을 가르쳐 줄 영적인 스승을 찾는 것이 아니라고 말했다. 또 그는 내가 그에게 무엇을 하라고 말해 주길 기대하지 않았다. 대신에 그가 바란 것은 함께 만나 기도하고 자신의 기도 생활에 대해 이야기할 수 있는 한 사람이었다. 그는 영성 분야에 정통한 전문가가 아니라, 영적 동반자가 되어 줄 어떤 사람을 원했다.

영적 여정에서 다른 사람을 안내하기에는 내가 영적으로 부족한 사람이라고 생각한 것은 유익한 일이었다. 그 생각은 내가 진정한 영성 지도자는 성령이시라는 사실에 집중하도록 도와주었다. 나는 단지 그분의 조수일 뿐이다. 이것을 기억함으로써 내가 뭔가 역할을 수행해야 한다는 부담이 크게 줄어들었다.

첫 번째 만남. 나는 빌과 함께한 피정을 통해 빌에 대해 어느 정도 알고 있었지만, 첫 만남을 시작하며 그가 주님께 원하는 것은 무엇이며 영성 지도를 통해 얻고자 하는 것은 무엇인지 물었다. 나는 또 그의 가장 깊은 열망들이 무엇인지 물었다. 열망은 영혼의 숨결임을 기억하라. 그것은 우리의 영적인 건강과 식욕을 반영한다. 또한 그것은 보통 우리의 영에 대한 성령의 부르심을 알 수 있는 실마리를 드러낸다.

빌은 자신이 하나님과의 더 깊은 친밀함을 얼마나 간절히 바라는지 이야기했다. 그는 또한 자신이 어떻게 피정 이후에 낮 시간 동안 하나님의 임재를 느끼기 시작했는지, 나아가 이런 인식이 자신의 의식을 가득 채우게 되기를 얼마나 갈망하고 있는지 말해 주었다. 그는 자신에게 필요한 것은 '도시 영성'(산꼭대기가 아닌 도시 한가운데서의 영적인 체험)이라고 했다. 그는 기도 시간에만 제한되지 않고, 어디에서 무엇을 하든지 종일토록 하나님의 임재를 느끼길 원했다. 그는 자신의 하나님 의식이 자라나길 바랐다.

우리는 20분 동안 이런 것들에 대해 이야기했다. 그러고 나서 나는 바로 지금이 그가 열망한 그 일을 위해 함께 무엇인가 행할 수 있는 기회라고 말했다. 나는 그에게 함께 대화하는 동안 그에게 어떤 하나님의 임재 체험이 있었는지 물었다.

그가 대답했다. "이것이 내가 말하고 싶었던 것입니다. 나는 하나님에 관하여 이야기하고 있지만, 하나님의 임재에 대해 어떤 직접적인 감각을 느낀다고 말할 수 없습니다. 나는 하나님이 분명히 임재하심을 알지만 나의 지식은 체험보다는 믿음에 기초한 것입니다."

"당신이 인식할 수 있었던 것은 무엇입니까?"

"'내가 어떤 식으로 하나님을 체험해야 하는가' 하는 나 자신의 질문이었습니다. 이 질문이 떠올라 하나님을 의식하는 것에 대한 나의 기대가 과연 얼마나 현실적인지 의심하게 만드는 것 같습니다."

"그렇군요." 내가 대답했다. "그러나 당신의 감정이나 질문들에 초점을 맞추는 대신 하나님이 현재 당신의 경험 속에서 어디에 계신지에 초점을 맞추십시오. 당신은 하나님의 임재를 믿는다고 했습니다. 그렇다면 당신의 현재 경험 속에서 하나님이 어디에 계신지 분별할 수 있게 해 달라고 함께 기도합시다."

우리는 간단히 이 기도를 함께 드렸다. 그가 먼저 기도하고, 이어서 내가 기도했다. 잠시 침묵이 흐른 후에 그가 말했다. "음, 나는 하나님의 임재를 느끼는 것 같습니다. 하나님은 나의 열망 속에 있습니다."

"좀더 말씀해 주십시오." 내가 말했다.

"글쎄요, 내 생각에는 하나님이 하나님을 향한 나의 갈망 속에 계신 것 같습니다. 나의 갈망이 하나님으로부터 왔으므로 그것은 하나님의 영을 드러냅니다. 그리고 그것이 하나님의 영을 드러낸다면, 하나님의 임재를 드러내는 것입니다."

"나도 당신이 전적으로 옳다고 생각합니다. 그런데 당신은 느낌이 아니라 인식에 근거를 두고 말하고 있습니다."

"맞습니다. 그리고 나는 그것이 중요한 점이라고 생각합니다. 나는 하나님의 임재를 느낌으로 판단했던 것 같습니다. 영적인 느낌 말입니다. 그러나 그것도 느낌일 뿐입니다. 결국 우리는 현재보다 과거에서 하나님을 더 쉽게 볼 수 있는 것 아닐까요? 나는 잠시 멈추어 눈앞의 경험들로부터 돌아서 있을 때 비로소 하나님의 임재를 볼 수 있었습니다. 그렇다면 하나님은 우리가 어떤 경험의 한가운데 있을 때보다는, 눈을 돌려 과거를 봄으로써 그분을 발견하기 원하는 것 아닐까요?"

"그럴 수도 있겠군요." 내가 대답했다. "하지만 당신은, 하나님의 임재를 하루의 마지막 시간에 뒤돌아볼 때가 아니라 일과 중에 사건들이 진행되는 그 시간에 보기를 원한다고 했습니다."

"예, 그것이 바로 내가 원하는 바입니다. 그리고 나는 그것이 가능하다고 믿고 싶습니다. 로렌스 수사의 「하나님의 임재 연습」이나 다른 많은 영적인 저술들이 바로 그런 체험을 언급하는 것 같습니다. 그것을 어떻게 나의 체험으로 만들 수 있을지 모르겠습니다."

나는 그가 언제 하나님의 임재에 대한 분명한 감각을 가지는지 좀더 말해 달라고 했다. 그는 설교할 때 느끼는 하나님 체험에 대해 말했다. 그리고 종종 자연 속에서 하나님의 임재를 느끼며, 교회 가까운 곳에 있는 공원들을 산책하기를 좋아한다고 말했다. 그러나 그는 다시 좌절의 감정으로 돌아왔다. 일과 중에는 같은 방식으로 하나님을 경험할 수 없는 자신의 무능함을 떠올렸기 때문이다. 그리고 다시 내게 그의 기대가 현실적이라고 생각하는지 물었다.

나는 주저했다. 어떻게 대답해야 할지 몰랐다. 나 자신이 일과 중에 느끼는 하나님 체험은 아직 제한적이었다. 그러나 나는 내 체험을 기준점으로 사용하고 싶지 않았다. 나는 다른 이들이 나보다 훨씬 더 풍부하게 하나님의 임재를 체험하고 있음을 알고 있었다. 나는 이런 근거를 들어 빌을 격려해야 할까? 아니면 나 자신의 경험을 나누어야 할까? 혹은 약속 시간이 거의 끝나 가므로 이 질문에 대한 이야기를 다음 시간으로 미루어야 할까?

나는 적어도 당분간은 그 질문을 다루지 않기로 선택했다. 나는 내가 그의 갈망의 현실성을 판단할 위치에 있지 않은 것 같다고 말했다. 그러나 나는 성령이 그것을 하실 수 있다고 덧붙였다. 나는 그에게 그 질문을 기도의 제목으로 삼아 왔는지 물었다. 그는 그렇게 해 본 적은 없지만, 그렇게 하고 싶다고 말했다.

약속 시간은 거의 끝나 가고 있었다. 나는 그에게 하나님의 임재를 분별하는 데 도움이 될 만한 간단한 훈련을 실행해 볼 마음이 있는지 물었다. 그가 그렇다고 말했다. 나는 매일 10분을 떼어 기도하는 마음으로 하루를 돌아볼 것을 제안했다. 구체적으로 말하면, 하나님이 임재하시는 것처럼 보였던 때와 임재하지 않으시는 것처럼 보였던 때를, 그리고 하나님이 임재하셨겠지만 분명하게 인식할 수 없었던 때를 돌이켜 볼 수 있을 것이다. 그리고 나는 그가 하나님의 임재를 감지했던 순간들에 대한 감사의 기도와, 다음 날에는 하나님의 임재를 더 잘 분별할 수 있도록 영적 분별력을 달라고 간구하는 기도로 그 시간을 마무리하라고 제안했다. 그리고 그가 이런 성찰을 통해 느낀 것들을 3주 동안 일기장에 기록하고 다음에 만날 때 가져오라고 했다.

두 번째 만남. 다음 만남에서 빌은 자신에게 그 훈련이 별 효과가 없었다는 말로 대화를 시작했다. 저녁에 하루를 돌아보는 일이, 체험이 아니라 믿음에 의지하도록 강요하는 것 같아서 좌절감을 느꼈다고 말했다. 나는 그것이 무슨 뜻인지 물었다. 그가 설명을 덧붙였다.

"예, 나는 하나님이 반드시 임재하심을 압니다. 그리고 나는 정말로 그것을 한 번도 의심해 본 일이 없습니다. 그러나 내 일과 중 대부분의 경험들 속에서 나는 하나님의 임재를 감지했다고 말할 수 없습니다. 설교할 때나, 다른 사람을 상담하면서 침묵 기도로 무엇을 말할지 도움을 간구하는 때와 같은 느낌이 들지 않습니다."

"그 경우에는 무엇이 당신에게 하나님의 임재를 알려 줍니까?" 내가 물었다.

"대부분의 경우에 나는 하나님의 능력을 느낍니다. 나는 기름부음 받았다고 느끼며, 성령으로 충만해집니다. 내 말의 의미를 당신도 잘 아실 것입니다."

"그렇군요." 내가 대답했다. "그러나 당신은 하나님이 모든 상황에서 똑같은 방식으로 당신에게 나타나시기를 기대하는 것은 아닐까요? 그리고 때로 하나님이 바람과 지진과 불 가운데 계시지 않고, 세미한 음성 가운데 계시기에 당신이 그분의 임재를 놓치고 있는 것은 아닐까요? 당신은 오랜 기간 동안 당신의 기도는 목회를 위한 능력을 구하는 기도였다고 했습니다. 나는 하나님이 그것을 허락하셨다고 믿습니다. 그러나 당신이 하나님의 임재를 감지하기 어려워하는 것은 아마도 항상 능력으로 임하시는 하나님을 기대하는 것과 관련이 있는 것 같습니다. 만일 그런 기대를 가진다면, 하나님이 연약함, 깨어짐, 가난, 고요함 가운데 임하실 때에는 하나님의 임재를 분별하기가 어려울 것입니다."

이 말이 빌의 급소를 건드린 것 같았다. 그는 자신이 하나님께 사용되기를 얼마나 갈망했는지, 그러나 그것을 얼마나 강하게 능력과 관련지어 생각했는지 고백했다. 그는 만일 그의 목회가 외적으로 성공적이지 않았다면, 하나님이 자신을 사용하고 계심을 느끼기 어려웠을 것이라 인정했다. 이 어려운 고백은 그가 하나님을 능력의 자리에서 만나기를 기대한다는 말과 관련이 있는 것 같았다.

그는 또한 한 가지 흥미로운 체험에 대해 이야기했다. 작년 성 금요일에 그는 그의 지역에서 열린 초교파적인 예배에 참여하기 위해 다른 교회를 방문했다. 처음에 그는 그 예배의 침울한 분위기에 잘 적응하지 못했다. 그의 생각으로는, 그 예배가 부활절 아침에 일어날 일에 대한 아무런 실마리도 없이 그리스도를 무덤에 남겨 놓는 것 같았다. 그는 항상 성 금요일과 부활절의 주제들을 긴밀하게 연결시키는 것에만 익숙해 있었던 것이다. 그런데 그 날 그는 그 예배가 두 날 사이에 만들어 놓은 공간을 경험하며 감동을 느꼈다. 빌은 이 경험을 통해 자신이 십자가의 절망을 최소화함으로써 부활의 기쁨의 어떤 부분을 잃어버리고 있는 것은 아닌지 스스로 질문하게 되었다.

빌의 회상은 한동안 계속되었다. 나는 그의 말을 가로막고, 그가 현재 우리의 대화 속에서 하나님의 임재를 감지하는지 물었다.

"나는 하나님이 임재하심을 압니다. 왜냐하면 우리가 탐구하는 내용 속에 어떤 진리가 있다고 확신하기 때문입니다. 나는 우리가 진리의 성령에 이끌리고 있다고 믿습니다."

"나도 동의합니다." 내가 말했다. "눈을 감고 잠시 침묵하며 성령이 당신에게 말씀하시는 것에 귀를 기울여 보십시오. 무슨 말로 응답할지에 대해서는 생각하지 말고 듣기만 하십시오."

그는 잠시 동안 침묵하며 눈을 감고 앉아 있었다. 눈을 감은 채로 그는 기도했다. "주여 말씀하소서. 주의 종이 듣겠나이다."

우리는 여전히 침묵하고 있었다. 잠시 후, 빌은 눈을 뜨고 내게 말했다. "하나님 앞에 앉아서 침묵하기가 정말로 어렵군요. 나는 하나님과 나 사이의 공간을 말로 채우고 있었습니다. 그러나 끊임없이 지껄이는 것을 멈추었을 때, 나는 정말로 하나님의 임재를 감지하였습니다. 정말 놀라운 일입니다."

그리고 그는 내게 하나님 앞에 고요히 머무르는 법을 어떻게 배웠는지 물었다.

"정말 힘들었습니다." 내가 대답했다. "나도 고요하게 머무르는 일이 전혀 익숙하지 않습니다." 그리고 나 자신이 고요하게 머무르려고 할 때 느끼는 어려움과, 이러한 영혼의 안절부절함이 낳았던 불행한 영적인 결과들에 대해 조금 이야기했다.

나는 또한 '향심 기도'라는 기도 방법을 실행함으로써 도움을 받았던 일도 말해 주었다. 이 기도는 하나님의 임재 앞에 조용히 앉아서 초점을 하나님께 맞추고, 내 마음이 다른 것들로 흘러갈 때마다 다시 하나님의 이름을 부르며 부드럽게 주의를 하나님께로 돌리는 것이다. 나는 그에게 이 방법이 어떻게 나에게 좋은 결실을 가져다주었는지 말했다. 성령은 나에게 하나님의 임재 안에서 긴장을 풀고, 하나님께 집중하거나 그분에 대해 생각하는 것을 너무 의식하며 애쓰지 않는 법을 가르쳐 주셨다. 빌은 함께한 피정에서 향심 기도에 대해 배웠지만, 바실 페닝턴[1]의 책을 읽어 보고 다음에 좀더 이야기를 나누고 싶다고 말했다.

우리는 함께 좀더 기도하며 이 두 번째 시간을 마무리했다. 나는 그에게 일과 중에 드러난 하나님의 임재를 돌아보며 하루를 마치는 일을 계속하라고 권하고, 다음 약속 시간을 잡았다.

몇 번에 걸친 우리의 만남이 영성 지도가 추구해야 할 모델로 간주되어서는 안 되겠지만, 이런 예가 영성 지도가 무엇이며 또한 무엇이 아닌지를 보여 주었기를 바란다.

내가 만일 상담자로서 역할을 수행했다면, 문제를 규명하기 위해 좀

---

1) Basil Pennington, *Centering Prayer*(New York: Image, 1982). 이 기도 전통에 관한 또 다른 자료들을 찾으려면 이 책 뒤에 있는 "더 읽을 거리"를 참고하라.

더 열심히 노력했을 것이며, 문제 자체에 초점을 맞추었을 것이다. 나는 그의 '문제'가 하나님의 임재를 감지하는 데 어려움을 느끼는 것이라고 결론지었을지도 모른다. 그리고 나의 임무는 이 문제를 고쳐 주는 일이었을 것이다. 즉 빌이 하나님의 임재를 더 잘 감지하도록 돕기 위해 무엇인가를 하는 것이다.

그러나 하나님과 더 깊은 친밀함을 가지고자 하는 그의 갈망을 문제로 만들어 버리면, 고쳐야 할 부분에 초점을 맞추게 될 것이다. 그리고 빌 안의 어떤 부분을 변화시키는 것을 나의 임무로 여기게 되면, 나는 모든 성장을 일으키고 지속시키는 이가 내가 아니라 성령이라는 관점을 놓치는 것이다. 영성 지도는 무엇을 '고치려' 하지 않는다. 영성 지도는 문제에 초점을 맞추기보다는 영적인 갈망에 초점을 맞춘다. 이것은 수리하는 과정이라기보다는 발전을 돕는 과정이다.

내가 빌과의 만남에서 교사의 입장을 취했더라면, 나는 아마도 하나님을 더 깊이 체험하고자 하는 그의 갈망과 관련된 원리와 방법들을 가르치는 일에 초점을 맞추었을 것이다. 그러나 영성 지도의 초점은 내용이나 방법이 아니다. 우리가 살펴본 것처럼, 영성 지도의 초점은 하나님 체험이다. 영성 지도를 움직이는 엔진은 배워야 할 커리큘럼이 아니고, 우리의 영을 부르시는 성령의 부르심이다(이것을 나는 영적인 갈망이라고 불러 왔다). 그리고 참된 교사는 성령이지 영성 지도자가 아니다.

빌과의 짧은 만남들에 교육적인 요소들이 있었지만, 나는 내 역할을 가정 교사나 코치에 가깝다고 말하고 싶다. 나는 들었고, 격려했고, 몇 가지를 제안했다. 그리고 무엇보다도 중요한 것은, 내가 우리의 대화를 기도로 바꾸려고 노력했던 점이다. 이것은 내가 우리의 대화를 두 사람의 대화가 아니라 세 사람의 대화로 만들고자 했음을 의미한다. 우리의 대화 가운데 있었던 하나님의 임재에 주의를 기울이게 함으로써 나는 기도를 격려하고 있었다. 눈을 떴든지 감았든지, 언어 형식의 기도를 드렸든지 아니든지, 우리는 기도 가운데 있었다. 그리고 우리의 초점은 빌의 하나님 체험이었다.

나는 앞서 영성 지도가 권위주의적이지 않다고 말했다. 그러나 이것은 결코 아무것도 지시하지 않는다는 의미가 아니다. 이 사례에서 나는 빌에게 상당히 지시적인 태도를 취했다. 나는 그에게 질문들을 던졌고, 반복적으로 주의를 성령께로 돌리도록 지시했다. 나는 또한 그가 행할 수 있는 것들을 제안했다. 그러나 나는 권위주의적인 인물로서 역할을 수행한 것은 아니며, 그 또한 나를 그렇게 받아들이지 않았다.

빌과의 만남에서 마지막으로 언급할 만한 부분은 내가 나 자신의 영적 여정에 대한 그의 질문들에 반응한 태도다. 영성 지도자가 영적 거인이어야 한다면, 그들은 갈등이나 부족함을 느낀 순간들에 대해 나누는 것을 피하려 할지도 모른다. 그러나 이 여행에서 영적인 안내자들은 단지 자신들의 어려움과 성공에 대해 정직하고자 하는 동료 순례자들일 뿐이다. 그리고 그들은 하나님이나 그들이 돕고자 하는 사람에 대한 초점을 잃지 않으면서도 그렇게 할 수 있는 방법을 아는 사람들이다.

상담가와 교사는 일반적으로 자기 노출을 피한다. 그러나 영성 지도자는 자신과 자신의 이야기를 기꺼이 나누려고 한다. 그러나 영성 지도자는 진정한 영성 지도자가 하나님의 영이라는 사실을 잊어서는 안 된다. 이 사실은 영성 지도자가 자기 자신에 주목하거나 피지도자로 하여금 스스로에게 주목하도록 하는 것을 막아 준다.

하나님의 의사소통에 주의를 기울이기

빌과의 만남에서 중심이 되었던 것은 그와 하나님의 관계가 깊어지도록 도와주려는 노력이었다. 어떤 관계이든 의사소통이 그 기초가 된다. 이것은 기도가 그리스도인의 영적 여정과 영성 지도 관계 모두의 중심이 되는 이유다.

의사소통과 계시는 하나님의 성품의 근본적인 부분이다. 때로 우리는 하나님이 침묵하시는 것처럼 보이는 '영혼의 어두운 밤'을 경험하게 된다. 그러나 그 때에도 우리가 하나님의 임재를 확신할 수만 있다면, 우리는 하나님의 인도를 따라 더 깊은 성장과 하나님과의 친밀함의 자리로 나아갈 수 있다. 종종 하나님의 임재가 감추어져 있는 이유는 우리가 그분을 잘못된 장소에서 찾기 때문이다. 세상 끝날까지 우리와 함께 있기로 약속하신(마 28:20) 하나님은 때로는 우리가 인식하지 못하는 방식으로 우리와 함께하신다. 우리는 주리고 목마른 사람들과 도움이 필요한 사람들 안에서 주님을 발견하기가 힘들다. 성경을 읽으면서도 말씀들만 보고 말씀이신 하나님을 보지 못하여 그분을 만나지 못한다. 영성 지도는 이러한 우리를 도와, 우리를 향한 하나님의 의사소통에 대해 스스로 깨어 있도록 돕는다. 이 의사소통에 주의를 기울이는 것이 영적 성장의 토대가 된다.

'하나님과의 관계'라는 말에는 풍부한 의미가 담겨 있다. 우리가 알든 모르든 간에, 모든 인간은 가장 기본적인 수준에서 자기를 창조하시고 구속하시는 사랑으로 찾고 계신 하나님과 관계를 맺고 있다. 그 관계를 의식할 때에만 하나님과의 관계 안에 있는 것은 아니다. 창조주 하나님의 피조물로서 우리는 하나님과 관계를 맺고 있다. 우리가 하나님을 무시하든, 하나님이 실재하지 않는다고 말하며 저항하든, 혹은 하나님의 사랑의 뜻과 성령께 항복하든 이 사실은 변함이 없다.

그러나 하나님과의 관계가 깊어진다고 할 때, 이는 보통 인격적인 관계를 뜻한다. 믿을 수 없는 일이지만, 하나님이 우리와 그런 관계를 맺기를 갈망하신다. 이 관계의 인격적 성격이 우리로 하여금 다시 기도로 초점을 돌리게 만든다. 의사소통을 떠나서 관계는 있을 수 없다. 그리고 하나님과의 의사소통은 기도다. 기도는 하나님과 우리의 관계의 중심이다. 또한 기도는 영성 지도의 핵심이기도 하다.

영성 지도의 성격에 관한 묵상

나는 이 장이 영성 지도가 주는 신비스런 느낌을 어느 정도 감소시켰기를 바란다. 이 용어가 아직도 익숙하지 않겠지만, 겉보기와는 달리 이 용어가 가리키는 관계는 다른 영적인 양육 관계들과 크게 다르지 않다. 이것은 설교, 상담, 도덕적 안내 그리고 제자 훈련이나 목양에 강조점을 두는 관계들과 다르기는 하지만, 그 차이가 절대적인 것은 아니다.

영성 지도가 다른 영적인 지원 관계들과 중요한 특징들을 공유하고 있지만, 한 가지 결정적인 차이는 기도가 영성 지도의 중심이 된다는 점이다. 영성 지도는 그 자체가 기도인데, 왜냐하면 이것은 단지 두 사람 사이의 대화가 아니라 두 사람과 하나님 사이의 대화이기 때문이다. 하나님의 임재와 그것에 대한 체험에 주의를 기울이는 것이 바로 영성 지도의 핵심이다. 바로 이것이 영성 지도의 엔진이며, 변화의 여정을 이끌어 가는 힘이다.

영적인 경험에 초점을 맞춘다는 것이 영적인 일에 대해서만 이야기해야 한다는 의미는 아니다. 우리의 목표는 하나님의 영의 임재와 인도를 분별하고 그의 뜻에 의탁하는 것인데, 이런 영적인 체험은 일상의 경험 속에서 일어난다. 우리는 바로 이 일상의 경험 속에서 하나님의 임재를 분별해야 한다. 쉬지 않고 기도하는 수준에 더 가까이 가기를 원한다면 이렇게 해야 한다. 영성 지도가 출발하는 장소도 바로 이 곳이다. 이렇게 함으로써 영성 지도는 우리가 삶의 한가운데서 하나님의 임재를 분별할 수 있도록 도와준다.

◎ 당신이 성령의 임재와 인도에 더 잘 주목할 수 있도록 도와주었던 대화나 관계를 생각해 보라. 그것들을 돌아보면서 당신이 다른 사람에게 같은 선물을 주는 데 있어 배울 수 있는 것이 무엇인지 살펴보라. 이 일에 당신을 인도해 주시도록 하나님께 간구하라. 그리고 이런 역량을 가지고 당신을 섬기도록 사람들을 보내 주신 하나님께 감사하라.

우리와 함께하시는 하나님의 임재에 주의를 기울이는 것이 기도다. 기도는 단순히 말하는 것이 아니다. 그것은 듣는 것, 바라보는 것, 묵상하는 것이며, 하나님께 주의를 기울이는 모든 행위를 포함한다. 만일 쉬지 않는 기도를 드리기 위해 하루 종일 하나님께 말을 해야만 한다면, 그것은 불가능한 과제일 것이다. 그러나 우리는 하나님의 임재에 주의를 기울이며 이를 통해 우리의 의식이 변화되도록 허용하기 시작함으로써 쉬지 않는 기도로 나아갈 수 있다.

◎ 당신이 기도 중에 경험한 하나님 체험을 되돌아보라. 무엇이 당신으로 하여금 하나님께 주의를 기울이며 듣는 (단순히 말만 하는 것과 대조되는) 기도를 드리는 것을 어렵게 만드는가? 당신은 일과 시간 중에 하나님의 임재를 얼마나 인식하는가? 당신의 하나님 의식을 증진시킬 수 있는 훈련은 무엇일까? 이런 질문에 대한 묵상들을 일기장에 기록하라. 그리고 이 내용을 다른 사람과 토의할 수 있는 기회를 찾아보라.

5장 영혼의 조율

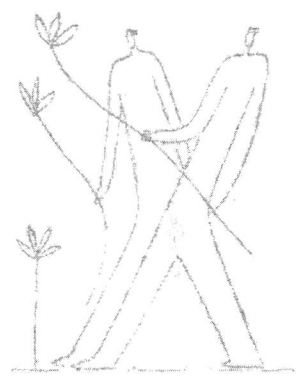

영성 지도자가 되는 데 관심이 있는 사람들이 나에게 가장 많이 묻는 질문은 바로 이것이다. "영성 지도자가 하는 일이 정확히 무엇입니까?" 내가 줄 수 있는 단순하면서도 가장 직접적인 대답은, 영성 지도자는 다른 사람들로 하여금 하나님의 임재와 계시에 주의를 기울이며 하나님께 응답할 준비가 되도록 돕는다는 것이다. 다른 말로 하면, 그는 사람들이 하나님을 향해 깨어 있도록 도와준다.

주의를 기울이기

자아가 하나님을 향해 깨어 있게 하는 것은 단순한 일이 아니다. 자신을 하나님께 맞추어 하나님의 임재를 좀더 잘 의식하고 그의 뜻을 더 잘 받아들이게 되는 것은 그리스도인의 영성 형성의 중심 과제다. 그것은 실로 일생에 걸쳐 진행되는 과정이다. 로렌스 수사의 말대로 하나님의 임재를 연습해야 할 필요가 없는 사람은 아무도 없다. 영성 지도는 바로 이 영성 훈련을 실행하도록 돕는 관계다.

영성 지도자를 찾는 사람은 일반적으로 영적 여정의 초보자들이 아니다. 보통 이들은 그리스도를 따르는 일과 신앙의 삶에서 이미 상당한 진보를 이룬 사람들이다. 이들은 삶 속에서 하나님의 임재를 분별하는 법을 배우기 시작했으며, 종종 잘 발전된 기도 생활을 하고 있다.

이런 사람들이 영성 지도로부터 기대하는 것은 이런 영성 훈련을 더 심화하는 일이다. 그들은 삶 속에서 하나님의 임재를 더 민감하게 감지하기 원한다. 그리고 그들은 하나님과의 관계가 더 깊어지도록 도움을 받고자 한다. 그러므로 영성 지도의 최고 목표는 하나님의 임재에 깨어 있는 삶을 촉진하는 것이라고 말할 수 있다.

자신을 하나님께 조율한다는 표현은 하나님이 항상 우리와 의사소통하려고 하신다는 점을 기억하게 한다. 그의 말씀, 그의 창조, 그의 성령, 이 모두는 하나님의 계시를 우리에게 쏟아붓는다. 우리의 임무는 그 통신에 대한 감도를 증가시키는 것이다. 라디오가 전파를 수신하기 위해서는 특정 주파수에 맞추어져야 하듯, 우리의 영혼도 계시로써 우리에게 항상 다가오시는 하나님의 통신에 가장 잘 열려 있도록 조율될 수 있다.

계시는 바로 하나님의 본성이다. 하나님은 자신을 단지 과거의 어느 한 시점에서만 계시하지 않으셨다. 하나님은 사랑이기를 그치지 않으신 것과 마찬가지로 계시하기를 그치지 않으셨다. 계시는 하나님의 성품이다. 기독교 영성은 우리를 찾으시며 그분과 그분의 사랑을 알도록 부르시는, 계시하시는 하나님을 향해 우리의 영혼을 깨어 있게 만드는 것에서 자라난다.

관계는 서로를 향해 주의를 기울일 때 발전한다. 자기 몰두가 다른 사람에게 주의 기울이는 것을 가로막으면 관계는 시들고 만다. 우리와 주님의 관계도 우리가 그에게 주의를 기울이는 만큼 변화된다. 그러므로 하나님을 향해 조율되어 있기를 배우는 것이 바로 영성 지도의 핵심이다. 영성 지도자는 피지도자들로 하여금 다음의 여섯 가지 일에 주의를 기울이도록 격려함으로써 그들이 하나님을 향해 조율되도록 돕는다.

- 하나님 체험
- 예수님
- 그들과 함께하시는 하나님
- 그들을 향한 하나님의 주목
- 성경을 통한 하나님의 계시
- 꿈을 통한 하나님의 계시

이제 이것들을 하나씩 살펴보자.

하나님 체험에 주의를 기울이기. 사람들이 영성 지도 관계를 시작하면서 자주 묻는 질문이 '무엇을 이야기해야 하느냐'다. 그러면 나는 그들의 '하나님 체험'이라고 대답한다.

영성 지도는 병적인 증상이나 신학이나 교회나 교회에서 받은 상처들을 이야기하기에는 별로 좋은 자리가 아니다. 반면 영성 지도는 한 사람이 하나님을 체험하는 방식들에 대해 의논하기에 가장 좋은 자리다.

어떤 사람들은 하나님에 대한 생각으로부터 하나님 체험으로 옮겨 가는 것에 큰 어려움을 느낀다. 그런 사람을 도울 수 있는 한 가지 예로서 래리와 그의 영성 지도자와의 대화의 일부를 들어 보라.

지도자: 당신은 지금 당신이 하나님으로부터 무엇을 얻기 바라는지를 말했습니다. 이제 당신이 실제로 하나님을 어떻게 경험하고 있는지에 대해 좀더 말해 주십시오.

래리: 글쎄요. 저는 하나님은 사랑이심을 압니다. 그리고 내가 그분을 신뢰할 수 있다는 것도요. 이런 이야기를 하자는 말씀인가요?

지도자: 당신이 말한 것은 신학적인 진술입니다. 당신은 어떻게 하나님의 사랑을 체험합니까? 또는 어떻게 그분의 신실함을 경험합니까?

래리: 무슨 말씀인지 잘 모르겠습니다. 나는 예수님이 나를 사랑하심을 믿습니다. 나는 항상 그렇게 배워 왔고, 정말 그대로 믿고 있습니다.

지도자: 그것은 참 중요한 일입니다. 당신이 그것을 믿는다니 좋은 일이군요. 그것은 진리입니다. 그러나 당신이 하나님을 신뢰하도록 만든 하나님에 대한 직접적인 체험은 무엇입니까? 당신이 존재한다고 믿는 하나님에 대해 내게 무엇을 말해 줄 수 있겠습니까?

래리: 하나님이 내 죄를 용서해 주신 것을 체험했다고 말씀드릴 수 있습니다. 이런 이야기를 말씀하신 것입니까?

지도자: 그렇습니다. 그것에 관해 좀더 말씀해 주십시오.

래리: 글쎄요, 내가 죄 용서를 위해 기도할 때면 보통 용서받았다는 느낌을

가지게 됩니다. 죄를 지으면 죄책감을 느꼈다가, 죄 용서를 위해 기도
한 다음에 다시 안도감을 느낍니다.

지도자: 좋습니다. 또 다른 경우에는 어떤 때에 하나님이 당신과 직접 접촉
하고 계신다고 느낍니까?

래리: 때로 예배 도중에 그런 느낌을 받습니다.

지도자: 좀더 자세히 말씀해 주십시오.

성경적인 신앙의 패턴을 보면 하나님에 대한 개인적인 체험이 그리
스도를 따르는 중요한 근거가 됨을 알 수 있다. 하나님에 대한 신앙 고
백들은 단지 지적 동의를 통해 받아들이는 것이 아니라 체험에서 흘러
나오게 되어 있는 것이다. 어떤 사람은 단지 하나님이 사랑이시라고 믿
을 뿐, 하나님을 사랑하지 않는다. 하나님은 우리가 그 사랑을 인격적으
로 알기를 원하신다. 하나님은 우리가 단순히 신조와 의무들에 복종하
기를 원치 않으시며, 그의 사랑에 의탁하기를 바라신다.

영성 지도는 개인적인 하나님 체험에 대한 내적인 성찰을 격려함으
로써 하나님을 향해 조율되도록 돕는 것이다. 이는 단순히 심리학적인
기술과는 거리가 먼 것이며, 하나님을 진정으로 알아가는 토대가 되는
영적인 훈련이다. 영적인 체험은 하나님 체험이다. 이것 없이는 영적 여
정에서의 진보는 거의 일어나지 않는다.

예수님께 주의를 기울이기. 기독교 영성은 예수님께 근거를 둔다. 바
울은 예수님 안에 신성의 충만함이 계시되어 있다고 말한다(골 2:9). 예
수님은 성육신한 하나님이시다. 그러므로 기독교 영성의 토대는 단순
한 하나님 지식이 아니라, 반드시 예수님 안에 계시된 하나님을 아는 것

이어야 한다. 예수님께 주의를 기울이는 것은 우리의 영혼을 하나님을 향해 조율하는 일의 토대가 되는 중요한 부분이다.

트레버 허드슨(Trevor Hudson)은 독자를 사로잡는 매우 지혜로운 소책자 「그리스도를 따르기」(*Christ Following*)[1]에서, 하나님에 대한 우리의 모든 생각을 하나님이 자신을 나사렛 예수 안에서 결정적으로 드러내신 사실을 통해 걸러 내라고 강권한다. 하나님에 대한 우리의 모든 생각과 전제는 예수님의 인격에 비추어 검토되어야 한다. 우리들 대부분에게 이 일은 하나님의 이미지를 다시 그리는 계기가 될 것이다. 이는 우리의 미성숙하고 부정확한 하나님에 대한 생각들을 개혁하게 만들 것이다. 그러므로 이것은 그리스도인의 영성이 자라게 하는 가장 중요한 방법 중 하나다. 허드슨이 우리에게 말해 주듯이, 이 개혁의 필터는 나사렛 예수다.

예수님의 생애에 관한 복음서 기사들을 묵상하는 것은 영성 형성을 위한 다양한 로마가톨릭 식 접근법의 핵심이었다. 그리고 우리 개신교인들은 그들로부터 이것을 잘 배우고 있다. 성경을 읽는 데는 다양한 방식이 있다. 비묵상적 읽기는 약간의 성찰을 포함할 수 있지만 보통은 내용을 분석하고 이해하는 쪽으로 기운다. 수년 동안 나는 이런 식으로 성경을 읽었으며, 나의 목표는 그리스도인의 삶을 사는 데 도움이 될 만한 무엇인가를 발견하거나 다시 기억을 새롭게 하는 것이었다.

묵상적 읽기는 말씀에 초점을 다소 약하게 두고 그 배후에 있는 말씀이신 예수님께 좀더 초점을 맞춘다. 이렇게 예수님의 복음서 기사들을

---

1) Trevor Hudson, *Christ-Following: Ten Signposts to Spirituality* (Grand Rapids, Mich.: Revell, 1996).

묵상하는 목적은 예수님을 더 잘 알고자 하는 것이다. 이를 위해 당신은 그 이야기와 함께 머물며 그 사건 속에서 스스로 예수님을 만날 수 있을 때까지 충분한 시간을 보낼 수 있다. 그것은 읽는 내용을 분석하거나 그로부터 무슨 교훈을 뽑아내려고 하는 것이 아니라 그 자체를 꿈꾸듯이 경험해 보는 것이다.

상상력은 본문과의 이러한 만남에서 중요한 역할을 할 수밖에 없다. 어떤 사람에게는 이것이 거슬리는 부분이다. 종종 이런 거슬림은 하나님의 자기 계시가 우리 체험의 주관성이 개입되지 않는 어떤 다른 방법으로 일어날 것이라는 순진한 가정에 근거하고 있다. 그러나 그것은 불가능하다. 하나님은 우리의 가장 깊은 곳에서 우리를 만나고자 하신다. 그 만남이 진정한 것이라면, 우리 자아의 상상력과 직관과 또 다른 주관적인 부분들이 그 만남의 일부가 되어야만 한다.

묵상과 하나님의 영의 인도를 받는 상상력을 두려워해야 할 이유는 없다. 이런 상상은 여러 가지 형태를 지닐 수 있다. 그리스도의 생애의 어떤 순간이나 그의 가르침이나 비유 중 어떤 부분이 예수님을 만날 수 있는 풍부한 기회를 제공할 수 있다. 내가 영성 지도를 해주었던 앤지라는 한 여성과 나누었던 대화의 일부를 살펴보라.

앤지는 그리스도를 따르는 데 어려움을 겪고 있었다. 과거의 개인적인 경험들이 교회에 (어떤 교회라 할지라도) 소속되는 것을 매우 불편하게 만들었으며 그녀가 그리스도인들과 맺는 관계는 양가감정으로 가득했다. 그러나 그녀의 영적인 갈망은 매우 뜨거웠고, 하나님을 좀더 깊이 만나고자 하는 소원 때문에 영성 지도를 받기 시작했다.

함께 그녀의 영적 여정을 살펴본 다음에, 나는 그녀의 하나님 체험에 대해 물었다. 그녀는 내게 자신이 그리스도와 관련해 얼마나 많은 어려움을 겪었는지 말해 주었다. 그리스도에 대한 그녀의 인식은 어린 시절 역기능적인 가정과 교회를 경험한 이후로 심하게 더럽혀져 있었다. 나는 그녀에게 교회나 성경을 통해 그리스도를 만날 수 있는지 물었다. 그녀는 때때로 성례전 속에서 그리스도를 깊이 만나고 있음을 느끼지만, 성경을 읽을 때는 냉랭한 마음이 된다고 말했다. 그것은 그녀의 어린 시절에 성경이 종종 은혜의 도구가 아니라 공격하는 무기로 이용되었기 때문이었다.

나는 그녀에게 복음서에 나타난 예수님을 만나기 위해 어떤 부분을 기꺼이 포기할 수 있는지 물었고 그녀는 그렇다고 대답했다. 나는 그녀와 함께 그녀가 개인적인 과거 속에서의 예수님이 아닌, 참으로 성육신한 신성의 충만이신 예수님을 만날 수 있게 해 달라는 기도를 드렸다. 그리고 우리는 마태복음 19:14을 읽었다. 그것은 예수님이 제자들에게 어린아이들이 당신에게 오는 것을 금하지 말라고 하신 말씀이었다. 나는 그녀에게, 예수님이 팔을 벌려 아이들을 부르시고 이어서 아이들이 몰려오는 장면을 떠올리며 그 장면 앞에 조용히 머물러 있으라고 했다. 그리고 그녀 자신도 예수님의 말씀대로 해 보라고 제안했다.

앤지는 얼마 동안 눈을 감고 깊은 생각에 잠겨 조용히 앉아 있었다. 잠시 후 그녀가 조용히 흐느끼기 시작했다. 나는 그녀의 경험을 방해하지 않았다. 얼마 후 그녀가 말했다. "이것이 정말 사실인가요? 정말로 예수님이 내 안의 상처 입은 작은 여자 아이가 그분께 가서 무릎 위에 올라앉기를 바라시나요? 이것이 정말 사실일 수 있을까요?"

"그렇습니다. 그렇고 말고요." 내가 말했다. "그 이미지에 그저 머물러 있으십시오. 그리고 예수님이 당신에게 '어린아이들을 용납하고 내게 오는 것을 금하지 말라. 천국이 이런 사람의 것이니라'라고 말씀하시는 것을 들어 보십시오. 그분을 바라보시고 그에게 귀를 기울이십시오. 그분이 당신에게 말씀하고 계십니다."

앤지는 여전히 소리 없이 울고 있었다. 고개를 숙이고 손으로 얼굴을 감쌌다. 잠시 후에 그녀는 똑바로 고쳐 앉았다. 잔잔히 미소를 띠며 자신의 체험을 이렇게 표현했다.

"만일 이분이 정말로 예수님이시라면 나는 이분께 다가가는 데 아무런 어려움도 없을 것입니다. 내가 이전에 만났던 예수님은 이분과 같지 않았습니다. 그는 거칠고 판단하기를 좋아하고 저주를 퍼붓는, 내가 자라난 교회의 사람들과 비슷한 분이었습니다. 정말 이분이 진짜 예수님이시라고 믿어도 될까요?"

"그럼요." 내가 말했다. "그 이유는 바로 그분이 복음서의 예수님이기 때문입니다. 앞으로 다음 만남 때까지 몇 주 동안 좀더 시간을 내어 그분에 대해서 무엇을 더 알게 되는지 살펴보십시오." 그리고 나는 그녀가 이와 비슷한 묵상을 할 수 있도록 몇 개의 성경 본문들(요 6:35-40의 생명의 떡이신 예수님, 요 7:37-38의 생수의 근원이신 예수님)을 더 알려 주었다.

앤지는 오랫동안 영적 여정을 걸어 왔지만 복음서의 예수님을 알지 못했기에 그 여정에서 진보하는 데 심각한 제약을 받고 있었다. 그녀의 하나님에 대한 생각들은 그리스도 안에서 일어난 하나님의 결정적인 계시의 빛 아래서 개혁될 필요가 있었다. 그녀는 예수님을 더 잘 알아야 할 필요가 있었다. 그녀가 복음서의 예수님께 주의를 기울이도록 도운 일은 그녀의 영적 여정을 인도하는 일에서 핵심적으로 중요한 역할을 하였다.

예수님을 알게 되는 유일한 길은 복음서를 통해 그분을 만나는 것이다. 하나님과의 깊은 개인적 만남으로 나아갈 수 있는 길로서 성경 묵상을 대신할 것은 없다. 기독교의 하나님을 향해 조율되기 위해서는 언제나 예수님께 주의를 기울여야만 한다.

하나님의 임재에 주의를 기울이기. 이그나티우스의 저술들, 특히 그의 「성 이냐시오의 영신 수련」(*Spiritual Exercise*, 한국천주교중앙협의회 역간)은 영성 지도를 베풀려는 사람들에게 큰 도움을 준다. 아마도 영성 형성에 대한 이그나티우스 식 접근법으로부터 얻은 가장 소중한 선물은 의식의 성찰, 혹은 보통 반추라고 불리는 개념일 것이다. 지난 장에서 나는 이 개념을 빌과의 관계를 통해 예시하였으며 이 용어 자체는 언급하지 않았다.

반추란 최근 얼마 동안에 자신이 경험한 하나님의 임재를 기도하는 마음으로 돌아보는 시간이다. 이것을 의식의 성찰이라고 부르는 이유는 이것의 목표가 하나님의 임재를 더 잘 인식함으로써 의식을 개혁하는 것이기 때문이다. 하나님의 임재에 주의를 기울이는 것을 기도라고 말한다면, 반추는 우리를 쉬지 않는 기도라는 목표로 더 가까이 나가게 해주는 훈련이다. 하나님이 은혜를 더해 주신다면, 이 훈련은 우리의 의식적·무의식적 경험을 변화시킬 수 있는 도구가 된다.

일반적으로 반추는 하루의 마지막에 행해진다. 나는 내가 예수님 앞에 있는 것을 상상한다. 그리고 예수님과 대화를 나누면서 그 날에 대해, 그리고 하루 동안 있었던 그분의 임재에 대해 감사한다. 성령의 인도를 구하는 기도를 한 후, 그 날 하루를 하나님이 보시는 눈으로 볼 수 있는 은혜를 간구한다. 내게는 예수님과 함께 그 날 하루를 돌아보는 상상을 하는 것이 좋은 방법이었다. 즉 기차를 타고 가며 내다보거나 비디오 플레이어를 빠르게 재생시켜 다시 보는 것처럼 오늘 하루를 차근차근 돌아보는 것이다. 그리고 예수님이 그 기차(혹은 비디오 플레이어)를 필요한 곳에서 멈추시도록 한다. 그렇게 함으로써 예수님이 의식의 흐름을 멈추시고 반성이 필요한 어떤 부분에 초점을 맞추시도록 허락하는 것이다.

이렇게 하면 나의 하루가 조각조각 머릿속에 떠오른다. 그럴 때 나의 목표는 각 체험들 속에서 내가 얼마나 하나님의 임재를 인식하고 있었는지 확인해 보는 것이다. 나는 그 순간에 얼마나 하나님을 의식하고 있었는가? 만일 내가 하나님의 임재를 인식하지 못했다면 무엇이 그 인식을 가로막고 있었는가? 만약 그 때 하나님이 부재하셨다는 느낌이 든다면, 지금은 하나님의 임재를 분별할 수 있는가? 그 후에는 하나님을 보지 못했던 것에 대해 애통하는 마음으로 회개하거나, 하나님을 인식할 수 있었던 시간들에 대해 감사의 기도를 드려야 한다. 마지막으로, 내일은 하나님의 임재를 더 잘 인식할 수 있도록 도움을 구하는 기도를 드리고 반추의 시간 동안 발견한 것들을 일기에 기록한다.

다른 영적인 훈련들과 마찬가지로, 이 간단한 훈련도 부담스럽게 느껴질 수 있다. 이것은 15분 이내에 끝날 수 있는 일이지만, 초보자의 경우에는 집중하려고 애쓰다가 15분이 지나가 버리는 수도 있다. 만일 그렇게 된다면 잡념을 없애려고 애쓰지 말고, 정신이 산만해질 때마다 예수님께 마음속에 떠오르는 생각들을 통제해 달라고 부드럽게 반복해서 기도를 드리라. 그 후에는 무엇이든 그 날에 대한 것이 마음속에 떠오르면 바로 그것이 당신이 성찰해야 할 내용이라고 믿으라.

클라라가 처음 규칙적으로 반추를 하기 시작했을 때, 그녀는 자기가 이미 하나님의 임재를 굉장히 자주 의식하고 있었음을 깨닫고 깜짝 놀랐다. 매일 밤 그녀의 반추 시간은 감사를 표현할 수 있는 훌륭한 기회가 되었다. 그러나 또한 그녀는 하나님이 자신이 깨닫지 못했던 시간에 미처 알지 못한 방식으로도 그녀와 함께하고 계셨음을 알게 되었다. 날마다 하루를 돌아봄으로써 그녀는 자신이 신학적으로 그리스도를 발견하리라 기대하지 않았던 사람들과의 만남 속에서도 감추어진 그리스도를 발견하기 시작했다. 또한 그녀는 종교적이거나 영적인 것과는 거리가 멀어 보이는 경험들 속에서도 그리스도의 섭리와 은혜와 사랑을 분별할 수 있었고 그리스도를 만날 수 있었다.

저스틴에게는 반추가 어렵게 느껴졌다. 그는 규칙적인 기도 생활을 하고 있었지만, 그것은 의탁이 아니라 주로 자기 훈련에 기초한 것이었다. 그는 자신의 생각을 내려놓고 예수님이 자기에게 주의를 기울일 대상을 정해 주시도록 하기가 어려웠다. 그 깨달음은 그 자체로 그에게 교훈적인 경험이었다. 하지만 시간이 지나자 그는 움켜쥐었던 통제의 손을 펴는 것에도 점점 더 익숙해졌다. 이를 통해 그는 점점 더 하나님의 임재에 주의를 기울이게 되었을 뿐 아니라, 하나님의 영에 의탁하는 태도도 배우게 되었다.

하나님의 임재에 주의를 기울이는 것이 바로 기도다. 영존하시는 하나님을 향해 점점 더 잘 조율되는 것이 기도의 삶을 사는 것이다. 말로 드리는 기도는 그런 삶의 한 부분이다. 그러나 기도에는 말로 드리는 기도 외에도 많은 것들이 포함된다. 하나님의 임재에 대한 감각이 자라는 것은 기도가 가져다주는 복이다. 이것은 나에게서 나오는 것이 아니고, 계시라는 이름을 지니신 하나님의 직접적이고도 개인적인 선물이다. 하나님의 임재에 주의를 기울이면 기도가 내 안에서 솟아나오게 된다. 이런 기도는 기도해야 한다고 생각될 때 훈련된 언어로 말을 지어내는 것과는 다르다.

당신을 향한 하나님의 주목에 주의를 기울이기. 나는 아내와 떨어져 집을 떠나 있을 때, 그녀가 나를 생각하고 그리워하고 있다는 생각을 함으로써 위안을 얻는다. 아침에 일어나면 나는 제일 먼저 그녀가 나를 위해 기도하고 있다는 생각을 한다. 저녁에 잠들기 직전에도 그녀가 나를 생각하고 기도하고 있음을 떠올린다. 하나님과 함께하는 것도 마찬가지다. 나를 향한 하나님의 주목에 주의를 기울이는 것은 하나님의 임재를 더 잘 인식하게 해주는 매우 훌륭한 방법이다.

시편 5:3은 우리를 향한 하나님의 주목과 우리의 하나님을 향한 주목의 상호 작용을 묘사하고 있다. 특히 예루살렘 성경(The Jerusalem Bible)은 이 구절을 훌륭하게 번역해 준다.

여호와여, 내가 이 기도를 주님께 올리는 것은,
해 뜰 때에 주님께서 내 목소리를 기다리시기 때문입니다.
나는 새벽에 일어나 주님 맞을 준비를 하며,
주님이 오실 길을 바라봅니다.

해 뜰 때부터 하나님이 나를 애타게 기다리시고 내 목소리를 듣기를 바라신다니 이 얼마나 놀라운 심상인가! 내가 이 진실을 묵상하며 잠자리에 든다면, 이 시인이 묘사한 마음, 곧 나를 맞이하려고 기다리는 하나님을 어서 맞이하려는 마음 외에 다른 어떤 마음으로 아침에 일어날 수 있을까?

성경은 이렇게 하나님이 우리를 바라보시고, 우리의 부르짖음을 들으시며, 우리의 아픔을 느끼신다는 심상들로 가득 차 있다. 특히 시편은 이런 점에서 풍부한 내용을 담고 있다. 시편에는 우리를 향한 하나님의 주목에 관해 묵상할 수 있는 많은 훌륭한 구절들이 있다. 내가 좋아하는 또 다른 시편은 하나님이 쉬지 않고 우리를 지키신다고 말하는 시편 121편이다. 내가 주의를 기울여 바라보려고 애쓰는 하나님은 언제나 내게 주의를 기울이고 계신 분이다. 그분은 주무시지도 않고 피곤을 느끼시지도 않는다! 그분은 매일 24시간, 1년 365일, 지금 그리고 또 영원히 나를 지켜보신다. 하나님이 나를 눈여겨 보시도록 하기 위해 내가 하나님을 향해 주목해야 하는 것이 아니다. 그것은 단지 나를 향한 하나님의 변함없는 주목을 더 잘 의식하기 위한 방법일 뿐이다.

성경을 통한 하나님의 계시에 주의를 기울이기. 예수님과 우리를 향한 하나님의 주목을 묵상하는 것에 대한 논의에서, 나는 이미 성경에 나타난 하나님 계시에 주의를 기울이는 것의 중요성을 암시했다. 그러나 또한 우리는 하나님을 성경의 다른 부분에서도 만날 수 있다. 그리고 이 계시에 주의를 기울이는 것이 우리의 영혼을 하나님을 향해 조율하는 일에서 중요한 부분을 차지한다.

영성 지도를 받으려 하는 대부분의 사람은 이미 개인적인 독서나 공중 예배를 통해 성경을 규칙적으로 접하고 있는 사람들이다. 그러나 어떤 사람들은 성경을 개인적으로 읽는 시간을 좀더 가지라는 격려가 필요하다. 영성 지도에서 성경 읽기의 목표는 단순히 교리적인 가르침이나 교정이 아니라 하나님을 만나는 것이다. 앤지의 이야기로 돌아가 이 점을 좀더 생각해 보자.

앤지는 앞에서 언급했던 만남 이후로 얼마 동안 복음서를 통해 예수님을 만나려고 시도하며 계속 예수님께 초점을 맞추었다. 그러나 시간이 지남에 따라 그녀는 예수님과 구약 성경의 하나님 사이의 커다란 차이점들을 언급하기 시작했다. 이제 그녀에게는 하나님이 성경의 다른 부분에서 스스로를 계시한 모습을 있는 그대로 만나는 것이 중요해 보였다. 여기서도 목표는 단순히 어떤 신학적 내용을 가르치는 것이 아니라 그녀가 하나님을 향해 조율되도록 돕는 것이었다.

처음에는 그녀에게 창세기에 나오는 창조와 인간의 타락 이야기를 읽고 묵상하라고 권했다. 나는 그녀에게 예수님(그녀가 복음서에서 만난 은혜의 하나님)의 숨은 임재를 찾아보라고 제안했다. 은혜를 분별하기 위한 눈을 달라고 기도한 후, 그녀는 창세기의 첫 세 장을 읽고 묵상하기 시작했다.

그 다음 시간에 그녀는 상당히 흥분된 얼굴로 나타났다. 뭔가 전혀 새로운 것이 그녀에게 닥쳐 온 것이다. 그녀는 아담과 하와가 벌거벗은 것을 깨닫고 수치감으로 어쩔 줄 몰라 할 때, 하나님이 그들을 배려하여 가죽 옷을 예비해 두신 것에 깊은 인상을 받았다. 그녀가 말했다. "만일 내가 평소에 그려 왔던 하나님이었다면, 아마 수치를 느끼는 그들의 코를 비틀면서 잘못을 똑똑히 깨닫게 만들려 했을 것입니다. 하나님이 그들의 수치를 조롱하시지 않고 오히려 제거해 주려 하시는 것 같아 정말 놀랐습니다." 이것은 그녀에게 심오한 변화를 가져다준 발견이었다. 이 통찰을 얻은 이후로 그녀는 계속해서 다른 구약 성경 본문들을 묵상했고, 하나님의 성품에 대한 그녀의 새로운 발견들이 폭포수처럼 쏟아졌다.

성경은 우리를 가르치고 교훈하기 위해 주어졌다. 모든 성경은 하나님을 예수님 안에서 계시된 분이며 우리가 따라야 할 분으로 제시한다. 사람의 불성실에도 불구하고 하나님이 사람을 찾으시는 이야기는 하나님의 은혜를 드러낸다. 성경의 계시는 우리의 상상이나 어린 시절의 경험이나 이전에 들은 종교적 가르침이 만들어 낸 하나님이 아닌, 하늘과 땅의 주님이신 하나님을 만나게 함으로써 우리가 하나님을 향해 깨어 있도록 도와준다.

꿈을 통한 하나님의 계시에 주의를 기울이기. 꿈에서 하나님의 임재를 찾는다는 것은 좀 이상하게 보일 수도 있다. 그러나 사실 꿈은 하나님을 향해 조율되는 것을 돕는 풍부한 자원이 될 수 있다. 나의 다른 책에서 이 주제에 관해 상세히 썼으므로,[2] 여기서는 간략하게만 언급할 것이다. 지난 20년 동안 나는 규칙적으로 꿈에 주의를 기울여 왔으며, 이것은 하나님을 심층적으로 만나는 일에 특별히 생산적인 방법이었다. 또한 이것은 하나님을 향해 영혼을 조율하는 강력한 자원이 된다.

우리는 꿈을 통해 다니엘이 우리 "마음의 생각들"(단 2:30)이라고 부른 것들을 알 수 있는 기회를 얻는다. 이 말은 현대 심층심리학이 제시하는 꿈 이해의 본질을 요약한 것이다. 이것은 또한 꿈이 지닌 광대한 영적 가능성의 근거가 된다.

---

2) David G. Benner, *Care of Souls: Revisioning Christian Nurture and Counsel*(Grand Rapids, Mich.: Baker, 1998).

꿈을 해석하려 하기보다는 기도하는 마음으로 꿈에 귀기울일 때, 꿈은 영적인 성장에 매우 유용한 도구가 된다. 우리는 꿈을 하나님의 선물로 받아들여야 하며, 하나님이 꿈을 통해 우리의 주의를 끌어 무엇을 보여 주기 원하시는지 물어야 한다.

꿈에 주의를 기울이는 첫걸음은 머리맡에 일기장을 놓아 두고 어떤 꿈이든 깨어나자마자 기록할 수 있도록 하는 것이다. 일단 꿈의 세부적인 내용을 자세히 기록해 두면 꿈을 살펴보는 일은 언제든지 편리한 시간에 할 수 있다. 만일 깨어난 직후에 꿈을 기록하지 않으면 나중에 살펴보려고 해도 그 꿈은 이미 사라지고 없을 것이다.

꿈을 다루는 가장 기초적인 방법은 머리 글자만 따서 TTAQ라는 말로 요약될 수 있다.[3] 이것은 특별한 의미가 있을 만한 꿈에 주의를 기울이기 위해 행해야 할 네 가지 실행 단계들을 가리킨다.

제목(Title)—꿈에 제목을 붙인다
주제(Theme)—꿈의 전체 주제를 기록한다
감정(Affect)—꿈 속에서의 감정과 지금 기도하는 마음으로 꿈을 돌아볼 때의 감정을 기록한다
질문(Question)—그 꿈이 자신에게 던진다고 생각되는 질문들을 기록한다

지난 장에서 소개했던 빌은, 전에는 한 번도 의도적으로 꿈을 탐구해 본 적이 없었지만 나의 책을 읽은 후 관심을 가지게 되었다. 그는 꿈을

---

3) Louis M. Savary et al., *Dreams and Spiritual Growth* (New York: Paulist, 1984).

별로 자주 꾸지 않으며, 혹시 꾼다고 해도 단순히 일상적인 사건들이 반복될 뿐이라고 했다. 그는 어디에서부터 이 작업을 시작해야 하는지 물었다.

나는 그에게, 하나님이 꿈을 통해 그에게 말씀하기 원하신다면 듣겠다는 기도를 드리라고 제안했다. 나는 또한 중요한 꿈들을 기억하고 하나님이 꿈을 통해 말씀하시는 것을 듣고 분별할 수 있도록 도와달라고 간구하라고 했다. 그는 그렇게 했고 얼마 후에 다음과 같은 꿈을 꾸었다.

나는 아주 분주한 도시의 길거리를 걸어가는 꿈을 꾸었습니다. 길은 소음과 사람들로 가득했습니다. 거기가 어디인지는 몰랐지만 그 장면이 뭔가 친숙하게 느껴졌습니다. 매우 무덥고 습한 여름날이었습니다. 나는 땀에 젖어 있었고 발을 다친 상태였습니다. 내가 어디로 가는지도 몰랐지만 뭔가에 늦어 서두르고 있었습니다. 그런데 갑자기 내가 높다란 돌벽 옆을 걷고 있음을 발견하게 되었습니다. 이런 벽을 전에 본 적이 없었기에 매우 놀랐습니다. 나는 그 뒤에 무엇이 있는지 궁금했습니다. 대사관이나 어떤 중요한 공관이 아닐까 생각했고 길을 걸으면서 점점 더 호기심이 생겼습니다. 드디어 정문에 도착했을 때, 그 문이 잠겨 있는 것을 보고 실망했습니다. 문을 통해 안쪽을 들여다보니 아주 멋있는 정원이 보였습니다. 나는 그 정원이 누구의 소유인지 궁금했습니다. 정말로 멋진 정원이었습니다. 거기 들어가서 나무 아래 앉아 보고 싶었습니다. 내가 뭔가에 늦어서 종종걸음으로 걷고 있었다는 사실도 생각이 났지만 별로 신경을 쓰지 않았습니다. 나는 오로지 그 정원에서 쉬고 싶었습니다. 그리고 잠에서 깼습니다.

그리고 그는 TTAQ 방법에 따라 기초적인 작업을 한 내용을 보여 주었다.

제목: 정원의 손짓
주제: 영혼의 고요함을 향한 갈망
감정: 놀람, 갈망, 해방감
질문: 1. 하나님이 내게 들어오라고 초대하시는 정원은 무엇인가?
2. 왜 내가 그 정원을 이전에는 발견하지 못했는가?

나는 그에게 기도하는 마음으로 이런 질문들을 묵상함으로써 어떤 영적인 통찰을 얻게 되었는지 물었다.

빌: 나는 당신이 꿈을 분석하려 하지 말라고 경고해 준 것을 고맙게 생각합니다. 비록 내가 꿈을 분석하는 방법에 대해 완전히 무지하지만, 그래도 그것은 저항하기 힘든 유혹이었습니다. 그러나 계속 의문이 생겼습니다. 그 길이 그토록 친숙한 길임에도 불구하고 왜 내가 이제까지 그 정원을 한 번도 의식하지 못했는지 말입니다.

데이비드: 당신이 그 질문에 대해 기도했을 때 하나님이 주신 것이 있습니까? 당신이 발견한 그 질문들과 관련되어 어떤 새로운 통찰을 얻었습니까?

빌: 잘 모르겠습니다. 내가 발견한 것은 그 정원에 대한 갈망이 더 커졌다는 것입니다. 그 이미지가 항상 마음을 떠나지 않는 것이 이상합니다. 그 정원 안에서 누군가가 나를 부르며 들어오라고 초대했던 것 같습니다.

그러나 나는 어떻게 들어갈 수 있는지 몰랐습니다. 그리고 그 정원이 내 정원이 아니며, 그 장소는 내가 속한 장소가 아니라고 느꼈습니다.

데이비드: 그러면 잠시 이렇게 가정해 봅시다. 하나님이 당신을 부르고 계시며 당신을 만나고자 특별한 장소로 들어오라고 초대하고 있다고 생각해 보십시오. 그런 부르심이 무엇을 의미하는 것일까요?

빌: 나도 그런 생각을 해 보았지만, 그것은 아마도 지나치게 많은 의미를 부여하는 것 같습니다. 아마도 이 꿈은 내가 좀 쉬어야 할 필요가 있음을 보여 주는 것 같습니다.

데이비드: 하지만 다시 한 번 이렇게 질문하겠습니다. 만일 이것이 잠자는 중에 하나님을 만나게 해 달라는 당신의 기도에 대한 응답이었다면, 하나님은 당신에게 무엇을 말씀하시는 것일까요?

빌: 아마도 하나님이 내게 그 정원, 곧 조용한 장소에서 나를 만나길 원한다고 말씀하시는 것이겠지요.

데이비드: 아마도 하나님이 당신 영혼의 정원에서 당신과 함께 시간을 보내길 간절히 바란다고 말씀하시는 것 같습니다. 그 영혼의 정원은 당신이 외적인 자아가 아닌 내면의 자아를 양육함으로써 가꾸기 시작한 그 장소입니다.

빌: 동의합니다. 그 말을 들으니 격려가 되는군요. 바로 그것을 위해 내가 이 자리에 있습니다. 그 일이야말로 내가 무엇보다도 원하는 일입니다.

빌의 모든 꿈이 이렇게 손쉽게 얻을 수 있는 영적 열매를 맺은 것은 아니다. 또한 꿈을 다루는 것이 영성 지도의 주된 부분도 아니었다. 그러나 때때로 꿈을 꾼 후에는 하나님이 자신의 깊은 곳에서 의사소통하시는 그 신선한 방법에 대해 감사했다. 그리고 그렇게 함으로써 그는 하나님의 영이 그의 깊은 곳에서 그를 점점 더 조율하시도록 했다.

응답하기

영성 지도자는 피지도자가 하나님의 임재와 계시를 향해 조율되도록 도울 뿐 아니라, 하나님의 부르심에 응답하도록 준비시키는 역할을 한다.

어떤 사람들은 하나님의 부르심을 단순히 회심을 향한 부르심으로만 생각하는 경향이 있다. 다른 사람들은 그것을 직업적인 것, 특히 종교적 사명으로의 부르심이라고만 생각한다. 두 가지 이해는 모두 하나님의 부르심의 성격을 심각하게 제한한다. 하나님은 반복해서 우리에게 다가오시며, 그분의 부르심은 언제나 똑같다. 그것은 하나님께 나아가 그의 안식을 받아들이며, 그의 사랑을 즐거워하고, 경건에서 흘러나오는 순종의 봉사로 응답하라는 초대다. 이에 대한 우리의 응답 또한 영적 여정 전반에 걸쳐 언제나 똑같다. 하나님이 기대하시는 응답은 그의 사랑에 의탁하는 것이다.

순종은 사랑에 대한 의탁을 대체하기에는 턱없이 부족하다. 사랑하는 사람은 순종한다. 그러나 모든 순종이 사랑에 의해 시작된 것은 아니다. 우리는 하나님께 너무도 쉽게 마음에서 우러나지 않은, 단순한 행동뿐인 순종을 바친다. 너무 쉽게 두려움이나 죄책감, 또는 하나님을 조종하려는 마음이 순종의 동기가 되곤 한다.

우리는 그저 하나님께 복종하지 않는 것이 두려워서 복종할 수도 있다. 하나님의 심판이 두려울 수도 있다. 또는 다른 사람의 비난이 두려울지도 모른다. 두려움은 언제나 진정한 기독교 영성의 기초가 되기에는 부적절하다.

또한 나는 죄책감 때문에 하나님께 복종할 수도 있다. 지금 복종함으로써 과거에 복종하지 않았던 일에 대해 속죄할 수 있다고 느낄지도 모른다. 그러한 자기 의는 인간의 영혼 속에 프로그램된 것처럼 보이는 행위를 통한 의의 여러 가지 미묘한 형태들 중 하나에 불과하다.

또한 우리는 하나님이 나를 잘 봐 주시고 나의 간구를 잘 들어 주시도록 만들기 위해 하나님께 복종할 수도 있다. 이것이 어떤 모습을 띠든지, 신을 달래고자 하는 근본적으로 전(前)기독교적인 인간의 욕구를 기독교적으로 포장한 것에 불과하다. 진정한 기독교에는 이런 행위가 있을 자리가 없다.

하나님이 바라시는 것은 그분의 사랑에 대한 의탁이다. 그분을 진정으로 아는 것은 그분을 사랑하는 것이다. 우리는 우리가 사랑하는 사람을 섬기고자 한다. 피상적 차원에서는, 경건에서 나오는 섬김이 의무감에서 나오는 섬김과 유사해 보일 것이다. 하지만 그것은 전혀 다른 역동에 의해 힘을 공급받는다. 사랑에서 나오는 순종의 봉사는 사랑하는 사람에 대한 응답이지 권위적 인물에 대한 반응이 아니다. 앞서 언급한 대로, 진정한 기독교적인 복종은 주인에 대한 종의 반응보다는, 연인들의 서로를 향한 응답에 훨씬 더 가깝다.

빌의 사례는 이 사실이 이미 영적 여정을 잘 진행해 나가고 있는 사람의 체험 속에서 어떻게 표현될 수 있는지 보여 준다.

빌은 복종에 대해 많은 것을 알고 있었지만 사랑에 의탁하는 것에 대해서는 그렇지 못했다. 나는 그의 모든 복종이 순전히 두려움이나 죄책감이나 하나님을 조종하려는 동기에서 이루어졌다고 말하려는 것이 아니다. 그는 진심으로 하나님을 섬기기 원했고, 그의 삶은 오랫동안 이 고상한 소원을 지향하고 있었다. 그러나 그는 자신에 대한 하나님의 인격적인 사랑의 깊이에 관하여 많은 것을 배워야 했고, 많은 변화를 체험해야 했다. 이것은 하나님의 사랑에 대한 그의 응답이 그가 행하는 모든 일들의 근원이 되게 함으로써 이루어질 일이다.

이 문제에 대해 이야기를 나누던 중에 빌은 하나님을 향한 경건이 자신의 봉사의 동기가 되게 하는 것이 두렵다고 말했다. 만일 그렇게 한다면 그는 지금보다 훨씬 덜 열심히 일하게 될지도 모른다는 것이다. 사실 이렇게 말하는 것조차 그에게는 새로운 깨달음이었다. 함께 이런 감정을 살펴보는 가운데 더 깊은 경건의 삶을 향한 빌의 욕구는 한층 더 강화되었다.

이 즈음에 있었던 한 영성 지도 시간에 빌은 그가 읽고 있던 관상 기도에 관한 책 이야기를 꺼냈다. 우리는 이 책에 대해 잠시 이야기를 나누었다. 그리고 나는 함께 이야기한 내용들이 그의 기도 생활과 어떤 관련이 있는지 물었다. 이는 우리의 초점이 그의 영적 체험이지 그의 생각이 아님을 분명히 하기 위함이었다.

그는 매일 성경을 읽다가 최근에 누가복음 10:38-24의 이야기 즉 마리아와 마르다의 집에 예수님이 머물렀던 이야기를 읽었다고 했다. 이 이야기를 묵상하는 동안 그는 자신이 얼마나 마르다(항상 예수님을 섬기는 일을 하는 데 적극적인)로부터 마리아(예수님의 발 앞에 조용히 앉아 예수님을 바라보는)에게로 옮겨가고 싶어하는지를 발견했다. 그는 이전에도 이런 생각을 해 본 적이 여러 번 있었다. 사실 이런 생각은 우리가 처음 만났던 피정에 그가 참여하게 된 동기 중 일부였다. 빌이 말했다. "그러나 지난 번 만남에서 나는, 나 자신이 하나님과 나 사이의 공간을 말로 채우지 않고 하나님의 임재 안에 단순히 머무르는 것을 얼마나 불편해하고 있는지 깨달았습니다. 그래서 관상적으로 기도하는 법을 배우고 싶습니다."

"관상적으로 기도한다는 것이 어떤 의미입니까?" 내가 물었다.

"내가 생각하기에 관상적인 기도란 머리가 아니라 가슴에서 나오는 기도를 의미하는 것 같습니다. 또 그것은 말을 중심으로 이루어진 기도라기보다는 임재에 대해 주의를 기울이는 것으로 이루어진 기도라고 생각합니다. 나는 정말로 마리아처럼 단순히 예수님의 발 앞에 앉아서 그분을 바라보고 싶습니다. 만일 그렇게 될 수만 있다면, 예수님의 발 앞에 앉아 있지 않은 순간에도 그것과 똑같은 경건이 내 섬김의 동기가 될 것이 틀림없습니다."

"그렇다면 지금 잠시 동안 그 말대로 실행해 봅시다. 그저 눈을 감고 주님의 임재를 즐기십시오. 그분을 바라보고 주님이 당신을 사랑이 가득한 눈으로 바라보는 것을 느끼십시오. 주님은 당신에게 잠시 동안 함께 있자고 말씀하십니다. 이렇게 묵상한 후에 어떤 일이 벌어졌는지 말해 주십시오."

빌은 얼마 동안 침묵에 잠겼다. 그리고 입을 열었다.

"예수님이 바라시는 것은 내가 무엇을 하는지보다는 내가 어떤 존재인지와 좀더 관련이 있다고 말씀하시는 것 같습니다. 마음으로 그분을 바라볼 때, 예수님이 나를 얼마나 깊이 사랑하는지 말해 주는 성경 말씀이 떠올랐습니다. 나는 정말로 그 사랑에 감동을 받았습니다. 예수님을 위해 무엇인가를 하려고 애쓰는 내 마음이 그분의 사랑으로 정화되었으면 합니다. 정말로 나의 순종과 봉사가 예수님의 사랑으로 순결하게 되기를 바랍니다."

빌은 하나님을 사랑하는 일에 결코 초보자가 아니었다. 그러나 우리 모두는 하나님이 우리에게 우선적으로 바라시는 것은 우리의 사랑이요 우정이라는 것을 새롭게 알 필요가 있다. 또한 하나님이 우리가 우선적으로 가지기 원하시는 지식은 사랑을 통한 앎임을 깨달을 필요가 있다. 우리는 얼마나 자주 '…에 대한 앎'을 진정한 '앎'에 대한 대용물로 사용하고 있는지! 가슴의 앎(사랑을 통한 앎)은 머리의 앎(…에 대한 앎)과 조화될 수 있다. 그러나 하나님을 아는 지식이 가슴의 앎에서 시작된다면, 그에 따라오는 머리의 앎은 단지 지적 동의가 아니라 인격적 체험에 근거한 앎이 될 것이다.

다시 강조한다면 이 장에서 제시된 영성 지도의 사례들은 모범이 아니라 예시로 간주되어야 할 것이다. 나는 결코 영성 지도의 대가가 아니다. 또한 나의 영성 지도는 하나님의 사랑에 대한 나의 지식과 응답이라는 한계에 의해 제약을 받는다. 그러나 나는 진정한 영성 지도자이신 성령과 보조를 맞추어 나갈 수 있었기에 다른 사람과 영적 여정을 공유할 수 있는 복을 얻었고, 그들이 하나님과의 친밀함과 그 친밀함에서 흘러나오는 경건과 의탁의 삶을 발전시켜 나가는 데 도움을 줄 수 있었다.

영혼의 조율에 관한 묵상

하나님의 임재와 계시를 향해 조율되는 것이 바로 기독교 영성 형성의 핵심이다. 마찬가지로 이것은 또한 영성 지도의 핵심이기도 하다. 영성 지도자들은 사람들이 하나님께 주의를 기울이도록 도우며, 또 그들이 만나는 체험에 대해 응답할 준비를 갖추도록 돕는다.

많은 사람들이 우리에게 주의를 기울이시는 하나님을 묵상하는 것이 하나님께 주의를 기울이는 데 도움이 된다고 말한다.

◎ 시편 121편을 천천히 묵상하며 읽으라. 쉬지 않고 우리를 지키시는 하나님에 대해 꿈을 꾸듯이 상상하는 시간을 가지라. 당신의 체험을 일기장에 기록하라.

많은 사람들은 매일 반추의 시간을 가지는 것이 일상 경험 속에서 하나님의 임재를 분별하는 데 유익한 훈련이었다고 말한다.

◎ 이 책에서 반추에 대해 논의한 내용을 다시 살펴보라. 이 훈련을 두 주 동안 실천하는 것을 고려해 보라. 그렇게 하고자 한다면, 당신의 경험에 대해 이야기를 나눌 수 있는 사람을 찾아보라.

하나님께 주의를 기울이는 것은 또한 복음서에 계시된 예수님과 성경의 다른 부분을 통해 계시된 하나님께 주의를 기울이는 것도 포함한다. 이것이 단순히 성경 읽기와 공부로 축소되어서는 안 된다. 우리의 목표는 말씀 안에 있는 말씀이신 예수님을 아는 것이어야 한다.

◎ 당신은 복음서의 예수님을 얼마나 잘 알고 있는가? 당신도 성경을 통해 하나님께 나아가는 신선한 방법들이 필요한 것은 아닌가?

꿈은 영적 성장에 유익한 도구가 될 수 있다. 꿈이 하나님의 임재를 우선적으로 찾아야 할 장소라고 말할 수는 없지만, 기도하는 마음으로 꿈에 주의를 기울임으로써 스스로의 가장 깊은 속 마음을 깨닫는 데 도움을 받을 수 있다. 변화의 여정은 외부가 아니라 내면에서 시작되어야 하기에, 우리의 깊은 곳에서 하나님을 만나며 하나님이 가장 깊은 내면 세계에 들어오도록 허락하는 것은 기독교 영성에서 결정적으로 중요한 부분이다. 이를 위해 꿈에 주의를 기울이는 것이 반드시 필요한 것은 아니지만, 꿈도 그 일의 일부가 될 수 있고, 나이를 초월하여 헤아릴 수 없이 많은 그리스도인들이 영적 변화의 과정에서 꿈이 가진 고유한 가능성에 대해 증거해 왔다.

◎ 이 장을 읽은 다음에 꿈이 지닌 잠재적인 영적 가치에 대해 깨닫게 된 것은 무엇인가? 한 번도 자신의 꿈에 주의를 기울여 본 적이 없다면, 꿈 일기를 만들어 기록하는 것을 고려해 보라. 그렇게 하고자 한다면, 당신의 발견들이나 의문들을 나눌 수 있는 사람을 찾아보라. 꿈에 대해 전문가가 아닐지라도 당신이 영적으로 신뢰할 만한 사람이면 된다.

영혼의 조율에는, 주의를 기울이는 것 외에도 하나님의 부르심에 응답하는 일도 포함된다. 이 부르심은 언제나 사랑의 부르심이며, 하나님이 기대하는 이에 대한 응답은 의탁이다. 무엇인가에 의탁한다는 개념이 어떤 사람들에게는 두려운 연상을 일으킬 수도 있겠지만, 완전한 사랑에 대해 의탁하는 것이 두려운 일이 되어서는 안 된다. 오히려 이것은 그리스도인의 삶의 토대가 되어야 한다. 사랑에 의탁하는 것은 순종과 봉사를 위한 동기가 된다.

◎ 만일 하나님의 사랑을 받고 있다는 완전한 확신이 당신의 정체성의 기초가 된다면 하나님에 대한 당신의 반응은 어떻게 달라지겠는가? 당신이 하나님의 사랑에 좀더 완전히 의탁하는 것을 가로막고 있는 것은 무엇인가? 현재 당신의 순종과 봉사를 움직이는 동기는 무엇인가?

6장 영성 지도의 실례

앞 장들에서는 영성 지도에서 이루어지는 대화의 단편들을 소개했다. 이 장에서는 영성 지도 관계가 전개되는 방식을 더 잘 설명하기 위해 좀더 확장된 사례를 보여 주려고 한다.

수인은 동남아시아의 한 대도시에 사는 중국계 그리스도인이다. 그녀는 본래 의사였지만, 신학을 공부하고 안수를 받아 지금은 성장하는 한 복음주의 교회에서 수년째 목회를 하고 있다. 나는 그녀가 살고 있는 도시에서 한 시리즈 강좌를 진행할 때 그 강좌에 참석한 그녀를 처음 만나게 되었다. 우리는 그 기간 동안 몇 번 이야기를 나눌 기회가 있었고, 그 후에 그녀는 내게 이메일을 보내 자기에게 영성 지도를 해줄 수 있는지 물어 왔다.

일반적으로 이메일은 영성 지도에서 그리 선호되는 매체는 아니다.

마주 앉은 대화의 분위기에서 전달되는 비언어적인 신호들이 완전히 배제된 상태에서 오로지 겉으로 드러난 대화의 언어적인 차원에만 의지해야 하기 때문이다. 또한 이런 의사소통은 좀더 오해를 일으키기가 쉽다. 그러나 때로 나는 이 매체가 얼마나 효과적일 수 있는지 발견하고 놀라게 된다. 어떤 때에는 이메일이 사람들이 원하는 도움을 얻을 수 있는 유일한 방법인 경우도 있다. 그리고 어떤 사람들은, 나눌 것이 있으면 언제든지 쓸 수 있고 가장 편리한 시간에 답장을 읽을 수 있는 이메일의 장점이 다른 사소한 단점을 훨씬 능가한다고 느끼고 있다.

아래의 내용들은 내가 수인과 대략 2년에 걸쳐 이메일을 주고받은 내용을 요약한 것이다. 보통 그녀는 매주 한 번씩 메시지를 보내 왔고, 가끔은 2주나 3주 만에 이메일을 보냈다. 처음에 나는 그녀의 현재의 하나님 체험과 하나님께 바라는 것이 무엇인지에 대해 말해 달라고 했다. 그리고 그녀가 내게 도움 받고자 하는 부분이 무엇인지도 물었다. 이렇게 영성 지도가 시작되었다.

베너 박사님(데이비드라고 불러도 될까요?),
당신은 나의 하나님 체험과 내가 하나님으로부터 바라는 것이 무엇인지 물었습니다. 누가 묻는다면 나에게 하나님과의 관계보다 더 중요한 것은 없다고 즉시 대답할 것입니다. 하지만 요즘은 내가 나의 갈망만큼 하나님을 깊이 알지 못하고 있음을 점점 더 인식하게 됩니다. 나는 하나님과 대화하기보다는 일방적으로 말하는 편입니다. 듣는 것보다는 말하는 것에 더 익숙합니다. 나는 종종 나 자신이 탕자의 이야기에 나오는 형과 같다는 생각을 합니다. 나는 항상 아버지께 가까이 머물러 있었습니다. 아버지의 집을 떠난 적이 없기 때문에 그렇게 쉽게 전제하게 되는 것입니다. 나는 아버지를 잘 압니다. 그러나 내 동생이 돌아오는 장면을 보면서, 나는 동생이 체험한 것처럼 아버지의 사랑을 체험한 적이 없었음을 깨닫게 됩니다. 그리고 당신의 강의를 들으면서 나의 하나님을 아는 지식이 가슴이 아닌 머리의 지식에 불과했음을 인식하게 되었습니다. 나는 하나님에 대해 많은 것을 알지만 때로는 실제로 얼마나 하나님을 체험적으로 알고 있는지 의문을 가지게 됩니다. 나는 정말로 하나님의 사랑을 알고 싶고 나의 깊은 사랑으로 응답하고 싶습니다. 나는 하나님과 함께 시간을 보내는 법을 배우고 싶습니다. 단순히 하나님을 향하여 말하는 것이 아니라, 하나님과 함께 대화를 나누고 싶습니다. 이런 것들이 나의 가장 깊은 갈망들입니다.

　내가 영성 지도 관계에서 바라는 것은 영적 여정을 함께 나눌 사람을 얻는 것입니다. 한 교회의 목사로서 저는 종종 외로움을 느낍니다. 모든 사람들이 내가 영적으로 강건하고 모든 대답을 가지고 있기를 기대합니다. 사실 나는 당신에게 물어 볼 필요도 없을 정도로 이런 문제에 대해 잘 알고 있습니다. 그러므로 내가 바라는 것은 그저 내 영혼의 일들을 당신과 함께 나눌 기회를 가지는 것입니다. 물론 영성 지도의 과정에서 질문들도 생기겠지만, 나는 당신이 내가 무엇을 해야 할지 말해 주길 기대하는 것은 아닙니다. 그저 나와 함께 내 문제들에 관해 의논해 주기만 하면 됩니다. 이 정도면 적절한 기대인가요?

그리스도 안에서,
수인.

* * *

수인,

나를 데이비드라 불러 주십시오. 영성 지도라는 매우 인격적인 관계에 박사님이라는 호칭이 끼어드는 것이 적절치 않은 것 같습니다. 당신의 갈망을 잘 들었으며, 나도 그것을 위해 기도하겠습니다. 하나님이 반드시 응답해 주실 기도 제목들이라고 생각합니다. 당신의 갈망은 하나님으로부터 오는 것입니다. 당신이 나와 영성 지도에 대해 기대하는 바는 매우 적절해 보입니다.

당신이 기도 중에 체험하는 하나님에 대해 좀더 이야기해 주십시오. 그 이야기가 당신이 주님과의 더 깊은 친밀함을 추구하면서 나아가야 할 자리로 우리를 이끌어 줄 것이라고 생각합니다.

데이비드.

* * *

데이비드,

나를 위해 기도해 준다니 고맙습니다. 나의 기도 생활에 대해 좀더 말해 보겠습니다.

지난 번 우리가 만나 이야기를 나누었을 때 아마 눈치를 챘겠지만, 나는 매우 훈련된 삶을 사는 사람입니다. 나의 훈련된 삶은 공부를 하는 동안이나 이후의 목회에서도 큰 도움이 되었습니다. 그러나 때로 나는 훈련된 생활이 기도 생활에 영향을 끼치지 못하는 것 같다는 생각을 하게 됩니다.

나는 매일 아침 일찍 일어나 30분 간 성경을 읽고 30분 간 기도를 드립니다. 나의 기도 시간은 성경에서 읽은 내용에 대한 응답과, 현재 내가 누리고 있는 복에 대한 감사와, 기도 목록에 있는 사람들을 위한 간구들로 채워집니다. 나는 마음이 내키든 내키지 않든 1년 동안 거의 매일 이렇게 기도합니다. 이것은 나의 훈련된 절제력이 발휘되는 것입니다. 나의 체험과는 상관없이, 해야 하는 일로 알기에 그렇게 합니다. 나는 우리가 믿고 있는 진리를 확증하기 위해 체험을 바라보아서는 안 된다고 배웠고, 지금은 나도 그렇게 다른 사람을 가르치고 있습니다. 당신도 이런 생각에 동의합니까? 당신이 하나님을 인격적으로 체험하는 것을 강조한 것은 이런 점에서 약간 불편했습니다. 그러나 나는 훈련의 노예가 되고 싶지는 않습니다. 사실 당신이 여기 와서 강의한 내용을 들은 이후로 나는 나의 영적인 삶이 경건보다는 훈련에 기초하고 있는 것은 아닌지 의심이 생겼습니다. 이것은 내가 좀더 깊이 탐구해 보고 싶은 문제입니다.

당신이 마지막에 적은 내용을 보고, 기도 중에 하나님을 어떻게 체험하는지에 대한 당신의 질문에 내가 대답하지 않았음을 알게 되었습니다. 아마도 체험에 대한 질문을 무시하고 나의 기도 패턴에 대해 이야기를 늘어놓은 바로 그 점이 의미심장한 부분인 것 같습니다. 인정하기가 약간 당황스럽지만, 나는 기도 중에 하나님을 별로 체험하지 못한다고 말할 수밖에 없습니다. 나는 기도를 드리고 또 하나님이 내 기도를 들으심을 믿습니다. 그러나 지난 번 이메일에서 말한 것처럼 나는 기도를 듣는 것이나 대화라기보다는 말하는 것으로 간주하고 있습니다. 말하는 것만으로도 나의 기도 시간과 체험은 금방 채워집니다.

이런 말이 무슨 도움이 될지 모르겠군요. 체험에 대한 질문들은 제쳐 두고라도, 나는 정말로 기도 중이나 일과 중에서 하나님의 임재를 더 잘 인식하고 싶습니다. 나는 무엇인가 빠져 있다고 느끼지만 다음에 무엇을 해야 할지 모르겠습니다. 제안할 것이 있으면 말해 주십시오.

수인.

* * *

수인,

영적 훈련들은 우리에게 매우 유익한 것이므로 무시해서는 안 됩니다. 그러나 훈련이 점점 깊어져 가야 할 하나님과의 인격적 관계의 대용물이 아니며, 그것을 대체할 수도 없을 것이라고 의심하는 부분은 전적으로 옳습니다.

기독교 영성에서 인격적인 하나님 체험의 자리가 어디냐 하는 질문에 대해서는, 복음서에 나오는 예수님의 제자들의 믿음이 발전하는 이야기를 묵상함으로써 당신의 답을 찾아보십시오. 시간이 허락한다면 이 질문에 대해 연구해 보고 깊이 생각해 본 후에 당신이 발견한 것을 내게 말해 주십시오.

하나님의 임재를 더 잘 의식하기 위해 도움을 요청하셨는데, 많은 사람이 도움이 된다고 말하는 이 방법을 시도해 보기를 권합니다(이 부분에서 나는 지난 장에서 언급했던 반추를 소개하고 한번 실행해 보고 싶은지 그녀의 의사를 물었다).

데이비드.

* * *

데이비드,

당신이 제안했던 주제로 성경 연구를 하면서 몇 가지 놀라운 사실을 발견했습니다. 처음에 제자들은 그들이 온전히 이해하지 못했던 부르심에 대해 믿음으로 응답한 것 같습니다. 그러므로 그들의 믿음이 처음에는 매우 제한된 인격적 체험에 기초하고 있었음이 틀림없습니다. 그러나 시간이 지남에 따라 하나님 체험이 그들의 믿음을 성숙시켰습니다. 예수님이 메시아라고 믿는 그들의 믿음이 자랐던 것은 예수님에 대한 체험 때문이었습니다. 예수님 안에서 그들은 그리스도를 만났습니다. 이것이 그들의 확신의 근거였습니다. 체험은 정말로 중요한 역할을 했던 것 같습니다.

아마도 이제는 처음 질문에 대한 답을 찾기보다는, 그 질문을 좀 바꾸어야 할 것 같습니다. 나의 더 근본적인 질문은 아마도 '내가 어떻게 하나님을 더 깊이 체험할 수 있느냐'인 것 같습니다. 어떻게 하나님에 대한 믿음에 참된 지식과 양분을 공급하는 방식으로 하나님을 알아 갈 수 있을까요?

반추에 대한 나의 첫 경험도 이와 비슷한 놀라운 결과를 낳았습니다. 내가 발견한 것은, 비록 나는 하루 종일 하나님에 대해 생각하고 말하고 있지만, 실제로 하나님의 임재를 스스로 바라는 정도만큼 의식하지 않는다는 것이었습니다. 이제 나는 '내 눈을 열어 당신을 보게 하소서'라고 기도합니다. 좀더 진행해 가면서 계속 결과를 알려 드리겠습니다.

수인.

처음 몇 번에 걸쳐 이메일을 교환하면서 상호 작용의 리듬은 조금씩 변화되었다. 때로 나는 긴 편지를 더 긴 간격을 두고 보냈고 그 기간에 수인은 좀더 작은 단위의 체험들을 다루었다. 개인적인 필요와 상황에 적합하다면, 이런 방식이 좀더 나은 결과를 낳는다.

내가 어떻게 그녀에게 나와의 대화뿐 아니라 하나님과의 대화를 격려하고 있었는지 주목하라. 이 일을 위해 나는 그녀가 자신의 질문에 대한 대답을 성경에서 찾도록 격려하고, 매일 반추의 기도 시간을 가지도록 제안했다. 반추는 누구나 실행해 볼 만한 가치가 있는 것이지만, 나는 단지 이것이 말하는 기도가 아닌 듣는 기도로 기도 생활을 발전시켜 나가려는 그녀의 갈망에 대한 대답이 되기를 바랐다.

또한 내가 그녀의 질문에 대한 답을 성경에서 찾아보도록 한 이유는 그녀가 나를 자신의 질문에 대답을 주는 권위 있는 인물로 간주하지 않게 하기 위해서였다. 물론 이 말은 그녀가 어떤 질문을 하든 대답을 회피하겠다는 의미가 아니다. 그러나 나는 단순히 그녀가 질문하고 내가 대답하는 학생과 교사의 관계가 아니라, 3자 간의(그녀와 하나님과 나의) 대화를 이루어 보려고 노력했다.

몇 번의 이메일을 더 주고받은 후에 수인과 나누었던 내용을 함께 살펴보자. 여기서 그녀는 반추 시에 일어난 체험에 대해 말하고 있다.

데이비드,
내가 날마다 반추를 실행한 지도 벌써 한 달이 넘었습니다. 그 일이 어떻게 진행되고 있는지 당신과 나누고 싶습니다. 나는 반추를 통해 몇 가지 놀라운 복을 받고 있습니다. 아직도 밤이 되고 나서야 내가 하루 종일 하나님의 임재를 별로 인식하지 않고 지냈음을 발견하는 경우가 많습니다. 그러나 하나님이 하루 동안 나와 함께 계셨다는 분명한 인식을 가지고 하루를 마무리하는 날이 점점 더 많아지고 있습니다. 나는 또한 이런 인식 때문에 진정한 기쁨과 감사를 체험하고 있습니다.

내가 지금 바라는 것은 하루의 좀더 많은 부분이 기도로 채워지는 것입니다. 나는 하나님과 끊임없이 대화를 나누고 싶습니다. 한 번도 하나님을 생각하지 않았는데도 이미 몇 시간 또는 하루 전체가 흘러가 버린 것을 발견할 때 얼마나 슬픈지 모르겠습니다. 나는 아직도 '쉬지 않는 기도'와 아주 멀리 떨어져 있는 것 같습니다. 이 다음에 내가 해야 할 일에 대해 제안할 말이 있으면 해주십시오. 수인.

* * *

수인,

하나님의 임재를 더 잘 느끼게 해 달라는 당신의 기도에 하나님이 응답하시는 것 같습니다. 나도 당신과 함께 하나님께 감사드립니다. 기도가 하나님의 임재를 향해 깨어 있는 것이 아니면 또 무엇이겠습니까? 당신은 그 임재에 어떻게 응답하기를 바랍니까? 그 응답 역시 기도입니다.

데이비드.

* * *

데이비드,

기도에 대한 당신의 말을 듣고 내가 실제로 기도하고 있었음을 깨달았습니다. 내 마음은 점점 감사로 채워집니다. 나는 하나님의 임재를 체험하고 있고, 그 임재에 대한 감각이 점점 자라고 있기 때문입니다. 이것도 기도임을 받아들입니다.

이 발견은 놀랍기도 하고 약간은 혼란스럽기도 합니다. 나는 내가 이제까지 훈련해 왔던 말로 드리는 기도에 대해 의문이 생깁니다. 말로 드리는 기도는 열등한 기도입니까? 아니면 그것이 여전히 중요합니까? 하나님을 바라보고 종일토록 하나님과 이야기를 나누기 시작하면서, 시간을 정해 놓고 말로 드리는 기도는 좀 기계적인 느낌이 듭니다. 이 두 가지 형태의 기도가 조화를 이룰 수 있을까요? 이 둘이 서로 통합되어야만 합니까? 아니면 한 쪽이 다른 쪽보다 더 가치가 있는 것일까요? 무슨 제안이나 도움 될 말이 있으면 해주십시오.

수인.

이 이메일을 받고 나는 잠시 멈추어야만 했다. 이 내용은 나 자신의 기도 체험을 생각해 보게 만들었다. 오랫 동안 내 기도 생활은 단순한 훈련의 실천이었다. 그리고 경건이나 직접적인 인격적 체험에 뿌리 내리지 않은 이런 훈련이 별로 열매를 맺지 못하는 데 실망하여, 한동안 말로 드리는 기도를 완전히 포기했었다.

이 이메일이 나를 잠시 멈추게 했던 이유는 내가 어떤 위험을 감지했기 때문이다. 그것은 내 기도의 성장 패턴이 수인에게 적용되어야 한다고 전제할 위험이었다. 처음에 나는 그녀가 '기계적인' 기도라고 말한 것에서 이제 막 경험하기 시작한 새로운 비언어적인 기도로 이동하는 것에 대해 무엇인가 격려하는 말을 하고 싶은 충동을 받았다. 그러나 나는 주저했다. 나는 자신의 체험에 근거하여 다른 사람을 인도하는 면에서 신중할 필요가 있었다.

갑자기 나는 다시 한 번 나 자신의 부족함을 뼈저리게 인식하게 되었다. 내가 누구이기에 수인에게 기도 생활을 심화하는 문제에 대해 충고할 수 있는가? 나는 예수님이 맹인이 맹인을 인도하는 것의 위험에 대해 경고하신 것이 생각났다.

그러나 나는 곧 내가 이메일을 읽는 동안에도 성령이 나와 함께 계셨음을 인식하게 되었다. 나와 함께하시며 잠재된 함정을 발견하도록 도와주신 성령은 수인을 인도하기 위해 준비하고 기다리시는 바로 그 성령이셨다. 나의 역할은 단순히 성령이 가르치시고자 하는 것에 그녀가 주의를 기울이도록 돕는 일이었다.

이런 생각이 내 의식에 든든히 자리를 잡게 되니 마음이 편해졌다. 그래서 나는 다음과 같이 답장을 썼다.

수인,

당신의 질문은 모두 너무 중요한 것들입니다. 이런 질문들에 대해 내가 나름대로 대답하기보다는, 지금이 성경을 통해 그리스도의 생애에 대한 묵상을 시작하기에 알맞은 때라고 말해 주고 싶습니다. 나는 또한 당신이 단순히 하나님에 대한 지식이 아니라, 하나님을 더 깊이 사랑하는 길을 발견하고 싶다고 말한 것을 기억합니다. 그러므로 더욱 이것이 시기적으로 적절하다고 생각됩니다. 나는 예수님의 생애에 대한 복음서의 기록들을 가지고 규칙적인 묵상을 시작하라고 제안하고 싶습니다. 성경에서 작은 부분들을 택하십시오. 한 절을 택해도 되고 한 절 속의 일부라도 좋습니다. 묵상하며 그 장면으로 들어가서 예수님을 바라보십시오. 그분께 귀를 기울이십시오. 예수님과 상호 작용하며 그분이 당신에게 말씀하시고자 하는 것이 있다면 그 말씀에 귀를 기울이십시오.

당신의 질문이 직접적으로 기도와 관련된 것이므로, 나는 성경에 기록된 예수님의 기도들과 기도에 대한 가르침을 연속적으로 묵상해 보라고 제안하고 싶습니다. 당신이 적당한 성경 구절을 쉽게 찾을 수 있을 것이므로 구절은 직접 선택하십시오. 그 말씀들을 분석하기보다는 단순히 그리스도를 만나고 그를 더 잘 아는 것에 목표를 두십시오. 이 묵상의 속도나 방향을 조절하는 일은 예수님께 맡겨 두고, 당신은 단순히 그에게 나아가 그분이 당신에게 바라는 기도의 패턴을 배우게 해 달라고 간구하십시오. 그리고 결과를 내게 알려 주십시오.

데이비드.

* * *

데이비드,

하나님이 당신의 제안을 축복하셨습니다. 나는 요한복음 17장에 나오는 예수님의 기도로 묵상을 시작했습니다. 최근에 나는 요한복음을 읽고 있었고 이 말씀은 내가 늘 즐겨 읽는 부분입니다. 그러나 당신의 제안을 따라서 이 말씀을 읽다 보니, 내가 예전의 어떤 방식과 다르게 이 말씀에 접근하고 있음을 발견하게 되었습니다. 나는 예수님을 만나고 그분으로부터 기도하는 법을 배우게 해 달라고 기도했습니다. 물론 이 기도가 완전히 응답되었다고 생각하지 않습니다. 그러나 나는 정말로 내가 예전에 체험하지 못한 방식으로 예수님의 기도를 듣고 있다고 느꼈습니다. 예수님이 제자들을 위해 드리시는 기도가 나를 위한 기도처럼 여겨졌습니다.

이런 묵상을 계속하겠습니다. 무슨 조언이 있으면 해주십시오.

수인.

* * *

수인,

내가 지금 무슨 말을 하면 현재 진행되는 당신과 예수님의 대화에 끼어드는 행위가 될 수도 있겠군요. 나중에는 내게 더 할 말이 생길 수도 있겠지만, 지금은 그저 주님이 이끄시는 대로 따라가고 그 결과를 내게 알려 주십시오.

데이비드.

일반적으로 나는 얼굴을 마주 대하며 영성 지도를 할 때에는 상담이나 심리치료 때와는 달리 기록을 하지 않는다.[1] 이메일로 영성 지도를 할 때에도 보통은 새로운 메시지에 답하기 위해 과거의 메시지들을 다시 읽어 보지 않는다. 기억력이 별로 완벽하지 않으면서도(사실은 바람직한 수준에도 훨씬 못 미친다) 그렇게 하는 이유는, 성령이 무엇이든 이전의 대화에서 기억해야 할 필요가 있는 것들을 생각나게 해주실 것이라 믿기 때문이다. 성령은 내가 기억해야 할 필요가 있을 때 그 일들을 생각나게 하신다.

나는 수인이 최근에 주님을 향한 자신의 사랑이 더 깊어지기를 갈망하고 있다고 표현한 것이 생각났다. 이것이 내가 그녀에게 복음서를 묵상하는 것이 좋겠다고 제안하게 된 이유였다. 예수님을 향한 그녀의 사랑이 더 커지려면 그녀가 좀더 많은 시간을 예수님의 임재 안에서 그분의 삶과 가르침을 묵상하면서 보내는 것이 중요했다. 예수님의 기록된 기도들과 기도에 대한 가르침을 먼저 묵상하라고 제안한 이유는 현재 그녀의 질문들이 기도에 관한 것이기 때문이다. 그러나 이 묵상의 진정한 목적은 예수님과 더 깊이 만날 수 있는 기회를 제공하는 것이다.

이런 상호 작용 중에 실제로 내가 해야 하는 일이 얼마나 적은지 주목하라. 분명히 수인은 그녀의 영적 여정에서 앞으로 움직이고 있었지만, 그녀의 움직임을 인도하시는 분은 성령이셨다. 성령이 그녀에게 갈망을 부어 주셨고, 그녀가 예수님을 만나기 위해 성경을 펼쳤을 때에도 그녀를 이끌고 계셨다.

이후로도 우리는 기도와 관련된 이메일을 몇 번 더 주고받았다. 수인은 기록된 예수님의 기도들과 기도에 대한 그분의 가르침을 묵상함으

---

1) 빌과의 관계(4장과 5장에 기술된)는 예외였다. 나는 그에게 내가 이 책을 쓰고 있음을 알린 뒤에, 우리가 나누는 대화의 일부를 이 책에 포함시키게 될 가능성을 고려하여 대화를 상세히 기록할 수 있도록 허락을 구했다.

로써 계속 큰 유익을 얻고 있었다. 그녀는 또한 자신의 일과 중에 하나님의 임재를 느끼는 감각도 점점 깊어지고 있다고 말했다. 그러나 그 다음 이메일에서는 분위기가 바뀌었다.

데이비드,

한동안 소식을 전하지 못해 미안합니다. 나는 영적으로 깊은 물에 빠진 것 같았고 아무 일도 할 수 없었습니다. 영적인 침체에 빠졌다고 말하고 싶지는 않습니다. 학생 시절 깊은 침체를 경험한 것이 생각납니다. 그러나 그 이후로 그런 절망을 경험해 본 적은 없습니다. 적어도 그 정도까지 심한 절망을 느낀 적은 없었습니다. 나는 지금의 상태를 영적인 메마름이라 부르고 싶습니다. 하나님이 부재하신 것 같고, 기도는 내 머릿속에서 맴돕니다. 성경조차도 나를 향한 말씀이라고 느껴지지 않습니다.

이런 침체에 빠져들기 시작하면서 내가 처음 느꼈던 것은 매일의 반추 시간이 점점 힘들어졌다는 것입니다. 심지어 나는 며칠 동안 반추를 건너뛰기도 했습니다. 지난 수개월 동안 이런 일은 처음이었습니다. 나는 내가 느꼈던 하나님의 임재에 대한 감각을 회복하고 싶습니다. 무슨 일이 벌어지고 있는 것일까요? 이것이 악한 영의 방해입니까? 내가 무엇인가 잘못 행한 것이 있습니까? 영적인 삶에 리듬이 있다는 것은 압니다. 하지만 이것은 내가 처음 그리스도인이 되었던 이후 경험해 온 침체보다 좀더 어둡고 깊게 느껴집니다.

이에 대한 생각이나 도움이 될 만한 것이 있으면 말씀해 주십시오.

수인.

* * *

수인,

당신이 영적인 리듬이라는 말을 할 때에는, 아마도 영적인 진보가 직선적으로 일어나는 경우가 없어 보이고 종종 진보가 있으면 그 뒤에 분명한 후퇴가 따른다는 사실을 염두에 두었을 것입니다. 어떤 의미에서는 영적인 어둠의 힘이 이런 현상의 궁극적인 배후일지도 모르겠습니다. 그러나 나는 그런 것들이 모든 영적인 메마름과 갈등 체험의 직접적인 배후 세력이라고 여길 필요는 없다고 봅니다. 나 자신의 체험으로는, 영적인 진보 뒤에 어려움이 따르는 것은 우리의 성장이 깊어지게 만들고 우리를 새로운 고지에 오르게 하려는 것입니다. 나는 바로 이것이 이 경험의 저편에서 당신을 기다리고 있음을 확신합니다.

이 영혼의 어두운 밤에 어떻게 대처해야 할까요? 이미 말한 것처럼, 나는 개인적으로 악한 영의 힘이 그 배후에 있다고 생각하고 그것을 추적하는 것은 별로 도움이 되지 않는다고 봅니다. 당신은 그리스도께 속하였고 당신의 삶은 성령 안에서 보호받고 있습니다. 당신 안에 계신 분이 세상에 있는 세력보다 더 크신 분임을 믿으십시오. 당신이 누구의 소유인지 기억하고 아무것도 그 사실을 바꾸어 놓을 수 없음을 믿으십시오.

나는 또한 어둠의 세력과 싸우려고 하는 것도 별로 유익하지 않다고 생각합니다. 이것은 마치 당신 쪽에서 어떤 노력을 함으로써 당신의 현재 체험에 변화를 줄 수 있기라도 한 것처럼 반응하는 태도입니다. 이 말은 당신이 오래 지속해 왔고 발전시켜 왔던 영적인 훈련들을 중단해야 한다는 뜻이 아니라, 어떤 일이든 당신의 느낌을 더 좋게 만들기 위한 목적으로 그것들을 실행하지 말아야 한다는 말입니다.

나는 하나님이 이 체험 속에 계심을 믿으라고 제안하겠습니다. 그것을 변화시키려 하지 말고, 하나님이 당신의 성장을 위해 당신의 삶 속에 들어오도록 허락하신 것으로 받아들이십시오. 만일 그것이 사실이라면 그 체험은 선물이며, 하나님의 선물은 항상 선합니다. 분별하는 눈을 달라고 기도하십시오. 이 체험으로부터 무엇을 배워야 할지 이해하게 해 달라는 것이 아니라, 그 체험 안에서 그리고 당신의 현재의 삶 속에서 하나님의 임재를 볼 수 있게 해 달라고 간구하십시오.

나도 당신을 위해 기도하고 있습니다.

데이비드.

나는 언제나 어려움을 겪고 있는 사람을 돕기 위해 무엇인가 해야 한다는 충동에 저항하기가 매우 어렵다고 느낀다. 수인에게 영성 지도를 해주었던 그 때에도 마찬가지였다. 어둠 가운데서 하나님을 찾아보라고 제안하는 것 또한 두려운 일이다. 대부분 그런 말은 도움이 되지 않는 것 같다.

그러나 이 관계에서 조언을 주는 것은 나의 임무가 아니다. 내 임무는 하나님의 임재를 함께 분별하는 것을 목표로 삼는 영적 동반자가 되는 것이다. 내가 할 수 있는 일들 중에서 하나님의 영에 깨어 있도록 격려하는 것보다 더 중요한 일은 없다.

어떤 사람들은 악한 영의 저항에 대한 수인의 질문에 나와 다른 방식으로 대답했을지도 모른다. 영성 지도는 불가피하게 신학에 뿌리를 내리고 있으며 내 신학적 이해와 확산들이 내 응답을 형성하는 것은 명백한 사실이다. 다른 가능성은 생각할 수 없다. 그러나 나의 목적은 신학을 가르치는 것이 아니라, 성령이 인도하시는 여정에서 수인의 동반자가 되는 것이다.

데이비드,

당신의 편지는 내게 큰 격려가 되었습니다. 그것은 또한 직접적이고 강력하게 나를 일깨워 주었습니다. 나는 사실 이 어두운 밤을 변화시키려고 애쓰고 있었습니다. 내가 점점 더 절망을 느낀 것은 그것을 바꾸기 위해 아무것도 할 수 없다고 느꼈기 때문입니다.

만일 하나님이 그 안에 계심을 정말로 확신할 수 있다면, 나는 기꺼이 그것과 함께 살아갈 준비를 할 것입니다. 그러나 지금은 이 말이 체험이 아닌 믿음에서 나온 것임을 고백합니다. 이 문제는 내가 오래 씨름해 온 그 질문으로 돌아가게 만듭니다. 그렇지 않습니까? 나는 어둠 속에 계신 하나님의 임재를 단순히 믿음으로 고백하는 것이 아니라 체험으로 알고 싶습니다. 너무 큰 기대일까요?

수인.

* * *

수인,

믿음과 체험 사이에 지나치게 뚜렷한 선을 그으려 하지 마십시오. 하나님은 우리에게 그분의 임재를 다양한 방식으로 알려 주십니다. 그러나 우리는 믿음 없이는 그분을 만날 수 없습니다. 그러므로 믿음을 뒤로 제쳐두고 믿음이 빠진 어떤 장소에서 믿음의 근거를 찾으려고 노력해서는 안 됩니다. 그러나 나는 당신이 하나님의 임재를 알 수 있다고 믿습니다. 단지 사실이라고 믿는 것만이 아니라 정말로 알 수 있습니다. 나는 그런 기대가 기도로 구하기에 지나친 것이라고 생각지 않습니다. 어둠 속에서 하나님이 당신과 함께 계심을 알게 해 달라고 기도하십시오. 당신이 하나님의 임재를 알아보기에 충분할 만큼만 하나님의 빛으로 당신의 어둠을 비추어 달라고 함께 기도합시다.

데이비드.

* * *

데이비드,

어제는 정말로 힘든 날이었습니다. 이렇게 어려운 날도 정말 오랜만이군요. 나는 나의 개인적 체험이나 확신과는 거리가 먼 내용들을 가지고 하루 종일 다른 사람들을 설득하고 있었습니다. 나는 로마서 8:28-39을 설교했습니다. 당신도 잘 아는 말씀일 것입니다. 내가 이 구절을 선택한 것은 성도들만을 위한 것이 아니라 또한 나 자신을 위한 것이었습니다. 나는 하나님이 우리의 가장 어두운 순간들 속에도 계시며 우리로부터 그분의 사랑을 끊을 자가 없다는 사실을 되새기고 싶었습니다. 그러나 나의 말은 공허하게 느껴졌습니다. 점심 시간 후에는 암 진단을 받은 지 얼마 되지 않은 한 성도와 상담 약속이 있었습니다. 그녀는 마음에 절망과 근심이 가득했습니다. 나는 그녀가 그 어려움 가운데서 하나님을 만나도록 도와줄 수 있으리라 생각했지만, 오히려 그녀의 절망이 내 절망을 더 깊게 만든 것 같습니다. 내가 그녀에게 말하던 내용을 나 스스로 믿기가 어려웠습니다.

저녁 예배 후에 나는 집에 돌아와서 차를 한잔 끓였습니다(보통 저녁 시간에 차를 마시곤 했지만 지난 몇 주 동안은 그러지 못했습니다). 그리고 필요한 만큼 충분히 시간을 보낼 준비를 하고 부엌으로 가서 식탁에 앉았습니다. 하나님을 조용히 기다리며 그 날 하루와 최근의 경험들 속에서 하나님의 임재를 분별하도록 도와주시길 기도했습니다. 기도는 여전히 머릿속에서 맴도는 것 같았습니다.

그런데 갑자기 '흑암은 나의 숨는 곳'이라는 말이 내 머릿속에 들어왔습니다. 이 말을 몇 번 반복해서 읊조리는 동안에 내 영이 밝아졌습니다. 나는 이 말이 어디서 왔는지 알 수 없었으므로 성령이 내게 이 말을 주셨다고 믿을 수밖에 없었습니다. 성경 말씀일 것이라는 느낌이 들었지만, 어디에 나오는 말씀인지 과연 성경에 나오기나 하는 말인지 알 수 없었습니다. 성구 사전을 찾아보고 그것이 시편 18:11의 한 부분임을 발견했을 때 가슴이 떨렸습니다. "그가 흑암을 그의 숨는 곳으로 삼으사 장막같이 자기를 두르게 하심이여…." 내가 전에 이 말씀을 눈여겨본 적이 있는지 확실치 않았지만, 갑자기 이 구절이 나를 향해 명확하고도 강력하게 말하고 있었습니다. 하나님은 어둠 속에 계십니다! 나는 이것을 믿습니다. 뿐만 아니라 이제는 이것을 압니다.

우리의 기도가 응답받기 시작했습니다. 어둠이 지나갔다고 말할 수는 없습니다. 그러나 감사하게도 나는 그 안에서 하나님이 나와 함께하심을 압니다. 이것이 모든 것을 바꾸어 놓습니다. 기도해 주셔서 감사합니다.

수인.

＊ ＊ ＊

수인,

하나님이 왜 이런 체험을 허락하셨는지, 또는 당신이 이것을 통해 무엇을 배워야만 했는지 다시 질문할 필요는 없습니다(이런 것들은 내가 보기에는 얻는 것도 없고, 영적으로 초점을 흐리는 공상들을 낳을 뿐입니다). 이 경험은 당신에게 하나님을 더 알아 갈 수 있는 기회를 주었습니다. 흑암으로 자신을 가리시는 이 하나님은 과연 어떤 분이십니까?

나는 당신이 이런 체험을, 숨어 계신 하나님이라는 주제에 대해 성경 공부를 하고 묵상하는 기회로 삼는 것도 유익하리라 생각합니다. 그렇게 하려면 십자가의 요한이 쓴 「어둔 밤」(The Dark Night of the Soul)이라는 책을 통해 도움을 받을 수 있습니다. 또한 「무지의 구름」(The Cloud of Unknowing)이라는 책도 유익한 자료가 될 것입니다. 그러나 이 일에서 성령의 인도를 따르면서 먼저 성령이 당신을 이런 연구로 이끄시는지 확인하십시오. 당신이 결정한 바를 알려 주십시오. 그리고 어둠이 다시 돌아온다고 해서 절망하지 마십시오(어느 시점이 되면 반드시 그렇게 될 것입니다).

데이비드.

수인이 경험한 영혼의 어두운 밤은 여기서 끝나지 않고 수개월 동안 더 지속되었다. 그러나 뭔가 중요한 변화가 일어났다. 이 시점 이후로 대부분의 기간 동안 그녀는 하나님이 자신과 함께 계심을 알았다.

이 시기가 숨어 있는 하나님, 불가해한 하나님이라는 주제에 대해 연구할 만한 좋은 시기인지 고려해 보라는 나의 제안을 따라 그녀는 한 동안 이 주제에 초점을 맞추었고, 매우 풍성한 결실을 얻는 기간이 시작되었다. 그 후로 수개월 동안 그녀는 이 주제에 대해 많은 것을 읽고 묵상했으며, 종종 그 연구를 통해 생겨난 생각들을 나누었다. 그래서 나는 다음과 같은 이메일을 쓰게 되었다.

수인,

당신이 보낸 몇 개의 편지 속에서, 초점이 하나님 체험에서 하나님에 대한 생각으로 이동하고 있음을 봅니다. 비판하려는 뜻은 없습니다. 신학적 탐구는 당신에게 중요하며, 사역을 위해서도 중요한 가능성과 의미가 있다고 생각합니다. 그러나 나는 초점이 다시 당신의 하나님 체험에 맞추어질 때 우리의 대화가 좀더 결실이 있을 것이라고 말하고 싶습니다. 내 질문은, 당신이 요즈음 어떻게 하나님을 체험하고 있는가 하는 것입니다. 당신의 기도 생활에는 어떤 일들이 벌어지고 있습니까? 현재 하나님이 당신에게 바라시는 것은 무엇이라고 생각합니까?

하나님에 관하여 대화하는 것도 나름대로 의미가 있습니다. 그러나 나는 당신과 하나님의 관계가 발전되는 것에 좀더 관심이 있습니다. 그런 부분에서는 지금 어떤 일이 벌어지고 있습니까?

데이비드.

* * *

데이비드,

하나님에 대한 생각으로 하나님 체험을 대체해서는 안 된다는 점을 다시 한 번 일깨워 주셔서 고맙습니다. 내가 정말로 바라는 것이 하나님을 아는 것이며 하나님에 대해 아는 것이 아님을 당신도 잘 아실 것입니다. 나는 이 부분에서 진보해 나가고 있다고 믿습니다.

나는 지난 몇 주 간의 연구와 독서를 통해 나의 신학과 하나님 체험에 신비를 다시 받아들이게 되었습니다. 나는 하나님의 어떤 부분 중에 나의 신학적인 틀에 잘 들어맞지 않는 부분을 무시하고, 하나님을 잘 다룰 수 있는 크기로 잘라 내고 있었음을 깨달았습니다. 나의 하나님 체험에 어떤 일이 벌어지고 있는지 물으셨지요? 나는 하나님의 위엄을 좀더 깊이 맛보고 있습니다. 하나님은 내가 전혀 기대하지 않았던 장소에 나타나십니다. 어둠을 처소로 삼으시는 하나님은 우리가 쉽게 우상으로 바꾸어 놓을 수 없는 분입니다. 나는 이런 의미에서 위엄, 경이, 두려움이라는 말을 사용했습니다.

그러므로 나는 단지 그분에 대해서 아는 것이 아니라, 하나님을 알아 가고 있습니다. 내가 신학 속에서 길을 잃지 않을까 염려하지 마십시오. 아시다시피 나는 신학을 좋아하고 신학이 중요하다고 믿는 사람입니다. 그러나 나는 신학이 하나님을 직접 체험하는 것을 대체할 수 없음을 점점 더 깊이 확신하고 있습니다.

수인.

* * *

수인,
성령께서 최근에 당신을 이끌어 가시는 이야기를 들으니 기쁩니다. 하나님의 위엄을 새롭게 깨닫게 된 이야기가 내 마음에 깊이 와 닿습니다.

당신의 기도 생활은 요즘 어떻습니까? 당신이 하루 동안 하나님의 임재를 느끼는 부분은 어떻습니까?

데이비드.

* * *

데이비드,
용기를 내어 말씀드립니다만, 저는 현재 한 달 남짓 반추의 시간을 가지지 않고 있었습니다. 이제는 그것이 큰 도움이 되지 않고 필요하지도 않다고 느껴집니다. 나의 의무와 훈련 목록에는 이미 많은 일들이 있으므로, 더 이상 그 목록에 하나를 더 추가하고 싶지 않습니다. 이렇게 해도 되는 것일까요? 아니면 당신은 내가 반추를 다시 시작하기를 바랍니까?

반추가 필요해 보이지 않는다고 말하는 이유는, 지금은 내가 대부분의 시간에 하나님의 임재를 느끼고 있기 때문입니다. 이것은 우리가 영성 지도를 시작하면서 받은 복들 중에서 가장 놀라운 복입니다. 이는 내가 하루 종일 하나님에 대해 생각하고 있다는 뜻은 아닙니다. 그러나 나는 의식의 깊은 어떤 부분으로부터 내가 하나님의 임재 안에 있음을 인식하고 있습니다. 이런 느낌은 매우 견고해 보입니다.

기도 생활에 대해 말씀드리자면, 모든 일들이 잘 진행되는 것 같습니다. 정해진 기도 시간에 나는 먼저 감사의 기도를 드립니다. 예전과는 달리 지금은 이 부분이 기도 시간의 대부분을 차지합니다. 나는 감사드릴 일이 참 많다고 느낍니다. 특히 나는 하루 동안 겪은 다양한 상황들 속에서 하나님이 나와 함께하셨음에 대해 많은 감사를 드립니다(이런 말을 하면서 보니, 내가 규칙적인 기도 시간 속에 반추와 유사한 것을 포함시키고 있음을 깨닫습니다). 나는 많은 사람들을 위해 중보하는 일을 계속하고 있습니다. 그러나 하나님께 간구할 때 집착하는 마음을 좀 덜 품게 됩니다. 하나님의 위엄을 대면한 이후로 하나님께 뭔가 요구하려는 태도가 줄어든 것 같습니다. 나는 이제 이 기도를 하나님이 그분이 돌보시는 사람들의 필요를 잊지 않으시도록 확인하는 것 정도로 생각합니다. 하나님이 원치 않으시는 것을 행하도록 하나님을 설득해야만 하는 듯한 기도보다는 이런 태도가 더 건전한 것 같습니다. 이것은 중요한 변화인 것 같습니다. 나는 이 변화에 대해 감사하고 있습니다.

수인.

* * *

수인,

당신이 규칙적인 기도 안에 반추를 포함시킨 것은 매우 훌륭하다고 생각합니다. 중요한 것은 당신이 체험한 하나님의 임재를 규칙적으로 돌아보는 것이며, 어떤 방법으로 이것을 행하는지는 별로 중요하지 않습니다.

나는 또한 당신의 기도 생활에 일어나고 있는 변화도 긍정적인 것이라고 말해 주고 싶습니다. 그것을 더 자세히 분석하려 하지는 마십시오. 단지 당신이 어떻게 기도해야 할지 가르쳐 달라고 간구한 뒤에 하나님의 인도를 따르십시오.

데이비드.

이 마지막 메시지를 보낸 이후로 여섯 주 동안은 수인으로부터 소식을 듣지 못했다. 이것은 우리가 이메일을 교환하기 시작한 이후 가장 긴 간격이었다. 과연 그녀가 다시 메시지를 보내올지 궁금해지기 시작할 즈음에 다음 메시지를 받았다.

데이비드,

지난 번에 편지를 쓴 이후로 몇 주 동안 하나님의 선하심을 체험하였습니다. 나는 지금 하나님의 임재를 느끼지 못할 때에도 하나님의 임재를 신뢰하는 것을 배우고 있습니다. 물론 하나님이 나와 함께 계심을 인식하는 시간은 예전보다 훨씬 더 많아졌습니다. 내 마음에는 감사가 넘쳐납니다. 나는 종일토록 하나님께 감사드리는 짧은 기도를 드리고 있는 나 자신을 발견합니다. 나는 우리 교회 성도들의 삶 속에서 하나님을 보고 있으며, 그들의 삶 속에서 이루어지는 변화가 나의 일이 아니라 하나님의 일임을 확신하며 큰 감사를 드립니다. 그리고 나는 세상 안에서도 하나님을 봅니다. 나는 기차에서 매일 만나는 사람들을 바라봅니다. 나는 그들을 새로운 눈으로 보고 있습니다. 나는 만나는 사람들 속에서 예수님을 보게 되길 기도하고 있으며, 종종 감사하게도 정말로 예수님을 봅니다! 이것이 내 삶을 변화시키고 있습니다. 나는 어디에서 무엇을 하든지 하나님의 임재에 둘러싸여 있음을 느낍니다. 나는 깊이 감사를 드립니다.

나의 영적인 삶은 의무를 실행하는 것에서 기쁨의 예배를 드리는 것으로 변화되고 있습니다. 나의 남편까지도 그 차이를 느끼고 있습니다. 그는 늘 진지하기만 하던 내가 긴장을 풀고 편안해진 것 같다고 말합니다. 나도 그의 말이 사실이라고 생각합니다.

나는 기분이 너무 좋은 나머지 오히려 이 느낌을 신뢰할 수 없는 것 같습니다. 내가 앞으로 더 나가야 할 시점에서 안주하고 있는 것은 아닙니까? 뭔가 직면해야 할 것을 회피하는 것은 아닙니까? 그저 편한 길로만 가고 싶지는 않습니다. 그것은 내 방식이 아닙니다. 지금 나는 전에 체험해 보지 못했던 방식으로 하나님을 즐거워하고 있습니다. 내가 다음에 행해야 할 일이 있다면 무엇입니까?

수인.

나는 사람들에게 모든 질문에 대답을 주려는 유혹을 피해야 한다고 조언하면서도, 종종 이런 연속된 질문들 앞에서 스스로 혀를 붙들어 매야만 한다. 나는 그녀가 묻는 몇 가지 문제들에 대해 나름대로 의견을 가지고 있다. 그리고 나는 나의 의견에 집착하는 성향 때문에 이것을 임기웅변이 아니라 지혜에서 나온 것으로 간주하려는 유혹에 쉽게 굴복한다. 그러나 나의 조언이(물론 때로는 따르기가 어렵지만) 나의 성향보다 더 건전하다. 수인의 질문들은 단순히 대답이 주어져야 하는 질문들이 아니라, 기도하며 삶으로 살아내야 하는 질문들이다. 대답은 성령으로부터 주어져야 한다. 그러므로 나는 다시 한 번 혀를 붙들어 매야만 했다.

수인,

나는 하나님이 당신에게 감사의 선물을 주신 것을 매우 기쁘게 생각합니다. 그 선물을 잘 간직하시고 더욱 커져 가게 하십시오.

그러나 나는 당신 여정의 다음 단계가 어떠해야 하는지 말할 수 있는 자리에 있지 않습니다. 당신이 하나님의 인도를 간구할 때 성령이 당신에게 말씀하시는 바는 무엇입니까?

데이비드.

* * *

데이비드,

알겠습니다. 내가 다음에 무엇을 해야 하는가 하는 질문들에 당신이 대답할 수 없음을 이해하겠습니다. 이 질문들에 대해 기도하고 있지만 아직 응답을 얻지는 못하고 있습니다. 그러나 나는 뭔가를 계시해 주는 꿈을 꾸었습니다. 나는 보통 꿈을 기억하지 못하며, 혹시 기억한다고 해도 별로 의미가 없어 보일 때가 많습니다. 사실 당신이 꿈에 대해 강조하는 것을 들을 때에 별로 마음이 편하지 않았던 것도 고백합니다. 그러나 내가 말한 것처럼 이번에는 정말로 무시해 버릴 수 없는 꿈을 꾸었습니다.

몇 주 동안, 나는 지금 내가 처한 영적인 상황을 단순히 즐겨야 할지, 아니면 어떤 식으로든 앞으로 나아가야 할지를 하나님께 묻고 있습니다. 오늘 아침에 나는 꿈을 꾸던 중에 잠이 깼습니다. 너무 생생한 꿈이어서 기억하는 것이 전혀 어렵지 않았습니다. 꿈 속에서 어린이들이 연을 날리며 놀고 있었습니다. 그 곳은 어떤 도시의 광장이었습니다. 이상하게도 그 곳에는 어린이들과 광장 한 쪽 벤치에서 그들을 바라보는 한 노인 외에는 아무도 없었습니다. 그는 미소 짓고 있었는데 아마도 어린이들을 바라보며 즐거워하고 있었던 것 같습니다. 한 아이가 특히 나의 눈길을 끌었습니다. 이유는 모르겠습니다. 그 소녀는 매우 아름다워 보였고 연을 날리며 매우 행복해하고 있었습니다. 내가 그 아이에게 다가가고 있음을 느꼈습니다. 잠이 깼을 때 그 소녀가 없음을 깨닫고 약간 슬픈 마음이 들었습니다. 정말 특별한 꿈이었습니다.

나는 당신의 책에서 꿈에 대해 다룬 장을 다시 읽고 당신이 제안한 TTAQ 방법대로 적어 보았습니다. 결과는 아래와 같습니다.

제목: 연 날리는 어린이들

주제: 근심 걱정 없는 즐거운 놀이

감정: 기쁨

질문: 1. 왜 나는 그 소녀에게 그처럼 끌렸을까?

2. 나는 그 소녀가 되고 싶은가?

이것이 기도에 대한 나의 질문들과 관련이 있을까요?

내가 이 방법을 올바르게 적용하고 있는지 모르겠습니다. 어쨌든 이 꿈을 당신과 나누고 싶었습니다. 이 꿈에 대해 내가 던져야 할 질문들이 더 있다면 무엇일까요? 이 방법에서 이 부분이 가장 어렵게 느껴집니다. 내가 당신이 제시한 방법을 제대로 이해했는지 모르겠습니다.

수인.

* * *

수인,

꿈에 대해 이야기해 주어서 고맙습니다. 당신은 그 방법을 정확히 잘 따랐습니다. 이제는 그 질문들을 기도를 통해 하나님께 말씀드려야 합니다. 이 꿈이 하나님으로부터 왔는지, 그리고 그 꿈이 기도에 대한 당신의 질문과 관련이 있는지 알게 해 달라고 하나님께 기도하십시오.

데이비드.

* * *

데이비드,

그 소녀의 이미지가 내 마음을 떠나지 않습니다. 그 소녀가 즐겁게 노는 모습, 기뻐하는 모습에 매우 마음이 끌립니다. 나는 이 점에 대해 기도했는데, 하나님이 내가 기뻐하는 것을 보니 행복하다고 말씀하시는 것 같습니다. 아마 꿈속에서 아이들을 바라보던 노인이 하나님이셨던 것 같습니다.

나의 기쁨과 감사는 계속되고 있습니다. 그렇다고 지금 내 삶에 아무런 문제도 일어나지 않는다는 뜻은 아닙니다. 사실 나는 교회에서 심각한 문제들을 직면하고 있습니다. 많은 문제를 일으키고 있는 한 친교 모임 리더와의 갈등 때문입니다. 그러나 나는 이 어려움 속에도 하나님이 계심을 믿습니다.

수인.

영성 지도의 실례에 관한 묵상

수인과 나눈 일련의 대화 속에 무슨 신비한 것이 숨겨진 것은 아니다. 나는 단순히 그녀가 자신의 영적인 체험들을 이야기하는 것에 귀를 기울였고, 그 체험들에 초점을 맞추며 자신을 그분께로 이끄시는 하나님의 영에 주의를 기울이도록 격려했다.

모든 영성 지도자가 이와 똑같은 방법으로 영성 지도를 행할 수는 없다. 누구든 영성 지도를 할 때, 데이비드 베너처럼 되려고 해서는 안 된다. 내가 영성 지도를 하는 방식은 나의 인격과 나 자신의 영적 여정, 그리고 내가 그리스도를 따르며 영성 형성을 이루는 데 중요하다고 생각하는 것들을 반영한다. 다른 사람들은 다른 것을 강조할 것이며 조금씩 다르게 행할 것이다. 영성 지도란 그런 것이다.

나는 사람에 따라 매우 다르게 영성 지도를 행한다. 많은 질문을 던지는 사람에게는 좀더 지시적인 태도를 취하게 된다. 수인이 바로 그런 사람이었다. 어떤 사람들은 자신의 경험을 쉽게 나누므로 내 쪽의 반응이 별로 필요 없다. 이런 사람들을 지도할 때에는 좀 덜 말하게 된다.

영성 지도를 행하는 각 사람은 자기 자신의 목소리와 스타일을 찾아야 한다. 앞에서 언급한 것처럼, 영성 지도는 기술들의 집합이 아니다. 그것은 살아 있는 한 사람이 다른 사람과 살아 있는 관계를 맺는 것이다. 우리 각자에게 주어지는 도전은 모두 동일하다. 그것은 성령에 대한 민감성을 유지하고, 그의 인도하심을 따를 준비를 하는 것이다. 우리는 우리에게 도움을 요청하는 사람들에게도 같은 것을 요청한다. 그들과 우리의 과제는 동일하다. 우리의 영혼을 하나님을 향해 깨어 있게 하며, 하나님의 인도를 분별하고, 우리를 향한 그의 사랑의 뜻에 의탁하는 것이다.

◎ 당신은 수인이 경험한 영혼의 어두운 밤을 어떻게 이해하는가? 당신은 자신의 어두운 밤을 어떻게 다루어 왔는가? 이런 것을 경험하는 동안 사람들이 당신에게 어떻게 도움을 주려 했는지 생각해 보라. 무엇이 도움이 되었고, 무엇이 도움이 되지 않았는가?

7장 영성 지도자가 되려면

비록 영성 지도라는 이름을 붙이지는 않지만, 많은 그리스도인들이 이미 비공식적인 영성 지도를 행하고 있다. 또 어떤 이들은 이 일을 하면서도 한 번도 소명으로 생각해 보지 않았을 수도 있다. 영성 지도의 발견은 그런 사역에 이름을 붙여 준다. 때로 이는 매우 바람직한 일인데, 그렇게 함으로써 그들이 이미 행하던 사역을 위해 좀더 잘 준비되어야겠다는 동기를 불러일으키기 때문이다.

어떤 사람들은 이와 비슷한 사역을 하다가, 영성 지도의 독특한 면들을 접하자마자 이것이 그들의 은사와 관심에 꼭 들어맞음을 깨닫는다. 이런 사람들은 종종 내게 영성 지도야말로 그들이 오랫동안 갈망해 왔던 일이었지만, 어떻게 준비해야 하는지 몰랐다고 말한다. 이들 중 많은 사람이 상담가가 되었는데, 그것이 그들의 소명이라고 느꼈기 때문이다. 그러나 얼마 후에 그들은 의심을 품기 시작했다. 이런 이들에게 영성 지도의 발견은 소명을 명확하게 만들어 주는 계기가 되곤 한다.

그 누구도 하나님의 부르심 없이 영성 지도의 사역을 시작해서는 안 된다. 소명을 인식하며 그에 응답하는 것이 이 중요하고 보람 있는 사역을 준비하는 첫 번째 단계다.

영성 지도로의 부르심을 분별하기

하나님이 당신을 영성 지도라는 일로 부르신다면 당신은 그것을 어떻게 알 수 있겠는가? 일반적으로 영성 지도를 위해 부름받은 사람들은 이미 그 일을 이런저런 모습으로 행하고 있으며, 하나님에 대한 갈망이 있으며, 사람들을 사랑하는 사람이라고 말할 수 있다. 만일 이 세 가지가 당신에게 해당한다면, 영성 지도는 당신의 소명일 수 있다.

이미 영적 인도를 제공하고 있는 경우. 영성 지도 사역으로의 부르심은 공동체의 확인이 필요한 일이다. 사람들은 우리가 하나님의 은사와 부르심을 분별하도록 도와준다. 그리고 보통 이것은 사람들이 이미 그런 은사를 알아보고 있으며, 당신이 어떤 형태로든 이미 영적 인도를 제공하고 있다는 것을 의미한다.

당신은 목회자로서, 장로로서, 소그룹 리더로서, 또는 이와 비슷한 역할을 통해 사람들을 인도하고 있을 수 있다. 당신에게 매우 다양한 책임이 주어졌지만, 당신은 당신이 돌보는 사람들과 함께 시간을 보내는 것에 특별한 보람을 느낄 것이다. 당신은 아마도 당신이 하고 있는 일을 '상담'이라 부르겠지만, 당신이 이루어 놓은 일들은 문제를 해결하는 것보다는 사람들의 성장을 돕는 것과 더 많은 관련이 있다. 당신은 듣기를 잘하며, 사람들과 삶을 나눌 수 있는 특권을 받은 것에 깊이 감사하고 있다. 당신은 그것이 영성 지도를 행하는 것이라고 생각해 보지는 않았겠지만, 그것이 바로 영성 지도다. 사람들이 그런 도움을 얻기 위해 당신을 찾아오기 때문에 당신은 그 일을 행하고 있을 것이다.

어쩌면 당신은 이름을 붙일 수도 없고 별로 눈에 띄지도 않는 비공식적인 방법들을 통해 사람들을 인도하고 있을 수 있다. 당신은 목회자의 아내나 남편으로서 사람들이 도움과 인도를 얻기 위해 찾는 사람일 수도 있다. 혹은 주일 학교 교사나 청소년 사역자로서 당신이 맡은 아이들을 사랑하여 그들의 삶에 깊이 관여하고 있을 수도 있다. 또는 교회 내에서 공적인 지위는 없지만, 사람들이 영혼의 문제에 대해 도움을 얻으려고 찾아올 수도 있다.

이런 여러 경우 중에 당신에게 해당되는 것이 있다면, 사람들은 이미 당신의 소명을 발견하고 그것을 확인해 주고 있는 것이다. 그들은 당신이 영적으로 상당한 수준에 있음을 알고, 그리스도를 좇아 변화의 여정에 헌신한 모습을 보고 있다. 또한 당신의 신실함을 알고 있고, 쉽게 다가갈 수 있는 사람이라고 느낀다. 그들은 당신에게서 안전감을 느끼며, 당신에게 와서 그들의 여정과 갈등을 나눈다. 그들은 당신이 얼마나 많은 위로를 주는지, 당신과의 대화 속에서 얼마나 영적인 도움을 얻는지, 당신의 조언에서 얼마나 유익을 얻는지 말해 줌으로써 당신의 은사를 확증해 줄 수도 있다.

다른 사람들로부터 이런 식의 긍정적인 말을 들어 보지 못한 사람이 영성 지도로 부르심을 받는 것은 매우 의심스러운 일이다. 물론 그런 사람도 영성 지도에 관심을 가질 수는 있다. 하지만 자신이 속한 영적인 공동체로부터 어떤 방식으로든 확인을 얻지 못하는 사람은 영성 지도를 자신의 소명으로 여겨서는 안 된다.

하나님을 향한 갈망. 영성 지도 사역으로 부르심을 받은 사람들은 그들 자신이 영적 여정 중에 있는 자들이다. 이는 만일 영성 지도가 당신의 소명이라면, 당신은 하나님을 찾고 있거나 하나님을 향한 갈망을 가진 사람이라는 의미다. 만일 당신이 이미 하나님을 찾았다고 생각하거나 당신의 영적인 갈망이 충족되었다고 믿고 있다면, 하나님을 더 깊이 만나고자 하는 사람들을 도울 만한 일은 별로 없을 것이다. 그러나 당신이 하나님을 아는 것을 갈망하고 있다면, 같은 목표를 추구하는 다른 이들의 동반자가 될 수 있다.

우리는 영성 지도자들을, 사도행전 17:27에 대한 NASB 성경의 표현을 따라 '하나님을 더듬어 찾는 사람'이라고 부를 수 있다.[1] 하나님을 더듬어 찾는 사람은, 눈이 먼 상태에서 하나님을 어디에서 발견할 수 있을지 모르는 가운데 찾고 있다. 하나님을 어디에서 어떻게 찾을 수 있는지 확신하는 태도는 영성 지도에 방해가 되는 성급한 판단을 낳는다. 하나님은 우리가 당신을 만나리라고 예상하지 못하는 곳에 나타나시며, 종종 우리가 하나님이 계실 것이라고 완전히 확신하는 장소에는 계시지 않는다.

하나님을 더듬어 찾는 태도는 영적인 갈망에 겸손을 더한 것이다. 내가 이전에 하나님을 만났던 것과 정확히 똑같은 장소에서 똑같은 방식

---

1) 나는 Glenn Mitchell 목사가 이 구절을 내게 알려 주고, 이 구절이 영성 지도와 관련하여 의미하는 바를 일깨워 준 것에 감사한다.

으로 하나님을 만나기를 기대한다면, 나는 그 경험을 우상화하고 있는 것이다. 그렇게 된다면 나는 아마도 다른 사람들도 나의 우상에 절하게 만들려 할 것이고, 그들이 다른 장소에서 다른 방법으로 하나님을 만나도록 격려하기가 어려울 것이다. 그러나 내가 내 영혼의 가장 깊은 갈망을 정확히 만족시킬 유일한 하나님이 초월적인 하나님이시며 언제나 나의 통제 너머에 계신 분임을 안다면, 전혀 기대하지 않던 장소에 하나님이 나타나셔도 더 이상 놀라지 않을 것이다. 그 때에야 비로소 나는 하나님을 더 깊이 만나고자 하는 사람들의 동반자가 될 수 있는 최선의 위치에 서게 된다.

당신에게는 늘 하나님에 대한 굶주림과 목마름이 있는가? 당신은 아직도 '발견한 사람'이 아니라 '추구하는 사람'인가? 하나님이 당신을 만나실 장소나 방법에 대해 겸손하게 열린 태도를 가지고 있는가? 하나님이 당신을 만나신 것과는 다른 방식으로 다른 사람들을 만나실 가능성에 대해 열려 있는가? 다른 사람들이 영적인 상담과 지원을 얻기 위해 당신을 찾고 있는가? 그렇다면 영성 지도는 당신의 소명일 수 있다.

사람들을 사랑하는 마음. 마지막으로 영성 지도의 사역으로 부름받은 자는 다른 사람들을 사랑한다. 사랑은 기독교 영성에서 변화를 일으키는 역동이다. 기독교 영성 형성은 사랑의 학교에서 훈련을 받는 것이다. 만일 우리 자신이 사랑의 학교에서 진보하고 있지 않다면, 어떻게 다른 사람 안에 그런 일이 일어나도록 도울 수 있을까?

사람을 사랑하는 것을 대신할 수 있는 것은 아무것도 없다. 만일 당신이 그저 신학을 사랑한다면, 더 나아가 하나님을 사랑한다고 스스로 생각한다 할지라도 사람들을 향한 진실한 사랑이 없다면, 영성 지도는 당신의 소명이 아니다. 또한 당신이 단순히 사람들이 성장하는 모습을 보는 것이나, 그들에게 도움을 주는 것이나, 문제를 해결해 주는 것을 사랑하는 데 그친다면 영성 지도는 당신의 소명이 아니다. 당신이 사랑해야 하는 것은 있는 모습 그대로의 보통 사람들이다. 어떤 이들은 영적인 영향력은 있지만 나누어 줄 사랑이 없음을 본다. 얼마나 비극적인 일인가! 그런 사람과의 대면은 우리의 인간됨을 손상시킨다.

이는 만나는 모든 사람들을 즉시 사랑한다는 의미는 아니다. 나는 때로 사랑하기 어려운 사람들을 만난다. 다른 이들도 종종 나에 대해 그런 느낌을 받을 것이다. 우리가 다른 사람에게 주어야 할 사랑은 그들을 향한 하나님의 사랑이다. 우리가 사람들로 하여금 거룩한 사랑을 만나고 그 사랑에 의탁하도록 돕고자 한다면 하나님의 사랑이 우리의 것이 되기를 소원해야 한다.

앞서 고려한 것들에 덧붙여 당신이 사람들을 사랑하고 그들에게 관심을 가지고 있다면, 아마도 당신의 소명에는 영성 지도의 사역이 포함되어 있을 것이다. 당신은 사람들의 여정을 공유하고 그들의 경험 속으로 들어가는 것을 즐기는 자신을 보고 이를 깨닫게 될 것이다. 당신은 그 일을 단순한 책임이나 의무가 아닌 특권으로 여길 것이다. 당신이 그렇게 하는 이유는 정말로 사람들(일반적인 사람이 아니라 구체적으로 당신과 삶을 맞대고 있는 사람들)을 사랑하기 때문이다.

사례

내 아내 줄리엣은 성년이 된 이후로 줄곧 다른 사람들을 영적으로 양육하고 인도하는 일을 해 왔다. 그러나 그녀가 자신의 사역을 영성 지도와 연결하기 시작한 것은 최근 몇 년 동안의 일이다. 그리고 이 기간 동안에 그녀는 영성 지도가 자신의 소명의 중요한 부분임을 이해하게 되었다.

줄리엣은 항상 사람들을 사랑했다. 친구나 가족들을 향한 그녀의 돌봄은 늘 변함없었고 언제나 창조적이었다. 그녀의 하루는 사람들을 위한 사려 깊은 행동으로 가득 찼다. 그녀의 사랑은 사랑을 돌려받으려는 감정적 필요 때문에 사랑을 베푸는 이기적인 사랑이 아니었다. 물론 인간이기에 그녀도 사랑받는 것을 좋아한다. 그러나 그녀는 자기가 다른 사람에게 투자한 사랑이 이익을 남기기를 바라지 않는다. 줄리엣에게 사랑이란 그 자체가 보상이었다.

하나님에 대한 사랑은 오랫동안 사람들을 향한 사랑 아래에 감추어져 있던 열정이었다. 그것은 또한 그녀의 영적 여정에 힘을 불어넣는 열정이었다. 그녀의 영적 순례는 연인이신 하나님과 함께하면서 동시에 그 연인을 향해 나아가는 사랑의 여정이었다. 하나님을 향한 그녀의 사랑은 다른 사람들을 향해 분명히 드러나는데, 단순히 말을 통해서가 아니라 하나님을 향해 깨어 있는 그녀의 고요한 영을 통해 나타난다.

줄리엣과 이야기를 나누면 늘 편안하다. 아마도 그녀가 대화를 통해 사람들에게 주는 가장 훌륭한 선물은 그녀의 현존 그 자체일 것이다. 그녀는 깊이 함께하며 깊이 관심을 가진다. 그녀의 내면의 고요함이 다른 사람에게 잠시 조용한 쉼을 허락한다. 그녀와 함께 있으면 회복됨을 느낀다.

이런 이유와 또 다른 많은 이유 때문에, 사람들은 언제나 줄리엣을 찾아 우정을 나누고 대화를 나눈다. 때로 그들은 조언을 얻으려고 오지만, 대부분은 그저 함께하며 우정을 나누기 위해 그녀를 찾는다. 대부분 이런 관계들은 상호적인 우정 관계이지만, 때로는 양육과 지원을 위한 관계가 되기도 한다.

줄리엣이 처음 영성 지도에 관심을 가진 계기는 그녀와 내가 함께 인도했던 관상 피정이었다. 피정에 참가했던 사람들은 종종 함께 기도하고 대화하기 위해 우리에게 연락을 취해 왔다. 줄리엣은 이렇게 도움을 주는 일을 위해 더 잘 준비하고 싶었다. 또한 하나님과의 친밀함이 더 깊어지기를 갈망했다. 그녀와 나는 부부간에 나눌 수 있는 상호적인 영성 지도의 한 형태를 실행해 오고 있었지만(9장에서 이에 대해 기술할 것이다), 당시 그녀는 남편이 아닌 다른 영성 지도자를 찾는 것이 중요하다고 생각하게 되었다.

그녀는 영성 지도자를 찾기 위해 가까운 곳에 있는 가톨릭 피정 센터를 방문했고, 기꺼이 그녀와 함께 이 일을 의논하고자 하는 한 수녀를 만났다. 그들은 첫 번째 모임에서 이 가능성을 탐색해 보기로 했다. 그 후로 기도와 성찰의 기간을 가진 후, 줄리엣은 한 달에 한 번씩 네 번에 걸친 만남을 가지기로 동의했다. 이 기간이 끝나자 두 사람은 좀더 집중적인 영성 훈련을 시작하기로 동의했다. 그것은 이그나티우스의 영성 수련[2]에 기초하여 1년 동안 매주 만남을 가지며 날마다 묵상 시간을 가지고 기록한다는 계획이었다.

---

2) 역사적으로 이 훈련은 30일 간의 피정을 통해 이루어져 왔지만, St. Ignatius는 사람들이 그 만큼 시간을 낼 수 없을 가능성도 예견하고 고전적인 접근법을 좀 덜 집중적인 형태로 수정하고 확장시킨 틀도 제시하였다. 각 접근법에는 장단점이 있다.

그 한 해 동안의 줄리엣의 경험은 심오한 것이었다. 그것에 관해 그녀와 나눈 대화의 일부를 들어 보라.

데이비드: 영성 지도의 경험이 당신에게 어떤 영향을 끼쳤나요?

줄리엣: 내 생애에서 이번 경험보다 나 자신과 나의 하나님 체험을 더 변화시켜 준 것은 없었어요. 가장 중요한 부분은, 내가 나 자신과 하나님에 대해 훨씬 더 깊이 알게 된 일입니다. 고통스럽기도 했지만, 하나님은 나의 가장 핵심적인 자기 기만을 파악할 수 있도록 도와주셨어요. 나는 분별에 관해 많은 것을 배웠어요. 사탄의 속임수들과 나 자신이 만들어 내는 생각들을 보게 되었고, 성령의 인도를 분별하고 의탁하는 법을 배웠습니다.

데이비드: 그런 일들이 영성 지도의 소명을 확인하는 데 어떤 도움을 주었나요?

줄리엣: 내가 영성 지도를 받는 주된 목표는 결코 나의 소명을 확인하는 것은 아니었어요. 나의 목표는 하나님을 더 깊이 아는 것이었지요. 그러나 하나님을 아는 것은 하나님의 뜻에 의탁하는 것과 분리될 수 없기에, 하나님의 뜻을 분별하는 것과 나의 소명을 확인하는 것은 항상 우리의 초점이 되었습니다. 가장 중요한 질문은 내가 기꺼이 내 뜻보다 하나님의 뜻, 즉 나에 대한 하나님의 소원을 선택할 것인가 하는 것이었습니다. 점차 그렇게 하나님께 의탁하기로 선택할 수 있게 되면서 나는 하나님이 나의 소명에 대해 좀더 많은 것을 알려 주심을 느낄 수 있었습니다. 나는 점점 나의 소명이 사람들의 영적 동반자가 되는 것과 관련이 있다고 생각하게 되었습니다. 나는 아직도 내가 어떻게 이

소명을 성취할 수 있을지, 이를 위해 좀더 훈련을 받아야 할지 말아야 할지를 알지 못합니다. 그래서 하나님의 주파수에 나를 맞추며 어디로 나를 이끌어 가실지 보려 합니다.

현재 줄리엣이 영적 동반자로서 다른 사람과 맺고 있는 대부분의 관계에는 '영성 지도'라는 이름이 붙지 않는다. 그녀와 정기적으로 만나 기도와 대화를 나누는 대부분의 사람들은 그녀를 단순히 그들의 친구로 여긴다. 그녀의 말처럼, 그 일이 무엇이라 불리느냐는 그 일이 무엇이냐보다 훨씬 덜 중요하다. 그러나 그녀가 행하도록 부름받은 일은 중요한 일이다. 그리고 그녀는 이제 거룩한 동반자가 되어 섬기는 것이 그녀의 소명의 중요한 부분이라는 것을 알고 있다.

영성 지도자가 되기 위한 준비

아마도 당신은 줄리엣과 마찬가지로 이미 다른 사람들과 영적 동반자 관계를 맺고 있고, 사람들을 사랑하며, 하나님을 알고자 하는 깊은 갈망을 가지고 있을 것이다. 당신은 영성 지도가 당신이 깨닫는 것보다 좀더 중심적인 소명은 아닐지 궁금할 수도 있다. 그 다음 단계로서 당신이 취해야 할 행동은 무엇인가? 줄리엣의 경우와 마찬가지로, 일반적으로 영성 지도자가 되기 위한 준비는 영성 지도를 개인적으로 경험하는 것에서 시작된다.

영성 지도를 개인적으로 경험하기. 어떤 경우에는 영성 지도자를 찾기가 그리 쉽지 않다. 내가 처음 영성 지도를 받은 것은 1980년대 중반의 일이었다. 그 때에는 훈련 받은 지도자도 적었고 그들을 판별할 수 있는 자료도 부족했다. 나는 그 주제에 관한 책들을 읽고 있었고, 하나님에 대한 더 깊은 체험을 갈망하고 있었다. 나는 담임 목사를 찾아가서 나의 영성 지도자가 되어 줄 수 있는지 물었다. 그는 종종 나와 이 주제에 관해 함께 책을 읽고 토론했으며, 함께 이것을 배우고 싶어했다.

그는 한 가지 조건을 걸고 나의 영성 지도자가 되기로 동의했다. 그 조건은 나 또한 그의 영성 지도자가 되어야 한다는 것이었다. 우리는 그 다음 한 해 동안 매주 만남을 가졌다. 처음 여섯 달 동안 그는 나의 영성 지도자가 되었고, 그 다음에는 내가 그의 영성 지도자가 되었다. 처음에는 둘 모두 영성 지도에 대해 책에서 읽은 것 외에는 아무런 지식이 없었다. 그러나 한 해가 지난 후 우리 두 사람은 자신과, 하나님과, 영적 동반자 관계를 맺는 것에 대해 많은 것을 배우게 되었다.

될 수 있으면 잘 훈련된 영성 지도자를 만나는 것이 바람직한 일이지만, 성령은 내가 경건한 사람을 매주 만나 기도하고 대화를 나눈 이 경험을 강력하게 사용하셨다. 첫째로, 그리고 가장 중요한 결과로서, 나는 하나님을 좀더 깊이 만나는 길을 발견하게 되었다. 무엇보다도 이것은 내가 영성 지도를 더 알고 싶어하게 된 계기가 되었다. 또한 영성 지도를 어떻게 사용해야 하는지에 대해서도 많은 것을 배우게 되었다. 나는 영혼의 문제들에 대해 나 자신과 하나님께 좀더 정직할 수 있는 법을 배우게 되었다. 그리고 성령의 임재와 인도에 주의를 기울이는 법과 개인적인 영성 지도를 위해 성경을 사용하는 법 그리고 기도하는 법에 대해서도 많은 것을 배웠다.

나는 또한 영적 여정 중에 있는 사람의 동반자가 되는 일에 대해서도 조금씩 알아 가기 시작했다. 나의 친구는 늘 온화하게 나와 함께해 주었는데, 내게는 부족한 그의 이런 면을 나는 깊이 존경했다. 늘 자신의 이해를 신뢰하고자 하는 유혹에 빠지는 나는 그를 보면서 성령을 신뢰하는 법을 배웠다. 나는 또한 그가 하나님의 인도를 얻기 위해 성경에 의지하는 방식을 보고 많은 것을 배웠다. 그는 결코 성경을 방망이처럼 휘두르거나 개인적 권위를 내세우기 위한 근거로 사용하지 않았고, 우리가 중요한 문제들에 대해 대답을 구할 때마다 항상 성경으로 돌아가도록 이끌었다. 그는 스스로 궁극적인 지도자가 되려 하지 않았다. 오히려 안내자가 되어, 함께 성령과 말씀이신 하나님께 주목하고 초점을 맞추도록 이끌었다.

실제로 신뢰할 만하고 성숙한 그리스도인이라면 누구나 잠재적인 영성 지도자다. 그러나 정규 훈련을 받은 사람들을 찾기도 점점 더 쉬워지고 있다. 북미에는 많은 영성 지도자 훈련 프로그램들이 존재하며, 각 교단이나 다른 기관들도 영성 지도자의 자격을 갖추고 기꺼이 영성 지도를 제공하려 하는 수료자들의 연락처를 제공해 준다. 알맞은 영성 지도자를 찾는 과정에서 약간의 시간이 걸리긴 하겠지만, 이제는 아무도 자격을 갖춘 영성 지도자를 만날 수 없다고 전제할 필요가 없다. 심지어는 인터넷 검색을 통해서도 이메일이나 전화를 통해 영성 지도를 제공해 주려고 하는 사람들을 찾을 수 있다.

영성 지도자가 될 사람을 찾는 과정에서 그 사람이 당신의 교단에 속해 있어야 하거나 당신과 모든 면에서 신학적으로 일치해야 한다고 전제하지 말라. 영성 지도는 결코 신학에 관한 것이 아님을 기억하라. 그것은 하나님과의 인격적이고 체험적인 만남에 관한 것이다. 지혜롭고 성숙한 그리스도인과의 영적 동반자 관계를 통해 이루어지는 성장과 배움의 길에서, 비록 그 사람이 기독교라는 연못의 저쪽 편에서 헤엄치고 있다 할지라도 그런 사소한 교파적 차이들이 방해가 되도록 하면 안 된다. 사실 당신과 정확히 같은 방식으로 하나님을 체험하지 않는 영성 지도자가 당신에게 더 적합한 경우가 많다.

영혼의 역동을 이해하기. 영성 지도자가 되기 위한 준비의 두 번째 관문은 내가 영혼의 역동이라고 부르는 것에 대한 이해를 증진시키는 것이다. 영성 지도는 인격의 가장 깊은 부분들을 다루므로, 사람의 심리-영적(psychospiritual) 기능을 잘 알면 알수록 영혼의 문제에 대해 더 좋은 안내자가 될 수 있다.

나는 영혼의 기능에서 심리적 측면과 영적인 측면이 따로 분리된 구획이 아니라는 사실을 강조하기 위해 '심리-영적'이라는 용어를 사용한다. 이는 영성 지도자에게 필요한 영혼에 대한 이해는 심리학적으로나 영적으로 모두 건전한 지적 기반을 갖추어야 함을 의미한다.

영혼을 돌보는 일을 준비하는 그리스도인들은 주로 심리학이 가진 치료 기술에 대한 관심 때문에 심리학을 공부하는 경우가 많다. 그들은 어떻게 상담하며, 언제 전문가를 소개해야 하며, 어떻게 진단해야 하는지를 배우고자 한다. 이런 전문적인 기술들은 굉장히 소중한 것이지만, 좀더 기본적으로 중요한 것은 내면 세계의 심리적 역동에 대한 이해를 얻는 것임을 쉽게 간과한다.

지난 100여 년 동안 심리학은 우리의 강박관념, 죄책감, 불안, 용서, 부러움, 중독, 두려움, 질투, 강박 행위, 근심, 수치감, 우울증, 그리고 수많은 것들에 관해 헤아릴 수 없을 만큼 많은 지식을 더해 주었다. 이와 마찬가지로 정신적 방어 기제(부인, 합리화, 억압, 억제, 반동형성, 분리 등)에 대한 이해는 사람의 내면 세계가 어떻게 움직이는지에 대해 단순한 심리적 통찰뿐 아니라 영적인 통찰까지도 제공해 준다. 영성 지도자들은 이런 역동을 늘 만나게 되므로, 이들에 대한 이해는 그들이 도움을 베풀 수 있는 역량을 엄청나게 증가시킨다.

그러나 영적인 역동을 무시하는 심리적 이해는 그 자체로 불완전하다. 영혼의 영적인 역동에 대한 지식은 필수적이다. 이것을 얻을 수 있는 가장 좋은 방법은 공식적으로나 비공식적으로 기독교 영성 신학과 영성 형성을 공부하는 것이다. 이런 공부는 의심, 신앙의 발달, 기도, 하나님 체험에 대한 장애물, 다양한 영적 체험, 죄, 영적인 갈망, 신비 체험과 그와 관련된 현상 등을 이해하는 데 도움을 준다. 영성 형성의 역동을 이해함으로써 영성 지도자들은 자신들의 영적 여정에도 도움을 얻고, 그 여정에 있는 다른 사람들을 돕는 역량도 자라게 된다.

심리학과 신학은 모두 영혼의 지도(map)를 제공한다. 누가 자기도 자세히 알지 못하는 나라로 다른 사람을 이끌고 가려는 생각을 품을 수 있는가? 영성 지도자들은 그들이 입수할 수 있는 가장 좋은 영혼의 지도로부터 도움을 받아야 한다. 물론 어느 지도도 완벽하게 모든 것을 다루지 않으며 모든 것이 불완전하다. 심지어 어떤 지도는 어떤 측면에서 우리를 오도하기도 한다. 그러나 조심스럽게 연구하기만 하면 모든 지도가 영혼의 역동을 이해하는 데 도움을 준다. 이 지도들에 무지한 사람은 결코 좋은 영성 지도자가 될 수 없다.

찾아보면 심리적, 영적 역동을 다루고 있는 수많은 문헌들이 존재하며 영혼의 기능에서 심리적 측면과 영적인 측면을 통합하고자 시도하는 책들도 상당히 많다(포괄적인 통합은 아직도 이루어지지 않고 있다). 영혼의 역동에 대한 공부를 시작하려는 사람들은 이 책 뒷부분에 있는 "더 읽을 거리"를 통해 도움을 얻을 수 있을 것이다.

자아와 하나님에 대한 더 깊은 지식을 얻기. 나는 앞에서 하나님과 자아를 아는 것의 중요성을 언급했는데, 이 내용은 나의 책「영혼의 돌봄」(*Care of Souls*)에서 좀더 자세히 다루었다. 왜 이것이 그리도 중요한가?

영혼의 문제에서 다른 사람을 인도하려고 하는 사람은 반드시 자신과 하나님을 아는 지식이 늘 깊어지고 있는 사람이어야만 한다. 자신에 대한 피상적인 지식은 하나님에 대한 피상적인 지식에 머무르게 만들 것이다. 마찬가지로, 하나님에 대한 피상적인 지식은 자신에 대한 피상적인 지식에 머무르게 만든다. 칼뱅이 말한 것처럼, 한쪽의 지식이 깊어지려면 다른 쪽의 깊은 지식이 필요하다.

하나님에 대해 상당한 지식을 갖춘 그리스도인들이 하나님을 좀더 친밀하게 아는 데로 나가지 못하는 경우가 너무 많다. 그 이유는 그 만큼 자신에 대한 친밀한 지식이 없기 때문이다. 그들은 자신의 깊은 부분과의 솔직한 만남을 피하여 달아난다. 그들은 어둠과 아픔이 자리잡고 있는 내면의 장소들에 놀라 내면 세계를 회피한다. 그들은 자신의 특정한 죄의 패턴들을 잘 이해하지 못하며, 가장 깊은 갈망의 본질과 의미도 잘 인식하지 못한다. 그들은 자신의 특징적인 자기 기만의 패턴에 대해 별로 아는 바가 없으며, 정직이란 그저 남에게 거짓말을 하지 않는 것 정도로 이해한다. 한마디로, 그들은 자기 영혼을 잘 모르고 있다.

어떤 사람들은 자신을 들여다보는 데 너무 많은 시간을 보낸 나머지 하나님을 충분히 바라보지 못하고 있다. 그들은 하나님에 대한 정보는 가지고 있지만 하나님에 대한 인격적 지식은 거의 없다. 그들이 규칙적인 패턴으로 기도를 드린다 해도, 그 시간은 주로 말하는 시간이며 듣는 법을 배운 적은 없다. 하나님을 친밀하게 아는 부분에서 그들의 지식이 제한적이기에, 결국 자신을 아는 것에도 제약이 따를 것이다.

다른 사람의 영혼을 돌보려는 사람은 반드시 자기 영혼을 돌보는 법을 배워야만 한다. 이렇게 할 수 있는 단 한 가지 중요한 방법이 있다면, 그것은 자신과 하나님을 더 깊이 알아 가는 일에 헌신하는 것이다. 이것은 일생에 걸친 헌신이다. 이 헌신은 단순히 과목을 이수하거나 학위를 딴다고 이루어지는 것이 아니다. 영성 지도자들이 반드시 그들이 돕고자 하는 사람들보다 영적 여정에서 더 앞서가고 있어야만 하는 것은 아니다. 그럴 경우에는 종종 유익한 점이 있겠지만, 나는 그것이 꼭 필요하지는 않다고 확신한다. 정말로 필요한 것은 자기와 하나님을 알아가는 평생의 과정에 대한 헌신이다.

성경 지식과 신학적인 기초에 뿌리내리기. 심리학과 영성을 공부하는 것의 가치를 강조하였으니, 이제는 성경 연구의 중요성을 분명히 언급해야겠다. 영성 지도자가 성경 공부를 하는 주된 목적은 신학을 배우는 것이 아니라 하나님을 알아 가는 것이다. 우리가 알아 가야 할 하나님은 독특하게도 그분의 말씀 안에 계시된 하나님이심을 기억해야 한다. 말씀이 육신이 되셨지만, 우리는 그 말씀을 알기 위해 성경에서 출발해야 하며, 단순히 우리 내면의 체험에서 출발해서는 안 된다.

그러나 성경을 먼저 강조한다고 해서 신학이 덜 중요하다는 뜻은 아니다. 겸손한 태도로 다가갈 때, 신학은 영성 지도자에게 인격적인 하나님 체험을 체계적으로 이해할 수 있는 틀을 제공한다. 영성 지도자는 신학의 전문가가 되어야 할 필요는 없다. 나는 정규 신학 교육이 필수적인 것이라고 생각하지 않는다. 그러나 영성 지도자들은 영적인 변화의 과정과 장애물들을 이해할 수 있는 틀을 갖출 만큼의 충분한 신학적인 기초가 필요하다.

거룩한 경청의 기술을 배우기. 영성 지도자에게 필요한 핵심적인 기술들 중 하나는 마가렛 귄터가 거룩한 경청(holy listening)이라고 부른 것이다.[3] 그녀는 거룩한 경청이란 함께하고 주의를 기울이는 것이라고 말한다. 거룩한 경청의 목표는 정보를 듣는 것이 아니라, 그 사람과 하나님 사이의 접촉이 일어나게 하는 것이다. 즉 그것은 하나님의 임재를 더 잘 인식하도록 돕는 경청을 말한다.

대부분의 사람들은 자신이 훌륭한 경청자라고 믿고 있다. 그들은 아마도 다른 사람이 말할 때 적절한 수준에서 주의를 기울이는 법을 배웠을 것이며, 그것이 전부라고 믿고 있을 것이다. 그러나 많은 경우 그들은 그들이 듣는 바에 관한 자신의 생각을 듣고 있다. 이것은 영성 지도자에게 필요한 경청과는 다른 것이다.

또 어떤 사람들은, 상담가가 되기 위한 준비 과정이나 다른 의사소통 훈련을 통해 공감하는 경청의 훈련을 받았을 수도 있다. 그들은 주의를 기울이는 것뿐만 아니라, 표현되지 않은 감정을 파악하는 법까지도 배웠을 것이다. 그들은 또한 듣는 것에 대해 적절히 응답하는 말을 함으로써 더 자세하게 말하도록 도와주는 방법도 알고 있다. 그러나 영성 지도에서 요구되는 경청은 공감 외에도 많은 것들이 필요하다. 사실, 당신이 도

---

3) Margaret Guenther, *Holy Listening: The Art of Spiritual Direction* (Boston: Cowley, 1992).

우려는 사람에 대한 공감은 영성 지도의 초점을 흐리게 만들 수도 있다.

앞에서 말한 것처럼, 영성 지도자가 주의를 기울여야 할 진짜 초점은 하나님의 영과 피지도자의 하나님 체험이다. 감정은 이 체험의 일부일 수도 있지만, 그 자체로서 영성 지도의 우선적인 초점은 아니다. 우리가 상담과 영성 지도의 차이점들을 잘 이해하고 있는 경우에는 공감적 경청이나 치료를 위한 경청의 훈련이 영성 지도에 큰 유익이 될 수 있다. 사실 이런 것들은 경청의 훈련을 위해 가장 쉽게 취할 수 있는 수단들이기도 하다.

그러나 공식적인 훈련을 받지 않아도 영성 지도에 필요한 거룩한 경청의 기술을 습득하는 것은 가능하다. 이것을 연습하는 가장 좋은 장소는 영혼의 우정이다. 덜 말하고 더 들으려고 노력하라. 그 사람과 온전히 함께하는 것을 연습하라. 당신의 개인적인 선입견과 감정들을 내려놓고, 성령이 당신을 사용하시도록 내어드리라. 무엇보다도 중요한 것으로서, 성령과 그 사람에게 동시에 귀기울이는 법을 배우려고 노력하라. 당신이 먼저 하나님의 임재에 주의를 기울이라. 그리고 당신이 귀기울이고 있는 그 사람과 함께하시는, 그리고 그 사람 안에 계시는 하나님의 임재에 주의를 기울이라. 이것이 거룩한 경청이다. 이 방법을 통해 당신은 그 사람이 하나님의 임재를 더 잘 인식하도록 도울 수 있다. 이미 말한 것처럼, 바로 이것이 영적인 변화에서 가장 중요한 것이다.

훈련과 감독을 받기. 비록 나를 포함한 많은 사람들이 공식적인 훈련의 혜택 없이 영성 지도를 제공하고 있지만, 점점 더 많은 수의 사람들이 잘 짜인 준비 과정을 밟아 나가는 것은 고무적인 일이다. 그런 선택 가능성들은 주말 세미나로부터 석사 이상의 학위 과정에 이르기까지 다양하다. 또한 자격증을 주는 수많은 비학위 프로그램들도 존재하는데, 이런 과정은 보통 개인 영성 지도를 받는 것, 필수 과목 이수, 감독을 받으며 영성 지도를 하는 경험 등을 포함하여 2년 과정으로 구성되어 있다. 이런 과정들에 대한 정보는 인터넷을 통해 쉽게 얻을 수 있다.

영성 지도자 훈련을 받을 수 있는 또 다른 방법은, 영성 지도를 제공하고 있으며 기꺼이 개인적인 도제 관계를 맺으려고 하는 사람을 찾아 훈련을 받는 것이다. 만일 당신이 개인적으로 영성 지도를 받아 본 적이 없다면, 첫 번째 단계로서 가장 좋은 것은 영성 지도를 받는 것이다. 이것이 완료된 후에는 감독을 받으며 직접 영성 지도를 해 보는 기간을 계획할 수 있다.

영성 지도자가 되기 위한 준비에서 피정의 역할을 빼 놓을 수 없다. 피정 중에서도 가장 유명하고 잘 발전되어 있는 것이 30일 간 진행되는 고전적인 이그나티우스 식 수련이다. 이 피정은 「성 이냐시오의 영신수련」에 기초하여 집중적인 영성 지도를 받을 수 있는 기회를 제공한다. 많은 공식적인 영성 지도 훈련 프로그램들이 30일 간의 피정을 요구하고 있다. 앞에서 말한 대로, 이그나티우스 식 수련은 좀더 긴 기간 동안 좀 덜 집중적인 형태로 이루어질 수도 있다.

영성 지도라는 중요한 사역을 위해 진지하게 준비를 시작하려는 사람들은 공식적인 훈련을 받는 것을 심각하게 고려해야 한다. 현재 시점에서 이 분야에는 아무런 규제가 없으므로 누구든지 자신을 영성 지도자라고 부를 수 있다. 그러나 영적 동반자의 책임은 너무나 중요하기에, 최선의 조언은 가능한 한 최선의 준비를 하라는 것이다.

영성 지도 사역을 위한 준비는 평생에 걸쳐 진행된다. 영성 형성 분야에서 박사 학위를 받는다고 해도 필요한 준비가 완료된 것은 아니다. 하나님을 좀더 깊이 알고 그 사랑에 좀더 온전히 의탁하고자 하는 사람들의 영혼을 다루기 위해서는 항상 계속되는 준비의 여정에 머물러 있어야 한다. 이것은 단순히 영성 지도만을 위한 것이 아니라 당신의 인격적인 온전함과 거룩함을 위한 것이기도 하다.

영성 지도로의 부르심에 관한 묵상

보통 영성 지도를 행하도록 부름받은 사람들은 이미 그것을 어떤 형태로든 실천하고 있다. 사람들은 그들의 하나님과 사람을 향한 사랑을 보고 있으며, 대화하고 격려받고 영적인 상담을 받기 위해 그들을 찾는다. 때로 이것은 공식적이고 구조화된 관계일 수도 있고, 다른 경우에는 비공식적인 우정 관계일 수도 있다. 하지만 그 관계를 어떻게 부르든 간에, 그들은 다른 사람들의 거룩한 동반자가 되어 주고 있다.

◎ 만일 이것이 당신에게 해당되는 말이라면, 당신이 맺고 있는 영적 동반자 관계는 당신의 소명 의식과 어떤 관련이 있는가? 이 장을 읽고 난 후, 당신의 영혼에 일어나는 파문을 기도하는 마음으로 성찰해 보라. 당신이 다음 단계로서 무엇을 해야 한다고 느끼는가? 이런 내용을 당신이 신뢰하는 영적 동반자와 나누라.

영성 지도자가 되는 것은 보통 개인적으로 영성 지도를 받는 체험에서 출발한다. 이런 형태의 영혼의 돌봄에 대한 소명을 확인하는 방법으로서 그 관계를 직접 체험하는 것보다 더 나은 길은 없다. 그러나 더욱 중요한 것은, 하나님과 자신에 대해 더 깊은 지식을 얻는 일에는 거룩한 동반자를 만나는 것보다 더 나은 방법이 없다는 점이다.

◎ 만일 당신이 영성 지도를 받아야겠다는 생각이 든다면, 이런 느낌이 성령의 인도하심은 아닌지 기도하는 마음으로 묵상해 보라. 영성 지도를 이미 받아 본 사람이나 영성 지도를 행하고 있는 사람을 찾아 이야기를 나누어 보고, 이 가능성에 대해 좀더 깊이 생각해 보라.

◎ 당신의 하나님을 아는 지식과 자신을 아는 지식에 대해 성찰해 보라. 가장 결핍된 부분은 어느 부분인가? 이 부분에 대한 치유를 시작하기 위해 당신은 어떤 단계를 취할 수 있는가?

다른 사람과 영적 여정을 공유하는 것은 귀중한 특권이다. 모든 사람이 공식적인 영성 지도의 사역으로 부름받는 것은 아니다. 그러나 우리 모두는 영적 여정으로 부름받으며, 이 길은 동반자가 없이는 걸어갈 수 없는 길이다.

영적 동반자 관계에는 여러 가지 형태가 있다. 어떤 경우에는 영적 우정과 영성 지도가 결합되기도 한다. 소그룹 관계나 결혼 관계에서도 이런 결합이 일어날 수 있는 독특한 가능성들이 있다. 다음 두 장에서는 이런 관계들을 살펴볼 것이다.

3부 · 영적 우정과 영성 지도의 결합

많은 사람들이 일대일 영성 지도를 위한 훈련을 받는 것을 보면 마음이 흥분되지만
이것이 내가 교회를 생각하며 품게 되는 원대한 소망은 아니다.
영성 지도의 혜택을 받아야 할 그리스도인들이 너무 많기에,
그들이 모두 개인적인 영성 지도자를 찾을 수 있으리라고는 기대할 수 없기 때문이다.

8장 소그룹에서의 영적 동행

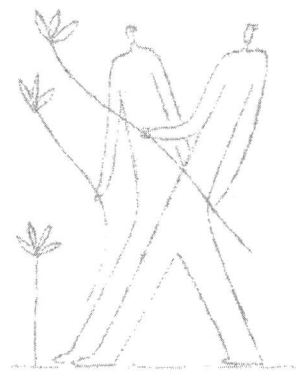

많은 사람들이 일대일 영성 지도를 위한 훈련을 받는 것을 보면 마음이 흥분되지만, 이것이 내가 교회를 생각하며 품게 되는 원대한 소망은 아니다. 영성 지도의 혜택을 받아야 할 그리스도인들이 너무 많기에, 그들이 모두 개인적인 영성 지도자를 찾을 수 있으리라고는 기대할 수 없기 때문이다.

교회를 생각하면서, 나는 세계 곳곳에서 이미 중요한 변화를 일으키고 있는 소그룹 운동에 희망을 걸어 본다. 수많은 그리스도인들이 그룹을 이루어 정기적으로 모이고 있고, 그들 대부분은 이 모임을 통해 영적 여정의 가장 중요한 지원을 얻는다. 지난 30여 년 동안 소그룹에 참여해 온 사람으로서 나도 이런 사람들 중 하나라고 생각한다. 함께 이야기하고 기도하면서, 서로 삶의 위기를 극복하도록 도와주면서, 성경이나 신앙 서적을 함께 공부하면서, 우리 중 많은 사람들이 영적 동반자 관계의 위대한 가치를 이미 발견하고 있었다.

그러나 소그룹은 보통 다양한 목적을 가지고 운영되기 때문에, 종종 친밀한 영혼의 우정에 대한 사람들의 갈증을 해소시키기보다는 그것을 일깨우는 데 머물러 왔다. 소그룹은 진정한 영성 지도를 제공하기보다는 친교의 장을 마련하는 데 좋은 역할을 했다고 말할 수 있을 것이다.

그러나 영적 동반자 관계를 담아 내는 그릇이 될 수 있는 소그룹의 잠재력은 엄청나다. 사실, 영적 우정과 영성 지도를 제공하는 일에서 소그룹은 가장 손쉽게 활용할 수 있는 수단일 것이다. 그러나 이 역할을 감당하기 위해서는 소그룹이 이 목적에 가장 적합한 방식으로 구성되고 운영되어야 한다.

영적 동반자 그룹

소그룹이 존재하는 이유는 다양하다. 어떤 교회에서는 소그룹이 회원들을 관리하며 그들을 영적으로 지원하고 양육하는, 행정적이고 목회 상담적인 기능을 가진다. 또한 제자 훈련과 영성 형성을 지원하는 것이 소그룹의 주된 목적인 경우도 많다. 어떤 소그룹은 일차적으로 친교를 위해 구성되고, 또 다른 소그룹은 기도를 주된 목적으로 삼기도 한다.

이 장의 초점은 영적 우정과 영성 지도를 결합하기 위해 고안된 그룹이다. 이 그룹에서도 어떤 형태로든 친교가 일어나지만, 이 그룹이 추구하는 바는 아는 사람들을 많이 만드는 것이 아니라 영혼의 우정 관계를 맺는 것이다. 이런 그룹은 내용보다는 체험을 지향하기 때문에 보통 성경 공부의 역할은 별로 중요하지 않다. 그러나 기도는 이 모임의 중심이 된다. 이런 소그룹이 주의 깊게 계획되고 운영된다면, 기도 가운데 일어나는 체험이 회원들로 하여금 하나님을 향해 깨어 있고, 하나님의 영에 주의를 기울이며, 하나님의 뜻에 기꺼이 의탁하도록 돕는 수단이 될 수 있다.

영적 동반자 그룹을 운영하는 방법은 한 가지가 아니다. 그러므로 나는 그룹의 구조를 어떻게 만들어야 하는지에 대한 세부 계획을 제시하지는 않을 것이다. 그러나 이런 목적을 위해 고안된 그룹들은 적어도 네 가지 기본적인 특징을 공유한다.

대답보다는 질문에 우선 순위를 두기. 지혜로운 사람들은 종종 질문이 대답보다도 중요할 때가 있음을 알고 있다. 어떤 사람이 "삶의 의미가 무엇입니까?"라고 묻는다면, 그에게 답을 주기보다는 그 질문을 더 깊이 탐구하도록 격려해야 한다. 답을 제시하는 것은 추구를 가로막고 그 질문이 반영하는 영적인 굶주림을 억눌러 버리는 것이다.

어떤 그리스도인들은 질문에 대답하는 일에 지나친 집착을 보인다. 그들은 질문을 반드시 제거해야만 하는 적을 대하듯 대한다. 그들은 답이 주어지지 않거나 모호한 상태로 남아 있을 때 마음이 불안하다. 그들은 대답이 주어지지 않은 질문들에 대해 다른 사람들이 잘못된 대답을 얻게 되지나 않을까 염려한다. 그런 사람들이 그리스도의 전형적인 대화 방식을 접하면 크게 당황할 것이 틀림없다. 종종 그분은 질문에 대해 질문으로 응답하셨다. 또한 비유(주의 깊게 되새김을 해야만 의미를 파악할 수 있는 역설적인 이야기)로 대답하신 경우는 더욱 많다.

예수님은 좋은 질문의 가치를 아셨다. 사실 몇몇 경우에 그분은 다른 사람의 말을 질문으로 바꾸어 확실하던 말을 모호하게 만들어 버리기도 하셨다. 예를 들어 예수님께 와서 예수님의 어머니와 동생들이 밖에서 기다리고 있다고 전해 준 사람의 이야기(막 3:31-34)를 생각해 보라. 그리스도는 그에게 "누가 내 어머니이며 동생들이냐?"라고 물으셨다. 그리고 그 질문이 소정의 성과를 거두게 하려고, 이어서 역설적인 몸짓으로 주위의 사람들을 가리키시며, 이 사람들이 그분의 어머니요 형제들이라고 말씀하셨다.

영적 여정을 걷다 보면 우리 모두는 단순한 대답이 필요한 게 아니라 삶으로 살아내야 할 질문들을 직면하게 된다. "내 아이가 죽었을 때 하나님은 어디에 계셨습니까?", "왜 내게 이런 일이 벌어지나요?", "내가 이 경험을 통해 무엇을 배워야 합니까?"와 같은 질문들에 대해, 어느 누구도 대답하려 해서는 안 된다. 정말 필요한 것은 인내와 귀기울임으로 함께하는 일이다. 이 함께함을 통해 우리는 그 사람을 향해 열려 있게 되며, 또한 그 사람이 질문과 하나님을 향해 열려 있도록 격려할 수 있다.

사람들은 질문이 존중받기보다 대답이 주어져 버릴 때, 더 이상 질문을 하지 않는다(적어도 대답을 주는 사람에게는 질문하지 않는다). 그들은 아마도 그들의 질문이 의심과 미성숙함의 표시로 해석되지나 않을까 염려할 것이다. 아니면 단지 대답을 듣는 것에 지쳐서 질문하기를 멈출 수도 있다. 또 다른 이들은 질문을 가지고 다른 곳으로 간다. 이들은 종종 목표 지점에 별로 관심이 없고 여정 자체에(그것이 어떤 여정이 되었든지) 더 헌신하고 있는 사람들을 찾아 신앙 공동체 밖으로 나간다. 이는 모두 비극적인 결과들이다.

교회는 질문을 환영하는 장소가 되어야 한다. 그리고 영적 여정을 지원하기 위해 구성된 소그룹은 질문을 존중하려고 애쓸 것이며, 단순히 대답해 버리지 않으려고 주의를 기울일 것이다.

바로 앞의 몇 문단을 써 내려가는 동안, 나는 그리스도인 친구들 몇 사람을 생각하고 있었다. 3년 전, 토니는 그가 속했던 복음주의 교회를 떠나 주류 교단 교회로 갔는데, 그의 질문들이 대답되기보다 받아들여지는 장소가 필요했기 때문이었다. 그의 신앙은 전환기에 있었지만 심각한 어려움이 있었던 것은 아니다. 그는 지금도 신앙적으로 민감한 그리스도인이다. 그는 늘 주위 사람들이 자기 질문을 진지하게 받아 주고 그와 함께 탐구해 주기를 바랐다. 그가 원했던 것은 대화였다. 안타까운 일이지만, 그는 이전 교회나 그가 속했던 교회 내의 모임에서 그것을 찾을 수 없었다.

나는 또 역동적으로 사고하고 질문하는 영성을 지닌 안나를 떠올렸다. 그녀는 영적 동반자 그룹에 참여하고 있기에 교회와 신앙을 떠나지 않고 있다. 교회에서의 전반적인 삶을 보면, 그녀는 교회에서 영적인 양분을 공급받는 경우보다는 짜증이 나는 일이 더 많다. 그러나 몇몇 사람들이 그녀의 영적 친구가 되어 영적 여정을 공유하며 그녀를 돌보아 주었기에 그녀는 교회에 머물러 있다.

교회는 단지 영적 발견자들만의 집이 되어서는 안 되며 영적 추구자들을 위한 집도 되어야 한다. 교회는 영적 탐구를 격려하는 장소여야 한다. 특히 영적 동반자 관계를 제공하는 소그룹들은 영적인 갈망과 고민이 있는 사람들을 환영해야 한다. 만일 만족이 갈망을 대치하고 확실성이 질문을 제거해 버린다면, 영적 여정이 영적 정류장으로 대체되어 버린 것이다.

기도하는 마음으로 귀기울이기. 영성 형성을 주된 목적으로 소그룹을 만들 때에는 대부분 과정보다는 내용을 더 중요하게 여긴다. 이 경우 목표는 성경적 진리를 이해하거나 영적 훈련을 수행하는 것이 된다. 이런 것은 중요하고 가치 있는 목표들이지만 영적 동반자 그룹의 목표로서는 별로 적절하지 않다. 영적 동반자가 되기 위해 만들어진 소그룹의 목표는, 서로를 향해 그리고 하나님을 향해 기도하는 마음으로 귀기울이는 분위기를 발전시키는 것이다.

앞에서 말한 것처럼, '기도하는 마음으로'라는 말은 영적 동반자가 되려는 사람들 스스로가 하나님을 향해 주의를 기울이고 있어야 한다는 사실을 가리킨다. 영적 동행은 기도의 맥락에서 일어난다. 나 자신을 친구를 향해 개방할 때, 즉 하나님의 눈으로 그를 보고 하나님의 귀를 통해 그녀의 말을 들을 때, 나는 기도하고 있는 것이다. 노르위치의 줄리안은, 기도하는 마음으로 다른 사람에게 주의를 기울이는 것은 하나님과 내 앞에 있는 사람을 계속 번갈아 가며 돌아보고 바라보는 과정이라고 말했다. 기도하는 마음으로 주의를 기울이는 것이 기도다.

기도하는 마음으로 주의를 기울이는 태도는 침묵을 존중하는 분위기 속에서 형성된다. 영적 동반자 그룹의 모임은 침묵 기도로 시작하는 것이 유익할 때가 많다. 각자가 하나님 앞에 잠잠히 머물며 하나님의 임재를 인식할 수 있도록 격려한다. 침묵 속에서 각 사람은 자기 안에, 다른 사람 안에, 모임 안에, 그리고 그들의 함께함 안에 있는 하나님의 영에 주의를 기울이려고 한다.

기도하는 마음으로 주의를 기울이는 것은 하나님께 주의를 기울이는 것에서 시작되므로, 나는 소그룹 모임을 렉티오 디비나(*Lectio*

Divina)로 시작하기를 좋아한다. 문자적으로는 '거룩한 읽기'를 의미하는 이 오래 된 독서법은, 기도하는 마음으로 성경에 귀를 기울이는 방법이며, 또는 흔히 일컫는 대로 '성경으로 기도하는' 방법이다. 듣는 것은 언제나 침묵과 관련이 있다. 성경에 귀기울이는 것(이것이 거룩한 독서법의 핵심이다)은 잠잠히 침묵하며 하나님이 직접 당신을 향해 인격적으로 말씀하시고 당신을 만나 주실 것을 기다리며 귀를 기울이는 것이다.

렉티오 디비나는 한 사람이 성경의 짧은 단락이나 뽑아 놓은 몇 개의 구절을 읽는 동안, 다른 사람들은 그 말씀을 경청하는 것이다. 듣는 사람들은 분석하려는 생각이나 심지어는 이해하려는 마음까지도 내려놓고, 자신을 하나님의 말씀을 향해 활짝 열고 기대하는 마음으로 수동적으로 그 말씀을 받아야 한다. 그러고 나서 그들은 하나님께 받은 것에 주의를 기울인다. 각 사람은 인격적으로 하나님의 말씀을 받되, 마치 각각 서로 다른 개인적인 선물이 주어진 것처럼 받는다.

렉티오 디비나의 고전적인 형식에 따르면,[1] 먼저 참여자들은 낭독되는 말씀을 듣고 나서 침묵하며 하나님 앞에 머물러 있다. 침묵 중에 그들은 그 말씀이나 내면의 체험 속에서 그들의 주의를 끄는 것이 무엇인지 살핀다. 그리고 말씀이 다시 낭독되고 같은 과정이 반복된다. 침묵 후에는 듣는 동안 특별히 와 닿은 단어나 구절 중에서 나누고 싶은 것이 있는지 묻는다. 그 내용에 대해 토론은 하지 않는다. 한 번 더 침묵 기도 시간을 가진 후에 다시 말씀을 낭독한다. 이번에는 사람들에게 이 말씀이 그들의 삶에 어떤 의미로 다가오는지 짧게 말할 기회를 준다. 마지막 네

---

1) Norvene Vest, *Gathered in the Word: Praying the Scripture in Small Groups* (Nashville: Upper Room, 1996).

번째 낭독 후에는 그 말씀이 어떤 실천으로 초대하는지 나누도록 한다.

코린 웨어(Corinne Ware)[2]는 렉티오 디비나의 고전적인 형식을 약간 수정하였는데, 많은 사람들이 이 형식이 유용하다고 생각한다. 그것은 네 가지 방식의 성경 낭독(또는 경청) 방법을 강조하며, 각 방식은 관련된 수도원적 명상의 네 형태를 따라 이름이 붙여졌다. 이 방법에서 각각의 낭독 순서를 설명하기 위해 내가 사용하는 문구는 다음과 같다.

1. 읽기(Lectio): 오감을 활짝 열고 말씀을 경청하되, 말씀의 의미에 너무 집착하지 마십시오. 상상력을 활용하시고, 말씀을 들으면서 냄새를 맡아 보고, 소리를 들어 보며, 떠오르는 이미지들을 살펴보십시오. 상상을 통해 직접 그 배경 속으로 들어가십시오.

2. 묵상(Meditatio): 이번에는 내가 말씀을 소리내어 읽는 동안 여러분은 성경을 눈으로 따라 읽으십시오. 여러분의 사고력을 활용하여 그 말씀의 의미와 중요성에 대해 성찰해 보십시오. 왜 이 말씀이 성경에 기록되었을까 생각해 보십시오. 이 말씀은 무슨 뜻입니까? 이 말씀은 당신의 하나님 이해에 어떤 영향을 끼칩니까?

3. 기도(Oratio): 이번에는 말씀을 들으면서 여러분의 감정에 주의를 기울여 보십시오. 당신의 감정을 살피고, 침묵하며 마음의 기도로 그 감정을 하나님께 올려 드리십시오. 또한 들은 말씀 중에서 당신이 특별히 하나님께 응답하고 싶은 부분이 있으면 그 내용을 기도로 아뢰십시오.

4. 관상(Contemplatio): 이제 마지막으로 말씀을 읽겠습니다. 눈을 감고

---

2) Corinne Ware, *Discover Your Spiritual Type: A Guide to Individual and Congregational Growth*(Bethesda, Md.: Alban Institute, 1995).

마음을 고요히 하십시오. 깊게 호흡하고 숨을 고르며 하나님의 말씀을 받을 준비를 하십시오. 이번에는 여러분의 직관을 사용하여 가슴으로 말씀을 들으십시오. 무엇인가 깊은 인상을 주는 부분이 있으면 잠시 거기에 머물렀다가, 다시 듣는 것에 집중하십시오. 특별한 생각이나 인상이 떠오르지 않아도 염려하지 마십시오. 단순히 말씀과 성령께 마음을 연 상태로 머무르십시오. 이 경험에 대해 하나님께 감사드린 다음 눈을 뜨십시오.

렉티오 디비나로 소그룹 모임을 시작하면 참여자들이 하나님과 하나님의 말씀을 바라보게 할 수 있고, 침묵과 주의 집중을 존중하는 분위기를 조성할 수 있다. 이것이 기도하는 마음으로 경청하는 것의 토대가 된다. 귀기울이는 것은 영적 동반자 그룹의 핵심이다. 바로 이 요소 때문에 이 그룹이 관상적인 성격을 지니게 되는 것이다. 듣기가 이렇듯 중요하기 때문에 침묵도 중요하게 여겨진다. 이런 경청을 '기도하는 마음으로 귀기울이기'라고 부르심으로써, 우리는 그룹의 멤버들이 서로에게 귀기울이는 것이 또한 하나님께 귀기울이는 것임을 기억한다. 이 둘은 서로 깊은 관련이 있다. 기도 가운데 당신에게 귀를 기울일 때, 나는 하나님, 특히 당신과 당신이 나누는 것들 안에 계신 하나님의 임재에 주의를 기울이고 있는 것이다.

영적인 체험을 나누기. 영적 동반자 그룹은 모임 시간을 사용할 때 영적인 체험을 나누는 것에 우선 순위를 둔다. 이는 참여자들이 직장을 그만두게 된 일이나 가족들의 기쁜 소식 혹은 최근의 중요한 체험들에 대해 전혀 말을 꺼내지 말아야 한다는 뜻은 아니다. 그러나 그런 외적인 사건들을 나눌 때에도, 초점은 이런 삶의 상황들 속에서 그 사람이 겪은 하나님 체험이 되어야 한다. 이것이 영적 동반자 그룹과 일반적인 친교 모임의 가장 중요한 차이점이다.

그룹의 멤버들은 종종 모임을 준비하며 자신의 체험 속에서 하나님이 어디에 계셨는지 성찰해 보고 기록해 오는 것이 유익하다고 말한다. 다음과 같은 질문들이 이런 준비에 도움이 된다.

- 최근에 하나님이 나에게 말씀하고자 하시는 것은 무엇인가?
- 최근 몇 주 동안 하나님은 어떻게 나와 함께하셨나?
- 하나님이 부재하신 것처럼 보인 때는 언제였는가?
- 최근 몇 주 동안 나에게 특별히 의미 있었던 영적인 활동은 무엇이었나?
- 어떤 활동들이 보통 때보다 무미건조하게 여겨졌는가?
- 삶의 이 시점에서 내가 하나님께 바라는 것은 무엇인가?

모임 전에 이런 질문들을 생각해 보는 멤버들은 단순히 삶의 체험이 아니라 그들의 하나님 체험을 나눌 준비를 갖추고 모임에 온다. 그러면 함께 여행하는 사람들의 체험 안에 있는 하나님의 임재에도 더 주의를 잘 기울일 수 있다.

렉티오 디비나로 모임을 시작한 다음에는, 나는 일반적으로 사람들에게 지난 번 만남 이후로 그들의 신앙 여정에 어떤 일이 일어났는지 간단히 말하도록 권한다. 사람들에게는 서로의 말을 침묵으로 경청하고 질문이나 조언을 함으로써 가로막지 말라고 말한다.[3] 첫 사람이 말을

---

3) 이런 형태의 경청과 침묵은 Rose Mary Dougherty, Group Spiritual Direction(New York: Paulist, 1995)에 나오는 조언을 따른 것이다.

마쳤을 때, 나는 모든 참여자들에게 다시 잠깐 동안 침묵의 기도를 드리도록 권한다. 이는 그들이 다시 하나님을 향해 주의를 기울이도록 돕는 것이다. 그 후에 멤버들은 첫 번째 사람과의 대화를 시작한다. 이번에도 이 대화는 주변적인 삶의 정황들이 아니라 하나님 체험에 초점을 맞추어야 한다. 적당한 시간이 흐른 뒤에 나는 다시 사람들에게 침묵의 시간을 가지라고 권한다. 그러고 나서 다음 사람이 나누도록 이끈다.

이것이 영적 동반자 관계를 지원하려는 그룹을 운영하는 유일한 방법이라고 말할 수는 없다. 이런 그룹들 중 대부분은 아마도 내가 방금 말한 방식보다는 덜 구조화된 형식과 침묵을 사용할 것이다. 나는 그런 그룹들에도 참여해 왔고, 그런 방식으로 모임을 운영하는 것을 반대할 생각은 없다. 그러나 침묵을 중심에 두는 관상적인 방식의 그룹 운영은 하나님과 서로를 향해 기도하는 마음으로 주의를 기울이기에 매우 유익하다. 그러므로 나는 이런 방식이 영적 우정과 영성 지도를 결합하려는 그룹들에게는 특별히 알맞은 방식이라고 생각한다.

지원하고 수용하는 분위기 조성하기. 리처드 포스터(Richard Foster)가 영성 형성 그룹들을 위해 조언한 다음의 내용은, 내 생각에는 영적 동반자 그룹에 동일하게 적용된다. "가능한 한 자주 서로를 격려하라. 아주 가끔씩만 조언하라. 절대로 필요한 경우에만 꾸짖으라. 결코 판단하지 말라."[4] 이 말은 모든 영적 동반자 그룹을 위한 탁월한 표어다.

영적 동행은 사랑의 동행이다. 사랑은 주의를 기울여 듣는 일의 동기가 된다. 사랑은 단순한 조언 대신 성령께 주의를 기울이고 반드시 꾸짖

---

4) Richard Foster, James Bryan Smith and Lynda Graybeal, *A Spiritual Formation Workbook* (San Francisco: HarperSanFrancisco, 1999)의 서문에 인용. p. 9를 보라.

어야 할 때에는 꾸짖게 되는 동기다. 그리고 전반적으로 격려와 지원의 분위기를 이루게 하는 동기가 된다.

나는 영적 동반자 그룹에서 지원과 수용을 얻기 원한다. 나의 일차적인 목적은 멤버들로부터 조언을 얻는 것이 아니다. 조언이 매우 가끔씩만 주어지거나, 혹은 내가 조언이 필요하여 물을 때라면 그것을 열린 마음으로 받아들이겠지만, 일반적으로 조언은 내가 바라는 것이 아니다. 다른 사람들도 마찬가지겠지만, 나는 보통은 내가 해야 할 일을 알고 있다. 그것을 실행하기가 어려울 뿐이다.

책망이 필요해서 그룹에 참여하는 것은 아니지만, 나는 정말로 친구들이 나를 올바른 길에서 벗어나지 않고 자기 기만에 빠지지 않도록 도와주기를 바란다. 사랑은 내가 어떤 도전이 필요할 때 그것을 훨씬 더 잘 받아들일 수 있게 해준다. 아마도 처음부터 그것을 환영하지는 않겠지만, 그것이 사랑으로 주어진 것이라면 결국 그 말을 듣게 될 것이다. 그리고 나는 당신과 마찬가지로 그 말이 사랑에서 나온 말인지 아닌지를 상당히 잘 구별할 줄 안다.

영적 동반자 관계는 서로를 사랑하고 서로를 향해 헌신하는 사람들이 서로 영적 여정을 돕겠다고 서원할 때 일어난다. 이것이 영적 동반자 그룹의 일차적인 목적이며 주된 역동이다.

영적 동반자 그룹을 시작하려면

영적 동반자 그룹의 핵심인 영적인 친밀함을 이루기 위해서는 높은 수준의 신뢰와 서로간의 양립성이 필요하다. 이 그룹을 형성하기 위한 출발점은, 당신이 신뢰할 수 있고 자신의 영적인 체험을 나누고 싶은 사람을 적어도 한 명 이상 찾는 것이다. 이 시점에서 당신이 그 사람을 잘 알 수도 있고 모를 수도 있다. 그러나 당신은 아마도 그 사람에게 끌리고, 이 사람이 영혼의 동족일 가능성을 감지할 것이다. 그 사람에게 다가가기 전에 먼저 이 사람을 선택하는 것을 두고 기도하라. 그리고 만나서 당신의 비전을 나눌 수 있는 약속 시간을 정하라.

만일 그 사람이 이 책을 읽어 보지 않았다면, 만나기 전에 이 책을 읽어 보라고 권하는 것도 좋겠다. 그렇게 하면 적어도 이 그룹이 무엇을 위한 것이며 당신의 기대가 무엇인지를 설명할 수 있는 공동의 근거를 마련할 수 있을 것이다. 첫 번째 만남에서는 기술적인 부분이나 모임의 구조에 대한 질문들에 너무 신경 쓰지 말고 비전에 초점을 맞추라. 그 사람에게 영적 동반자라는 말을 통해 당신이 추구하고 있는 바가 무엇인지 말하고, 그도 당신과 동일한 갈망을 지니고 있는지 살펴보라.

헌신하라는 압력을 주는 것은 피하라. 당신은 지금 접근하고 있는 이 사람보다 이 일에 대해 좀더 오래 생각해 왔음을 기억하라. 만일 그 사람이 흥미를 보인다면, 이 일에 대해 얼마간 기도한 뒤에 다시 만나서 좀더 상의하기로 약속하라. 이 기간은 두 사람이 모임의 규모나 구조, 다른 가능한 멤버들에 대해 생각해 볼 수 있는 좋은 시간이 될 것이다.

때로는 상대방이 즉각적으로 관심을 보이며 반응할 수도 있다. 그런 일이 벌어진다면 당신은 벌써 그룹을 이룬 것이다. 당신은 그 그룹을 더 확장할 수도 있고, 두 사람으로 이루어진 그룹으로 모임을 시작할 수도 있다. 그러나 두세 사람이 그의 이름으로 모인 곳에 함께하신다고 하신 예수님의 약속을 항상 기억하라. 그러므로 두 사람이 모인 그룹은 세 사람의 그룹이다. 당신이 예수님의 임재를 분별하고 그분의 부르심에 응답하려고 할 때, 예수님은 당신과 함께 걷고 계신다.

이상적인 규모와 회원의 자격. 영적 동반자 그룹의 최소 규모가 두 명이라면, 이상적인 규모는 어느 정도일까? 최적의 규모는 아마도 세 명에서 다섯 명 사이일 것이며 최대 규모는 아마도 여섯 명 정도가 될 것이다. 그룹이 이보다 더 커지면, 모든 사람이 나누기가 어려워지고 숨기가 쉬워진다.

이상적인 회원 자격은 말로 표현하기가 좀더 어렵다. 내 경험에 비추어 볼 때, 동성만으로 모임을 구성해야 할 필요는 없다. 초기의 친밀함은 종종 동성으로 구성된 그룹에서 더 빨리 발전되지만, 때때로 그런 그룹에서는 나눔의 풍성함이 제한되는 경우가 있다. 그러므로 궁극적으로 누가 초대받아야 하는가에 대한 기준을 생각할 때 성별보다는 다른 조건들이 더 중요하다.

또 다른 한 가지 빈번한 질문은 남편과 아내가 한 그룹에 속해야 하느냐다. 나는 부부를 싱글과 섞지 말라고 조언한다. 부부들은 이미 상당한 정도의 친밀함을 공유하고 있으므로, 부부와 싱글이 섞여 있는 그룹은 균형을 잃기가 쉽다. 그러나 어떤 사람들은 배우자와 함께 모이기를 바랄 수도 있다. 그런 경우에는 두 부부나 세 부부로 구성된 그룹을 만드는 것을 고려해야 한다.

부부들은 영적 동반자 그룹에 복잡한 문제를 더해 준다. 배우자들이 영적 여정에서 동일한 지점에 있는 경우는 거의 없으며, 많은 경우 영적 동반자 관계에 대한 관심 정도도 다르다. 그러므로 부부 그룹은 부부가 아닌 사람들로 구성된 그룹에 비해 어느 정도 불리한 점이 있다. 역설적으로 보이지만, 때로 그들은 부부가 속하지 않은 그룹이 경험할 수 있는 좀더 깊은 수준의 친밀함으로 나가기가 어렵다. 그러나 그들에게도 몇 가지 유리한 점이 있다. 그 중에 가장 큰 것은 그룹의 체험을 공유함으로써 부부간의 영혼의 우정이 깊어지는 기회가 될 수 있다는 점이다.

회원의 자격 기준으로서 가장 중요한 것은 친화성이다. 즉 영적 동행에 대한 갈망이 있고, 기도하는 마음으로 다른 사람의 영적 여정을 기꺼이 지원하려는 태도가 있어야 한다. 이런 조건에 비하면, 나이와 성별, 결혼 여부, 사회 경제적 지위, 그리고 심지어는 영적인 성숙도도 별로 중요한 것이 아니다. 이 그룹은 교회의 축소판이 아니므로, 다양성이 전체 회중의 수준에서 생각할 때처럼 중요한 문제가 아니다. 이 그룹에 속한다는 것은 서로에 대해 상처받기 쉬운 상태가 된다는 뜻이므로, 멤버들은 서로에 대해 안전감을 느낄 수 있어야 한다. 그러므로 두 사람으로 모임을 시작한 후 기도 가운데 양립성의 가능성을 조심스럽게 살피며 점차 한 명씩 회원을 더해 가는 것이 더 나은 방법이다.

여기서 양립성이 동질성을 의미하는 것은 아니다. 사실 영적인 스타일이나 성격이 서로 비슷한 사람들끼리 그룹을 구성하려는 것은 별로 좋은 생각이 아니다. 그런 그룹은 다양한 관점들로부터 나오는 유익을 경험할 수 없다. 그러나 사람들이 서로 편안함을 느끼는 것은 매우 중요하다. 영적 여정의 비밀스런 내용들을 나누기 위해서는 성경 공부를 함께 하는 것보다 훨씬 더 높은 수준의 친밀한 관계가 필요하다. 누구든지 대여섯 명만 모이면 이 책에서 내가 말하는 방식대로 내면 세계를 나눌 수 있을 것이라 단정하는 실수를 저지르지 말라.

다른 멤버의 영적 여정을 기도하는 마음으로 지원하는 것은 다음 모임 때까지 서로를 위해 기도하는 일에 헌신함을 통해 이루어진다. 정기적인 기도로 서로를 지원하는 일에 헌신하면, 그들의 관계는 실제로 만나는 상대적으로 짧은 시간 동안에만 제한되지 않는다.

형식과 구조. 가장 적절한 계획은, 대략 한 달에 두 번 정도 두 시간 길이의 모임을 가지는 것이다. 모임 시간이 더 짧으면 모든 사람들이 나눌 수 없고, 더 길거나 더 자주 모이려고 하면 이미 주어진 다른 일정 때문에 실행이 어렵다. 성경 공부 모임이나 다른 영성 형성 그룹들은 매주 모임을 가지는 경우도 많지만, 이런 일정은 일반적으로 영적 동반자 그룹에서 나누어지는 종류의 나눔을 하기에는 너무 잦은 일정이다. 만나서 무엇인가 나눌 것이 있으려면 다음 모임 전까지 영적인 체험을 위한 시간이 필요하다. 심지어 어떤 그룹은 한 달에 한 번 모이는 것이 이상적이라고 생각하기도 한다.

영적 동반자 모임에서 대부분의 시간은 나누는 일과 듣는 일에 사용되어야 한다. 모임에서는 모든 사람에게 나눌 수 있는 기회를 주어야 하지만 꼭 나누어야 한다는 압력을 줄 필요는 없다. 나눔은 최근에 일어난 영적인 변화를 알리는 기회로 이해되어야 하며, 자신의 영적인 승리를 자랑하는 시간이 되어서는 안 된다. 그룹이 성공하려면 멤버들이 삶 속에서 실제로 진행되는 일들을 무엇이든 정직하게 말할 수 있을 정도로 안전감을 느껴야만 한다. 가식은 성장을 낳을 수 없다.

모임의 마지막 부분에는 10-15분 정도의 기도 시간을 가질 것을 권한다. 이 시간에는 멤버들이 이미 나누어진 내용에 초점을 맞추며 서로를 위해 기도하는 것이 가장 이상적이다.

마지막으로 형식에 관하여 언급할 만한 것은, 모임을 시작할 때 초를 켜는 것과 같은 의식의 중요성이다. 이런 단순한 행위를 통해, 격의 없는 만남과 왁자지껄한 대화의 시간이 끝났음을 분명히 알리고 스스로를 하나님 앞에서 고요하게 하며 말씀을 들을 준비를 하라는 초대의 메시지를 보낼 수 있다. 또한 어떤 그룹은 주기도문으로 함께 기도하며 모임을 마무리하기를 좋아한다.

이런 내용들이 너무 기계적인 것 같고 별로 중요해 보이지 않을 수도 있다. 그러나 이런 것들이 우리의 모임을 평범한 저녁 시간의 대화와는 다른 무언가 특별한 것으로 구별할 수 있도록 도와준다.

리더십. 영적 동반자 그룹에서도 리더십은 중요하다. 리더가 없는 그룹은 리더를 임명한 그룹만큼 잘 운영되기 어렵다. 리더의 책임을 돌아가며 맡는 것도 가능한데 어쨌든 모임을 위한 리더를 임명하는 일은 중요하다.

리더의 임무는 다음과 같다.

- 모임의 시작을 알리는 것
- 성경 본문을 선택하여 렉티오 디비나를 인도하는 것
- 말하기, 듣기, 침묵 기도의 균형을 적절하게 유지하는 것
- 나눔의 흐름을 자연스럽게 유지하는 것
- 모임의 종료 부분을 인도하는 것
- 헤어지기 전에 다음 모임의 시간과 장소를 알리는 것

리더가 그룹을 위한 영성 지도자의 역할을 담당해 주기를 기대해서는 안 된다. 또한 리더가 그룹에 참여할 권리를 박탈해서도 안 된다. 리

더의 책임은 행정적인 것이므로 정상적인 모임 참여와 병행될 수 있다. 유일한 예외가 있다면, 리더가 렉티오 디비나를 인도하면서 동시에 그것의 영적인 유익을 충분히 경험하기가 어렵다는 점이다.

영적 동반자 그룹으로부터 기대할 수 있는 것

새로운 그룹에 참여할 때 사람들은 소망을 품고 나온다. 그 소망은 과거의 그룹 경험들 중에서 가장 좋았던 일들에 대한 기억과 가장 나빴던 일과 관련된 두려움으로부터 형성된 것이다. 그럼에도 불구하고 많은 사람들은 조심스런 기대를 가지고 새로운 그룹에 접근한다. 그렇다면 영적 동반자 그룹으로부터 합리적으로 기대할 수 있는 바는 무엇인가?

첫째로, 영적 동반자 그룹은 영적 우정을 발견하리라 기대할 수 있는 최고의 장소다. 이 곳에서 사람들은 서로의 영적 여정에 대해 기도하는 마음으로 관심을 가지고 지원함으로써 서로를 향한 헌신을 표현한다. 이 그룹의 멤버들이 나의 가장 친한 친구가 되지는 않을 것이며 내가 바라는 정도의 깊은 친밀함을 경험하지 못할 수도 있다. 그러나 나는 이 그룹에서 서로 영적 여정을 나눌 수 있는 사람들을 발견하리라는 합당한 기대를 가질 수 있다. 이것이 영혼의 우정의 핵심이다.

둘째로, 당신은 이 그룹이 시간에 따라 변할 것이라는 합당한 기대를 가질 수 있다. 영적 동반자 그룹과 그 그룹이 지닌 관계의 패턴이 전혀 변함없기를 바란다면, 그룹에 참여하지 말라. 사람이 변하기 때문에 영적 여정이라는 것이 존재한다. 어떤 사람들은 변하여 그 모임을 떠날 수도 있다. 다른 이들은 당신의 길과는 매우 다른 길로 나아갈 수도 있다.

당신의 그룹이 과거 어떤 시점에서 어떠했는지에 대해 감정적으로 집착하지 말라. 영적 동반자 그룹은, 마치 삶 자체가 그러한 것처럼 역동적이고 늘 변화한다.

셋째로, 당신이 하나님의 부르심을 발견하고 그의 사랑에 의탁하고자 한다면, 이 그룹은 당신이 하나님의 영에 대해 깨어 있도록 도와주는 장소가 되리라 기대할 수 있다. 어떤 그룹은 사람들의 영적인 습관들을 훈련하는 일을, 어떤 그룹은 하나님의 말씀을 다루는 것을, 그리고 또 다른 그룹은 친교를 풍성히 체험하는 것을 특별한 목표로 삼는다. 반면 영적 동반자 그룹은 사람들의 영이 하나님의 영을 향해 깨어 있도록 돕는 일에 특별한 초점을 둔다. 다른 말로 하면, 당신이 기대해야 할 것은 하나님의 임재와 부르심과 뜻을 분별하는 일에서 성장하는 것이다.

어느 누구도 영적 동반자 그룹이 교회를 대체하리라 기대해서는 안 된다. 또한 이 그룹이 다른 종류의 그리스도인 소그룹에 참여하는 일의 가치를 손상시키는 것도 아니다. 각 종류의 그룹들은 삶의 특정한 시점에 존재하는 특정한 필요들을 채워 준다. 어떤 의미에서든 영적 동반자 그룹이 다른 그룹보다 우월한 것은 아니다. 이들은 그저 서로 다를 뿐이다. 그러므로 각 그룹은 다른 유형의 그룹이 일반적으로 제공하지 않는 것들을 제공한다.

영적 동반자 모임의 사례

이제 수년 간 지속된 한 영적 동반자 그룹의 모임을 살펴보자. 이 그룹은 본래 내가 인도했던 여러 가지 피정과 워크숍에 참여했던 사람들로 구성되었다. 처음에는 내가 모임의 리더로 섬겼지만, 얼마 후에는 멤버들이 번갈아 가며 리더의 책임을 맡았다. 이 그룹의 멤버는 마이크, 엘레나, 베스, 사라, 안나 그리고 나, 이렇게 모두 여섯 명이었다. 모임은 한 달에 한 번, 한 시간 반 동안 이루어졌다.

이전 모임에서 마이크는 하나님과의 관계 속에 불신감이 숨어들어 온 것 같다고 말했다. 하나님은 그가 겪고 있던 문제에 대한 그의 기도를 들어 주지 않으시는 것 같았다. 그리고 이것이 하나님에 대한 그의 신뢰에 영향을 끼치기 시작했다. 마이크는 또한 최근에 설교를 통해 하나님이 자신을 언제나 바라보고 계신다는 말씀을 들었는데 이에 대해 불편한 감정이 생긴다고 말했다.

이 날 모임의 리더였던 엘레나는 모임을 시작하면서 시편 139:1-6로 렉티오 디비나를 인도했다.

> 여호와여, 주께서 나를 살펴보셨으므로
> 나를 아시나이다.
> 주께서 내가 앉고 일어섬을 아시고
> 멀리서도 나의 생각을 밝히 아시오며
> 나의 모든 길과 내가 눕는 것을 살펴보셨으므로
> 나의 모든 행위를 익히 아시오니,
> 여호와여, 내 혀의 말을 알지 못하시는 것이
> 하나도 없으시니이다.
> 주께서 나의 앞뒤를 둘러싸시고
> 내게 안수하셨나이다.

이 지식이 내게 너무 기이하니

높아서 내가 능히 미치지 못하나이다.

침묵의 시간과 두 번째 낭독을 마친 후, 그녀는 사람들에게 특별히 와 닿는 단어나 구절 중에서 나누고 싶은 것이 있는지 물었다.

마이크: "너무 기이하니…."
베스: 없습니다.
사라: "내게 안수하셨나이다."
안나: "내가 눕는 것을…."
데이비드: "주께서 나의 앞뒤를 둘러싸시고…."
엘레나: "안수하셨나이다."

다시 한 번 침묵의 시간을 가진 후 엘레나는 세 번째로 본문을 낭독했다. 그러고 나서 사람들에게 들은 말씀에 대해 나누고 싶은 것이 있는지 물었다.

마이크: 음, 처음 말씀을 들었을 때는 특별히 나에게 하시는 말씀으로 들리는 부분이 없었습니다. 내가 앞서 말한 것처럼, 나에게 와 닿은 구절은 "너무 기이하니"입니다. 나는 미소를 지었습니다. 세 번째 들을 때는 하나님의 사랑을 따뜻하게 느낄 수 있었습니다. 그것은 정말로 기이합니다! 나는 하나님이 나를 바라보신다는 사실을 생각하며 위안을 느꼈습니다.

사라: 정말 놀랍군요. 나도 당신의 그 문제를 위해 기도해 왔습니다.

마이크: 고맙습니다. 당신이 내 말을 기억하고 기도해 주셨다니 내게 큰 격려가 됩니다.

엘레나: 다른 분들 중에서도 하나님으로부터 받은 것을 나누고 싶은 분이 있습니까?

베스: 나는 오늘 말씀에서 특별히 무엇을 들었다고 말할 수가 없습니다. 오늘은 그저 단어들만 들렸을 뿐, 특별히 부각되는 말씀이 없었습니다.

엘레나: 네 그렇군요. 다른 분들은 어떻습니까?

데이비드: 당신이 처음 본문을 낭독했을 때, 나에게 와 닿았던 부분은 "주께서 나의 앞뒤를 둘러싸시고"였습니다. 두 번째 낭독에서도 같은 말씀이 와 닿았고, 나는 긴장을 풀고 편안한 상태가 되었습니다. 그 느낌이 세 번째 낭독 때 더 깊어졌습니다. 나는 놀라운 하나님의 사랑을 느낄 수 있었습니다. 약간 이상한 말이지만, 앞뒤로 둘러싸이는 느낌이 참 좋았습니다.

엘레나: 그 구절은 내가 본문을 처음 낭독할 때 특별하게 들려왔던 부분입니다. 그러나 두 번째 낭독에서는 "안수하셨나이다"라는 말씀이 들려왔습니다. 이 말씀이 정말로 특별하게 다가옵니다. 하나님의 임재는 그저 정신적인 것이 아니라, 실재이며 육체적인 것이라고 말씀하시는 것 같아 큰 위안이 됩니다.

엘레나는 잠깐 동안 침묵 기도를 드리자고 말했다. 그리고 마지막으로 본문을 낭독했다. 잠시 후에 그녀는 하나님이 말씀을 통해 무엇인가를 실천하도록 초청하시는 것을 느낀 사람이 있는지 물었다.

베스: 음, 참 이상한 일입니다! 마지막으로 당신이 말씀을 낭독했을 때, 나는 하나님의 손이 내 어깨에 놓인 것 같은 느낌이 들었습니다. (웃음) 내가 좀 정신이 이상해졌나요, 박사님? 하지만 정말 하나님이 말씀이 아니라 좀더 육체적인 방식으로 임재하신 것 같았습니다.

엘레나: 그 체험 속에 어떤 초청이 있었습니까?

베스: 잘 모르겠습니다. 아마도 "나를 믿으라"는 초대인 것 같습니다.

엘레나: 좋습니다. 또 다른 분은요?

사라: 베스가 부럽군요. 나도 말씀은 들었지만, 그렇게 메시지가 살아 움직이는 것처럼 느껴지지는 않았습니다. 그러나 나도 하나님의 임재에서 오는 위안을 느낄 수 있었습니다. 나는 아직도 하나님이 "내가 네게 안수하노라" 하고 말씀하시는 것이 들립니다. 정말로 위로가 됩니다.

안나: 이 말씀을 통해 내가 받은 초청은 내려놓으라는 것입니다. 베스와 마찬가지로, 내가 받은 메시지도 그저 말이 아니라 감각으로 느껴지는 것이었습니다. 매번 낭독 때마다 "내가 놓는 것을"이라는 말씀이 반복해서 들려왔습니다. 그러나 내가 말씀 속에서 느낀 것은 내려놓는 것입니다. 하나님의 초대는 내려놓으라는 것입니다.

데이비드: 당신이 무엇을 내려놓아야 할지에 대해 떠오르는 것이 있습니까?

안나: 아마도 노력이나 생각, 또는 너무 많은 행동이 아닌가 생각합니다. 잘 모르겠습니다. 하지만 내려놓는 것에 대해 너무 생각만 많이 하고 싶지는 않습니다. 나는 그저 내려놓고 싶습니다. 실행하면서 좀더 잘 이해하게 될 것 같습니다.

이 나눔은 잠시 동안 계속되었다. 그리고 엘레나는 다시 한 번 침묵으로 기도하자고 말했다. 그 후에 그녀는 누가 먼저 지난 몇 주 동안의 영적인 체험을 나누겠냐고 물었다.

사라: 예, 내가 먼저 나누겠습니다. 어젯밤에 나는 지난 한 달 간의 일기를 다시 읽어 보았습니다. 흥미로운 경험이었습니다. 지난 번 모임 이후로 내가 씨름했던 가장 큰 문제는 직장을 그만두어야 하는가 하는 문제였습니다. 모두 아시다시피 새로운 문제는 아닙니다. 다른 직장을 찾기도 전에 현재 직장을 그만두는 것에 대해 아직도 두려움이 있지만, 어쨌든 지금 하는 일은 점점 더 싫어지고 있습니다. 그런데 이런 내용을 일기에 적은 것은 아닙니다. 나는 일기를 쓰면서 하나님과 나의 전반적인 상황에 대해 대화를 나누어 왔습니다. 어떻게 기도해야 하는지, 어떻게 하나님의 뜻을 알아야 하며, 남은 생애에 내가 하고 싶은 일은 무엇인지 등, 직업과 현재 상황에 관련된 모든 일들에 대해 하나님과 나눈 대화를 일기에 적었습니다. 그런데 어젯밤에 최근의 일기를 읽으면서 발견한 것은, 내 기도가 서서히 변화되기 시작했다는 점입니다. 내 기도는 '내가 무엇을 해야 합니까?'에서 '내가 당신과 당신의 뜻을 어떻게 분명히 알 수 있습니까?'로 움직이고 있었습니다. 나는 여전히 직업 문제에 대해 하나님의 도움이 필요하고 도움을 받고 싶습니다. 하지만 지금은 직업을 그만두는 것보다도 하나님과 하나님의 뜻을 아는 것을 더 소원하게 된 것 같습니다. 오해하지는 마세요. 이것이 이야기의 전부는 아닙니다만, 뭔가 전환이 일어나고 있음을 느낍니다.

엘레나는 잠깐 동안 침묵으로 기도하며 하나님께 초점을 맞추고 사라의 체험 안에 있는 하나님의 임재에 주의를 기울이자고 말했다. 몇 분이 지난 후 엘레나는 사라에 대해 응답해 달라고 말했다. 즉시 말을 꺼내는 사람이 없는 것을 보고 엘레나 자신이 말을 시작했다.

엘레나: 하나님을 알려는 이 새로운 수준의 갈망을 당신이 어떻게 깨닫게 되었는지 궁금합니다. 특히 당신은 여전히 직업 문제에 대해 답을 얻어야만 한다고 느끼고 있는데도 어떻게 그런 인식이 가능했을까요? 구체적으로 어떤 부분이 변화되었습니까? 좀더 자세히 말씀해 주실 수 있습니까?

사라: 글쎄요, 말로 잘 표현할 수 있을지 모르겠지만 한번 이야기해 보겠습니다. 나는 아직도 하나님께 앞으로 해야 할 일을 발견하게 해 달라고 기도하고 있습니다. 그러나 하나님이 응답해 주시지 않는 것 같아 조금씩 좌절감을 느끼기 시작했습니다. 그래서 나는 내가 무엇을 위해 기도해야 할지에 대해 일기를 쓰기 시작한 것 같습니다. 그런데 그 문제를 생각하면 할수록 내가 하나님을 단순히 직업을 얻기 위한 수단으로 이용하고 있다는 느낌이 들기 시작했습니다. 내가 원했던 것은 새로운 직장이었지 하나님과 나를 향한 하나님의 뜻을 아는 것이 아니었습니다. 이것이 약간 충격으로 다가왔습니다. 나는 이것을 하나님께 말씀드렸고, 점차로 어떤 변화가 일어나기 시작했습니다. 나는 점점 하나님을 더 알게 해 달라고 기도하고 있음을 깨달았습니다. 나는 아직도 직장 문제를 어떻게 처리해야 할지 알려 달라고 기도하고 있습니다. 그러나 동시에, 하나님을 더 잘 아는 것도 거의 비슷하게 중요한 기

도 제목이 되었습니다. (웃음) 하나님을 아는 것이 가장 중요한 문제가 되어야 함을 알지만, 솔직히 말하면 아직은 이 정도입니다. 그러나 이것도 변화입니다. 그리고 내게는 이 변화가 중요해 보입니다.

엘레나: 나도 그 변화가 중요하다고 생각합니다. 나도 똑같은 식으로 행동합니다. 하나님과 더 깊은 만남을 가지게 해 달라는 기도보다는 복을 달라는 기도를 더 많이 합니다. 나는 정말로 하나님 그분을 얻는 것이 하나님으로부터 내가 바라는 것을 얻는 것보다 더 좋은 거래라고 믿지 않는 것 같습니다. 상당히 충격적인 깨달음입니다. 그렇지 않은가요?

데이비드: 나는 우리 모두가 같은 회의를 품고 있다고 생각합니다. 당신은 그것을 정말로 잘 표현해 주었습니다. 나에게도 똑같은 태도가 있는 것 같습니다.

안나: 엘레나, 당신이 잘 말해 준 것 같습니다. 나에게도 정곡을 찌르는 말로 느껴집니다. 나는 일반적으로 하나님이 내게 무엇을 주셔야 할지 내가 가장 잘 안다고 생각합니다. 대부분의 경우 나는 하나님보다는 하나님의 선물을 더 바라고 있습니다. 그런 생각을 하면 한심스럽다는 생각이 듭니다.

이런 식으로 대화가 5-10분 정도 계속되었다. 그 날 저녁 진행의 책임을 맡았던 엘레나는 침묵 기도를 제안했다. 그러고 나서 또 다른 사람 중에서 최근의 영적인 체험을 나누고 싶은 사람이 있는지 물었다.

동반자 그룹에 관한 묵상

동반자 그룹 안에 영적인 거인은 없다. 이 그룹은 진지하게 영적인 성장을 원하며 함께 그것을 이루고자 헌신한 평범한 그리스도인들로 구성된다. 우리는 우리가 용기를 내어 서로 정직하고 솔직한 만남을 가질 때, 또한 하나님을 만난다는 것을 배웠다. 그리고 서로를 향한 우정이 깊어질수록, 주님과의 우정도 깊어진다는 것을 배웠다.

◎ 영적 동반자 그룹의 네 가지 이상에 비추어 당신이 이전에 경험했던 소그룹들을 평가해 보라. 당신이 개인적으로 느끼기에는 어떤 부분이 가장 실현되기 어렵다고 생각되는가? 또한 어떤 부분이 가장 유익하다고 생각하는가?

◎ 당신은 영적 동반자 모임에서 렉티오 디비나를 실천하는 것에 대해 어떻게 생각하는가? 이 방법을 경험해 본 적이 없다면, 단순히 이런 식으로 하나님의 말씀을 대면하는 방법을 실험하기 위한 목적을 가지고 서너 번 모일 수 있는 소그룹을 만드는 것을 고려해 보라.

영적 동반자 관계는 두 사람이 정기적으로 만나서 서로의 영적인 경험을 나누겠다고 약속하는 것같이 간단하게 시작될 수도 있다. 이런 만남은 아주 다양한 구조를 가질 수 있다. 단 한 가지 방법만이 옳은 것은 아니다. 그러나 항상 초점은 하나님이 되어야만 한다. 각 사람의 역할은 영적 여정에서 서로 도움을 주고받는 겸손한 순례자가 되는 것이어야 한다. 이것이 거룩한 동행의 핵심이다.

9장 결혼 관계에서의 영적 동행

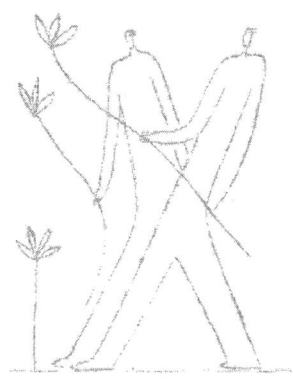

최근에 나는 부부 사이의 영적 우정에 대해 강의하면서 깜짝 놀랄 일을 겪었다. 강의를 듣고 있던 한 그리스도인 심리학자가 내 강의에 강력히 반대했기 때문이다. 그녀는 부부들에게 영혼의 친구가 될 수 있다는 낭만적인 기대를 더해 주지 않더라도, 결혼 관계의 유지 자체로 이미 충분히 무거운 짐을 지고 있다고 주장했다. 그녀는 나에게 그런 고상한 이상은 버리고 현실적이 되라고 강변했다.

놀라울 것도 없이, 나는 이 여성과 좀더 이야기를 나누면서 그녀의 결혼 관계가 심각할 정도로 친밀함이 결여되어 있음을 알게 되었다. 더 나아가 그녀는 친밀함을 회복할 수 있다는 기대를 포기한 지 오래였다. 그녀가 그리고 있는 이상적인 결혼 관계는 자녀 양육과 가정 경영을 기능적으로 가장 잘 수행할 수 있는 실용적인 동업 관계였다. 나는 그것이

냉랭한 비전이라고 생각한다.

비극적이게도, 이렇게 자포자기하여 결혼에 대한 낮은 기대에 만족하고 있는 것이 일반적인 현상이 되었다. 그러나 이런 현실 때문에 결혼 안에서 경험할 수 있는 영적 우정의 엄청난 가능성이 가리워져서는 안 된다. 내 말을 오해하지는 말라. 부부 사이의 영적 우정은 높은 이상임에 틀림없다. 결혼 관계 안에 존재할 수 있고 또 존재해야 하는 다양한 수준의 친밀함과 마찬가지로, 영적 우정은 좀더 일반적인 영혼의 우정을 떠나서는 존재할 수 없다. 그러나 이상이 실현되기 어렵다는 이유로 그것을 포기해서는 안 된다.

부부 사이에 영혼의 우정을 발전시키기

영혼의 우정을 말할 때 성취라는 단어는 적절한 말이 아니다. 이런 관계는 언제나 선물로 주어지는 것이지 성취 가능한 목표가 아니다. 우리가 할 수 있는 최선의 일은 이런 우정이 발전되는 환경을 만드는 것이며, 그리고 만일 그런 복이 우리에게 주어진다면 그 은혜에 대해 하나님께 감사드리는 것이다.

그러나 내 배우자가 영혼의 친구가 되길 바라며 결혼하기보다는, 먼저 진정한 우정이 자라게 한 뒤에 결혼을 통해 그 관계를 더 깊어지게 하는 것이 낫다. 로맨스는 자동적으로 우정으로 바뀌지 않는다. 우정은 가꾸고 길러야만 하는 것이다. 만일 연인들이 그저 열정에 사로잡혀 결혼으로 끌려 들어가지 않고, 삶의 다양한 영역들 속에서 진정한 친밀함을 발전시켜 가고 있다면, 그들은 단순히 낭만적인 짝이 아닌 영혼의 친구를 선물로 받는 길로 잘 나아가고 있는 것이다.

매력과 양립성은 결혼의 기초로서는 불충분하다. 미래의 결혼을 더 잘 예시하는 것은 뜨거운 사랑의 열정보다는 진정한 우정의 첫 열매들이다.

결혼이 자동적으로 영혼의 우정을 만들어 내는 경우는 없다. 부부이기 때문에 서로 영혼의 친구가 되는 특권을 가지고 있다고 생각하는 것은 오히려 그 관계를 이루어 가는데 방해가 될 수 있다. 문제는 단순하다. 영적 우정을 만들어 내기 위해 내가 할 수 있는 일은 아무것도 없다. 내가 할 수 있는 일은 오직 그런 관계가 자라날 수 있는 토양을 만드는 것뿐이다. 나는 이 일을 위해 존경, 놓아 주기, 대화라는 세 가지 요소를 가꾸려고 노력한다.

존경. 배우자를 존경하는 것은 단순한 일처럼 들리지만, 사실은 아주 어려운 일이다. 때로 우리는 존경을 사랑의 느낌과 혼동한다. 진정한 사랑은 존경을 포함한다. 하지만 많은 사람들이 어떤 형태로든 자신의 배우자를 사랑한다고 느끼면서도 실제로 배우자를 존경하는 수준은 상당히 낮다. 이러한 현실이 우리에게 경종을 울린다.

배우자를 존경하는 것은 그가 나와 분리된 존재임을 존중하는 데서 시작된다. 서로 얽혀 있는, 즉 배우자와 나 사이의 경계가 모호해져 있는 사랑은 사랑이 아니라 자기애적인 욕구 충족일 뿐이다. 앞에서 말한 것처럼, 내가 다른 사람을 사랑하기 위해서는 먼저 그 사람이 나와는 분리된 존재라는 사실을 존중해야 한다.

심지어는 '내 남편', '내 아내'라는 표현도 소유물과 관련된 암시를 전달할 위험이 있다. 남편과 아내는 우리의 소유물이 아니다. 그들은 또한 우리의 확장된 일부도 아니다. 내 아내는 나와 분리되어 있다. 그리고 그 사실이 견고하게 내 의식 속에 자리잡을 때까지는, 나는 결코 진정한 우정의 열매를 맛볼 수 없다.

분리됨을 인식하는 것은 아마도 연인 사이보다는 부부 사이의 영혼의 우정에서 더욱 중요한 문제가 될 것이다. 결혼 관계가 주는 친밀함 때문에 부부들은 자기 배우자를 자신의 확장된 한 부분으로 보기가 쉽다. 성경은 결혼을 한 몸으로 비유하지만, 이것은 한쪽 혹은 양쪽 모두의 정체성을 잃어버리게 하는 융합을 의미하지 않는다. 한 몸이라는 이미지는 하나님이 의도하신 친밀함이 얼마나 심오한 것인지 말해 준다. 그러나 그것은 결코 두 사람이 한 인격이 된다는 의미로 이해되어서는 안 된다. 건강한 영혼의 우정에는 친밀함 속에 공간이 존재한다. 진정한 영적 우정의 토대는 분리됨을 존중하는 함께함이다.

이것과 밀접한 관련이 있으며 또한 영혼의 우정을 발전시키는 데 꼭 필요한 존경의 또 다른 차원은, 배우자의 고유함을 존중하는 것이다. '고유함'은 '분리됨'보다 더 많은 의미를 포함한다. 이것은 또한 '다름'을 의미하기 때문이다. 고유함을 존중한다는 것은 내가 바꿀 수 없는 어떤 부분을 어쩔 수 없이 인정하는 것과는 다르다. 그것은 이 고유함을 소중히 여기고 긍정적으로 받아들임을 의미한다. 그것은 그를 나와 똑같이 만들려는 노력을 포기함을 의미한다. 고유함을 존중하는 것의 핵심적인 의미는 그의 고유함을 고귀하게 여기므로 그것을 개발하고 지원하는 것이다.

남성들이 자기 아내의 고유함을 인식하지 못하고 태평스럽게 살고 있는 경우가 얼마나 많은지 정말 놀라울 따름이다. 아내가 남편에게 맞추어 주기 위해 자신의 취향과 태도와 가치를 포기하고 있음을 그들은 보지 못한다. 그들은 또한 이런 차이점들이 매우 독특한 한 인격의 특징들이 반영된 것임을 깨닫지 못한다. 물론 예외가 있는데, 그것은 바로 그런 남자가 아내와 싸우는 때다. 그런 때가 되면 그는 차이점에 대해 화를 내며, 아내가 자기와 다름을 탓하고 그것을 그들의 모든 문제에 대한 희생양으로 삼는다. 아내들도 물론 똑같은 잘못을 저지른다. 남성과 여성 모두가 직면한 도전은 동일하다. 그것은 바로 배우자와 우리의 다른 부분에 대해 사랑으로 주의를 기울이고, 또 이런 차이점들을 존중하는 것이다.

배우자의 고유함과 분리됨을 존중할 수 있는 기독교적인 기초는 그 사람을 하나님의 눈으로 보는 것이다. 2장에서 나는 대화에서는 다른 사람을 하나님의 눈으로 바라보는 것이 중요하다고 말했다. 그 이유는 그런 시각이 존경을 위한 토대가 되기 때문이다. 나의 배우자를 하나님의 눈으로 볼 때, 나는 그를 하나님의 고유한 피조물로 보게 된다. 그는 영원 전부터 하나님의 얼굴을 특별하고 독특하게 표현하는 존재가 되도록 부름받은 사람인 것이다. 그러므로 그녀는 나와 명백히 분리된 존재다. 그리고 나는 그녀의 분리됨과 고유함을 고귀하게 여겨야 한다. 만일 하나님이 이러한 고유함을 소중히 여기신다면, 내가 어떻게 그것을 소홀히 여길 수 있는가? 이것이 내가 그녀의 고유함을 존경하는 근거다.

아내를 하나님의 눈으로 볼 때, 나는 그녀를 하나님 안에서 보며 또 그녀 안에서 하나님을 본다. 이렇게 함으로써 나는 한걸음 물러서서 우리의 함께함 속에 꼭 필요한 공간을 마련할 수 있다. 이것은 또한 내가 그녀를 나 자신의 확장된 부분으로 간주하지 못하게 만든다. 뿐만 아니라, 이런 시각 때문에 나는 그녀를 나의 소유로 여기지 않을 수 있다. 그녀는 하나님의 특별한 피조물이며, 나로 하여금 결혼을 통한 영혼의 우정이 주는 한 몸의 친밀함을 경험하게 하려고 잠시 함께 있도록 허락된 존재다.

배우자를 하나님의 눈으로 바라본다는 것은 또한 그 사람의 영적 여정에 민감해지는 것을 의미한다. 이 여정에 주의를 기울이는 것은 영적 우정의 토대가 되는데, 왜냐하면 이를 통해 배우자들이 함께 여행하는 것이 가능해지기 때문이다. 영혼의 친구로서 함께 여행하는 것은 단순히 자녀 양육이나 다른 가사의 분담을 의미하지 않는다. 그것은 서로의 영적 여정을 지원하는 것을 의미한다. 그리고 영적 여정에 주의를 기울이는 것은 당신의 배우자를 하나님이 그 사람을 바라보시는 것처럼 바라볼 때 가능해진다.

당신은 아마도 어떻게 배우자를 하나님이 바라보시는 것처럼 볼 수 있는지 물을 것이다. 이런 눈은 오직 기도를 통해 생겨난다. 아내의 영적 여정에 대해 관심을 가진 후 나는 그녀를 위해 정기적으로 기도하게 되었다. 나는 그녀의 삶 속에 임재하신 성령의 활동을 분별함으로써 성령을 방해하지 않고 도울 수 있게 해 달라고 간구한다. 그녀를 위해 기도하면 할수록 나는 그녀를 하나님의 눈, 곧 그녀의 영적 성장을 바라는 사랑의 눈으로 보게 된다. 나는 또한 그녀를 향한 하나님의 비전을 조금씩 분별할 수 있게 되었다. 영적 우정이란 나 자신을 이 비전에 맞추어 가며 그녀가 그것을 이룰 수 있도록 힘을 다해 돕는 것이다.

이 분별의 선물은 모든 진정한 영적 우정의 중요한 부분이 된다. 영적 친구들은 서로의 삶 속에서 나타나는 성령의 활동에 주의를 기울인다. 이 주의 기울임을 통해 그들은 또한 서로가 성령의 임재와 인도를 더 잘 분별할 수 있도록 도와준다. 이렇게 성령에 주의를 기울이는 것이야말로 그리스도인이 자기 배우자의 분리됨과 고유함을 존경하는 기초가 된다.

배우자 안에서 하나님을 보면 변화가 일어난다. 신약 성경에 나오는 그리스도의 말씀들 중에서 정말로 놀라운 한 가지 말씀은, 우리가 도움이 필요한 사람을 만날 때마다 사실은 그리스도를 만나고 있는 것이며, 그 필요를 보고 나누어 주는 것은 그리스도께 드리는 것이라는 말씀이다. 마태복음 25:31-46에서 예수님은 그분이 부활 후에 세상에 나타나시는 주된 방식은 도움이 필요한 사람들을 통해 나타나시는 것이라고 가르치신다. 내 아내를 하나님의 눈으로 보는 것은 그녀의 소중함뿐 아니라 그녀의 필요도 볼 수 있는 강력한 방법이다. 나는 그런 눈으로 그녀의 연약함과 깨어짐, 필요를 본다. 이것이 그녀 안에 계신 그리스도다.

우리의 기대와는 달리, 온 세상의 주님이 우리에게 나타나시는 장소는 주로 성공이나 권력의 경험이 아니라 깨어짐과 가난함이다. 그러므로 나의 배우자를 하나님이 보시듯이 보는 것은 그녀 안에 있는 그리스도를 보는 것이다. 그것이 내가 그녀를 나의 영적 친구로서 존경할 수 있는 기초를 제공한다.

놓아 주기. 결혼을 통한 영혼의 우정을 발전시키기 위한 토대가 되는 두 번째 요소는 통제하지 않는 것이다. 이것은 상대편을 변화시키려는 모든 계획을 포기하는 데서 시작된다. 우리는 종종 사랑한다면 배우자의 문제점이라고 느끼는 부분을 변화시킬 권리가 주어진다고 생각하려는 유혹을 받는다. 그러나 이것은 조작일 뿐이다. 진정한 영혼의 우정 안에는 이런 생각이 머무를 자리가 없다.

영적 친구들은 서로를 있는 그대로 사랑한다. 서로를 하나님의 눈으로 바라보면, 하나님이 배우자 안에서 그를 온전함과 거룩함으로 부르시면서 행하시는 일들이 반짝이고 있음을 점점 더 많이 보게 된다. 나의 역할은 변화를 위한 작업 목록을 제안하는 것도 아니고, 그런 변화가 일어나도록 밀어붙이는 것도 아니다. 그런 것들을 책임질 분은 성령이다.

통제하지 않는 것은 소유하지 않음을 의미한다. 내 배우자가 나의 소유물이 아니라 나와 여정을 함께하는 동반자라면, 이런 관계 속에서 소유하려는 감정이 어떻게 건강한 자리를 차지할 수 있겠는가? 그런 감정을 가진 사람의 영혼은 치유가 필요하다. 왜냐하면 그 감정의 배후에는 언제나 상대편을 통제하고자 하는 파괴적인 계획이 존재하기 때문이다.

통제하려는 욕구를 훨씬 더 분명하게 드러내는 표시는 어떤 형태로든 강제나 조작을 사용하는 것이다. 모든 능력을 손에 쥐신 하나님이, 그 능력을 내가 그분이 원하는 것을 하도록 강요하는 데 사용하지 않으신다는 사실은 나를 놀라게 만든다. 하나님이 그렇게 스스로를 제한하시는 것은 영혼의 우정을 위한 훌륭한 모범이다. 그러나 우리 중 많은 사람들은, 종종 스스로 의식하지도 못하면서, 주위 사람들을 물건처럼 움직이고, 권력과 영향력을 행사하여 사람들이 우리가 해야만 한다고 생각하는 일을 하도록 강요하면서 하루를 보낸다. 그러므로 이런 해로운 정신이 결혼 관계에까지 침입해 들어온 것도 놀라운 일이 아니다.

심지어는 건전한 결혼 관계에서도 배우자들이 서로에게 압력을 행사하는 행동을 하는 경우가 많다. 이것이 조작이다. 감정적인 조작의 모양이 되었든 물리적 강제가 되었든, 이런 것들은 언제나 파괴적이다. 강제와 조작이라는 조건 아래에서는 진정한 영적 우정이 시들어 버린다. 이러한 통제가 포기된 상황에서만 우정은 무성하게 잘 자라날 수 있다.

대화. 대화는 영혼의 친구들이 실제로 함께 행하는 일들 중에서 가장 중요한 것이다. 그러나 적어도 어느 정도의 범위에서는, 모든 부부들이 서로 이야기하고 서로에게 귀를 기울인다. 영적 우정이 자라도록 도와주는 대화와 그저 부부들이 함께 이야기를 나누는 것은 어떻게 다른가?

대화는 능동적으로 듣는 것에서 시작된다. 그것은 우리가 적당히 듣는 척하며 취하는 전형적인 태도와는 다른, 주의 집중과 개입을 요구한다. 우리는 모두 한 귀로는 들으면서도 동시에 다른 분주한 일을 처리하는 데 익숙한 사람들이다. 우리는 글을 읽거나 컴퓨터 작업을 하거나 다른 정신적, 육체적인 잡무를 처리하면서 상대의 말을 '듣는' 나쁜 습관에 쉽게 빠져든다.

영혼의 우정을 세워 나가려 하는 부부들은 서로의 말을 진정으로 듣는 훈련에 헌신한다. 그들은 중요한 대화를 할 때는 서로 마주보고 앉아서 충분한 시간을 보내는 것이 중요함을 알고 있다. 그들은 내면을 정신적으로 산만하게 하는 일들을 잠시 제쳐 두고 자신을 진정으로 배우자에게 내어주는 일에 진보를 보이기 시작했다. 그리고 그들은 이 일이 지속적인 헌신과 훈련을 요구하는 어려운 일임을 알게 되었다.

영혼의 우정이 성장하도록 돕는 대화의 두 번째 특징은 대화를 나누는 부부가 그것을 매우 소중하게 여긴다는 것이다. 많은 부부들이 의사소통이 중요하다고 믿고 그것을 유지하기 위해 노력하고 있다. 하지만 영혼의 친구가 되어 가고 있는 부부들은 단순히 상대편과 함께하는 것을 즐기기 때문에 서로에게 말하고 또 귀를 기울인다. 그들은 배우자에게 매력을 느끼며, 자기 배우자를 더 잘 알고자 한다. 그들은 또한 자기 짝에게 자기 이야기를 나누고자 하며 함께 새로운 것을 탐구하고자 한다.

갈망과 호기심, 열정이 그들의 대화를 이끌어 간다. 그들에게 대화는 새로운 장소, 새로운 이해, 자아와 세상에 대한 새로운 관점으로 나가는 길이다. 아무도 그 부부에게 대화가 좋은 것이라고 말해 줄 필요가 없다. 그들은 서로 대화하며 함께 시간을 보내기를 갈망하는데, 그렇게 하는 것이 그 자체로 그들에게 보상을 주기 때문이다. 그렇다고 해서 이들이 모든 시간을 서로 이야기만 하며 보낸다는 뜻은 아니다. 결혼에는 대화와 침묵, 함께함과 분리됨의 리듬이 필요하다. 영적 우정을 가꾸어 가는 배우자들은 이 모든 것을 소중히 여긴다.

영적 우정을 향해 나아가는 배우자들은 그들의 대화 중에서 위험을 무릅쓴다. 그들은 진짜 감정과 의견을 나눈다. 후환이 두려워 계산하면서 말하지 않는다. 그들은 배우자를 신뢰하고 있고 안전감을 느끼며 솔직할 수 있기에, 자신의 감추고 싶었던 부분까지도 나눈다. 때로는, 자연적으로는 달아나 숨고 싶게 만들 만한 수치감이나 죄책감까지도 굉장한 신뢰 속에 나누어진다. 영혼의 친구들은 이러한 감정들을 나누면 더 깊은 자기 이해와 친밀함이라는 보상이 따름을 발견했기에, 위험을 무릅쓰고 자신에 대해 점점 더 많은 것을 나누게 된다.

이것은 그들이 모든 것을 나눈다는 의미는 아니다. 가장 친밀한 인간관계 안에도 분리됨의 자리가 있음을 기억하라. 절대적으로 모든 것을 나누려고 하는 것은 순진한 태도이며 관계에 지나친 부담을 준다. 그러나 영혼의 친구들은, 일반적으로 감추어 두고자 할 만한 자신의 매우 비밀스런 부분에까지도 서로를 받아들이는 용기를 발휘한다.

대화와 관련된 위험 중 하나는 변화의 위험이다. 진정한 대화는 나의 관점을 기꺼이 바꾸려는 태도를 요구한다. 만일 내가 그런 가능성에 대해 열려 있지 않다면, 할 수 있는 것은 기껏해야 내 관점을 설명하는 이야기나 내 관점을 지키기 위한 논쟁이나 내 관점을 설득하기 위한 토론뿐이다. 대화는 두 사람 모두가 이 대면을 통해 기꺼이 자신과 세상을 다르게 보려는 태도를 요구한다.

아내와 진정한 대화를 나누면, 언제나 내 안의 어떤 부분에 변화가 일어난다. 그녀와 그녀의 체험이 나의 일부가 된다. 이것은 내 생각과 감정에 변화를 일으킬 것이다. 그러나 좀더 심오한 차원에서 이것은 내가 세상이나 그녀, 우리가 함께 이야기한 주제들, 심지어 나 자신을 바라보는 방식까지도 변화시킬 것이다.

어떤 사람들은 변화의 위험을 두려워하기 때문에 안전한 장소에서 나오지 못한다. 그러나 그들은 배우자와의 영적 우정이 주는 친밀함과 보상들을 결코 경험할 수 없을 것이다.

영적인 연합의 황홀함

나는 앞에서 친밀함의 영역들이 어떻게 자연스럽게 확장되며, 그런 확장이 일어날 때 각 영역이 서로를 어떻게 강화하는지에 대해 이야기했다. 성경이 제시하는 윤리적인 틀 안에서 살아가려고 하는 그리스도인 싱글들은, 결혼 안에서만 완전히 표현되도록 제한되어 있는 성적인 친밀함에 스스로 한계를 둘 것이다. 하지만 부부간의 영혼의 친밀함에는 그런 제약이 필요 없으며, 모든 인간 경험의 영역 중 가장 충만한 친밀함의 표현이 가능하다.

아가서는 에로스적 사랑, 특히 결혼 관계 안에서 경험되는 사랑의 정교하고 아름다운 매력에 대한 송가다. 그 내용은 갈망과 열정과 황홀함에 대한 풍부한 암시들로 가득하다. 이 책은 모든 시대에 걸쳐 가장 위대한 사랑의 시 중 하나로 손꼽힌다. 그리고 그것이 성경에 들어 있다!

성(性)은 대화나 우정과 마찬가지로 하나님의 선물이다. 그리고 이 세 가지가 결혼 안에서 결합될 때 다른 무엇과도 비교할 수 없는 친밀함을 낳을 수 있다. 아가서의 표현을 따르면 그것은 "포도주보다 낫고"(1:2), "죽음보다 강하고"(8:6), "불길같이 일어난다"(8:6). "많은 물도 이 사랑을 끄지 못하겠고 홍수라도 삼키지 못하나니, 사람이 그의 온 가산을 다 주고 사랑과 바꾸려 할지라도 오히려 멸시를 받으리라"(8:7). 이처럼 헤아릴 수 없는 것이 사랑의 가치다!

성은 배우자 사이의 영혼의 우정의 중요한 부분을 차지하도록 의도되었다. 아가서가 단지 교회와 그리스도의 관계에 대한 은유로만 이해되어서는 안 된다. 그것은 결혼한 두 사람이 영혼의 우정을 통해 영적인 연합을 이루면서 경험하는 에로스적 사랑에 대한 시적인 찬양이다.

그러나 성이 존경과 대화와 결합되지 않고서는 아가서에 묘사된 황홀함과 열정의 최정상에 도달하기를 바랄 수 없다. 진정한 성적인 친밀함은 삶의 다양한 영역들의 친밀함들과 분리되어 존재할 수 없다. 그러므로 성관계는 단순히 두 몸이 아니라 두 영혼을 결합시키는 힘이 있다. 이것을 떠나면 성은 육욕이 되고 만다. 성은 오직 다른 비에로스적인 형태의 풍부한 상호 교류의 실들과 함께 짜일 때 그 완전한 가능성을 발휘할 수 있는 기회를 얻는다.

성적인 열정을 부부간의 영혼의 우정의 토대로 삼으려는 것은 재앙을 불러올 수 있다. 하지만 그것은 삶을 부요하고 풍성하게 만들어 주는 최고의 선물이다.

부부 사이의 영적 우정

나는 이 장의 첫 부분에서 결혼이 영적 우정을 발전시킬 수 있는 독특한 기회를 제공한다고 말했다. 수잔과 폴의 이야기는 이런 가능성을 보여 주는 훌륭한 예다.

수잔과 폴을 보면, 그들이 단지 성공적인 결혼 생활뿐 아니라 영혼의 우정까지도 소유한 부부임을 쉽게 알 수 있다. 심지어 그들을 아주 가끔씩 접하는 사람들까지도 그들의 편안한 관계를 눈치챌 수 있다. 그들이 서로 주고받는 말과 행동을 통해, 그들이 서로에 대해 어떤 적대감도 없으며 서로를 깊이 존경하고 사랑하고 있고 함께하는 것을 진정으로 즐기고 있음을 느낄 수 있기 때문이다. 이런 것들이 분명하게 드러날 정도가 된 것은 아마도 폴과 수잔이 거의 40년 가까이 결혼 생활을 해 왔기 때문일 것이다. 오랜 세월 동안 영혼의 우정을 가꾸어 온 그들은 열매를 맺을 수 있는 충분한 시간을 보냈고, 잘 익고 숙성한 아주 특별한 열매들을 맺게 되었다.

초기의 패턴. 현재 폴과 수잔의 나이는 각각 예순둘과 예순넷이다. 그들은 20대 초반에 폴이 공대를 졸업한 직후 결혼하였다. 그 때 수잔은 이미 교사로 일하고 있었고, 두 사람은 각자가 직장에서 자리를 잡을 때까지 많은 시간을 직장 생활에 투자했다. 이 시기의 그들의 결혼 생활을 아는 친구들은, 그들이 서로 사랑하고 있었던 것은 분명하지만 다른 젊은 부부들과 눈에 띄게 다른 점은 없었다고 말한다. 이 말은 폴과 수잔이 이 단계의 결혼 생활을 회상하는 내용과도 일치한다. 그들은 과거를 돌아보며 자신들이 좀 지나칠 정도로 직업에 초점을 맞추고 있었다고 생각하고 있다. 그러나 그들은 분명히 서로를 깊이 사랑하고 있었고, 오랜 세월 동안 지속될 결혼을 세워 나가고 있었다.

이것을 이루기 위해 그들이 행한 일들 중 하나는 그들의 관계의 패턴이 되어 오늘날까지도 지속되고 있다. 결혼 첫 해부터 수잔과 폴은 서로를 계속 알아 가기 위해 매주 질적인 시간을 떼어 놓기로 결심했다. 초기에 이것은 일주일 중 하루 저녁을 떼어, 전화선을 뽑아 놓고 함께 식사를 하며 몇 시간 동안 각자의 삶 속에 벌어지는 일들에 대해 이야기를 나누는 형태가 되었다.

그들의 세 자녀 중 첫 아이가 태어나자, 이런 시간을 가지는 것이 좀 더 어려워졌다. 그러나 가끔씩 밤낮 없이 정신을 못 차릴 정도로 바쁘게 돌아갔던 몇몇 주를 제외하고는, 반드시 좋은 대화를 위해 구별된 적어도 한 시간 이상의 저녁 시간이 있었다. 아이들이 좀더 자라면서 수잔과 폴의 수입도 늘어났고, 더 자주 외식을 할 수 있는 형편이 되자 이 패턴은 매주 한 번씩 그들이 좋아하는 조용한 식당에서 외식을 하는 형태로 변했다. 그리고 이것이 현재까지 계속되고 있다. 그러나 이 저녁 시간의 핵심 요소는 식사가 아니라, 그 기회를 통해 얻을 수 있는 더 깊고 편안한 영혼의 대화다.

나는 다른 무엇보다도 이것이 폴과 수잔이 서로에 대해 그토록 편안함을 느낄 수 있게 된 이유라고 추측하고 있다. 단순히 40년 동안 결혼 생활을 유지하는 것만으로는 영적 우정이 발전된다는 보장이 없다. 오히려 더 짧은 기간일지라도 그 기간이 존경과, 조작이나 통제를 포기하는 태도에 기초하여 영혼의 친밀함을 기르는 데 투자되어 왔다면, 충분히 훌륭한 결과를 낳을 수 있다.

나는 수잔과 폴이 서로 함께하는 것을 즐긴다고 말했다. 이것이 다른 사람들에게도 분명히 드러나는 이유는, 그들이 함께하는 시간 중 많은 부분을 다른 사람들과 공유하기 때문이다. 그들은 언제나 친구들을 깊이 아껴 왔고, 친구들과 많은 시간을 함께 보냈다. 서로를 향한 그들의 사랑은 결코 배타적이지 않았고, 다른 사람들과 분리되지 않았다. 오히려 그들의 사랑으로부터 다른 사람들과 함께할 수 있는 에너지를 공급받았다.

그러나 수잔과 폴은 두 사람만 있는 시간을 피하기 위해 다른 사람들과 시간을 보내는 어떤 부부들과는 대조적으로, 둘만의 시간을 매우 좋아했다. 지난 수년 동안 그들은 국내 여행을 다닐 때에는 반드시 자동차를 이용했다. 이렇게 함으로써 그들은 여행 길에서 며칠 동안 아무런 방해 없이 함께할 수 있는 시간을 가지게 되는데, 그들은 이런 시간을 매우 소중히 여긴다. 이제 이런 자동차 여행은 휴가를 보내는 그들만의 형태가 되었다. 그들에게는 자동차 운전이 그저 단순한 이동 수단이 아니라 그 자체가 휴가다.

자동차 여행은 모험이다. 자동차로 여행해 본 경험이 있는 부부들은 누구나 그 모험 중에 만날 수 있는 좌절감을 잘 알 것이다. 그러므로 두 사람이 함께 자동차로 여행하는 것을 즐긴다면, 나는 그들의 우정도 매우 훌륭할 것이라고 생각한다.

그들의 우정에서 드러나는 또 한 가지 지적할 만한 특성은 그들이 공유한 유머 감각이다. 이 두 사람의 눈은 항상 반짝이며, 언제든지 그들의 경험을 유연하게 대하고 있음을 보여 준다. 이것이 그들이 심각해 보일 수 있는 상황 속에서도 유머를 발휘할 수 있게 만든다. 두 사람은 다른 사람들과 함께 잘 웃으며, 그들이 있는 자리에서는 그들의 유머가 다른 사람들에게도 전염된다. 그들의 유머는 사람 사이를 갈라 놓는 냉소적인 유머와는 달리, 밀치기보다는 끌어당기는 힘이 있다.

진짜 사람, 진짜 갈등. 폴과 수잔이 완벽한 결혼 생활을 영위한 것은 아니다. 또한 그들의 우정은 로맨스 소설에나 등장하는 그런 관계도 아니다. 그들은 진짜 사람이고 그들의 관계에도 여러 가지 도전들이 있었다. 그들은 상대방이나 자기 자신이나 그들의 관계를 이상화할 필요가 없었기에, 그들이 겪는 도전들을 잘 알고 신뢰하는 사람들에게 터놓고 말할 수 있었다. 그들은 친구들 사이에서 완벽하게 보이려고 할 필요가 없었다.

폴은 최근에 직장을 그만둔 뒤로 감정적 황폐함을 경험했고, 아내를 멀리하고 싶은 생각이 들었다. 그는 이런 유혹을 물리치는 데 노력이 필요했다고 솔직하게 말한다. 이 시기에 그는 우울증으로 괴로워하고 있었고, 평생 처음으로 그가 사랑했고 그를 사랑했던 사람들로부터 떠나고 싶다는 생각을 했다. 이 경험은 그와 수잔 모두에게 생소하고 혼란스러운 것이었다. 그러나 그들이 삶 속에서 벌어지는 모든 일에 대해 대화하는 것을 멈추지 않았기에, 이 어려움도 궁극적으로는 그들의 결혼을 강화시켰을 뿐이다.

수잔이 가장 큰 어려움을 겪은 시기는 몇 년 전 가슴에서 종양이 발견되었을 때였다. 그녀는 미래의 불확실성 앞에서 너무도 잘 대처하고 있었기에, 친구들은 나중에 그녀가 자신이 폴에 대해 비이성적으로 화를 냈다고 말했을 때 깜짝 놀랐다. 하지만 이 경우에도 결혼에 대해, 그리고 영혼의 친구에 대해 정직하고 개방적이고자 하는 그녀의 헌신으로 인해 이 경험 또한 궁극적으로 그들의 관계를 강화하는 계기로 만들었다.

여러 모로 볼 때, 폴과 수잔은 마치 한 사람처럼 느껴진다. 그들은 서로 너무나도 잘 맞기 때문에 분리된 존재라고 생각하기가 어려울 정도다. 그러나 그들 중 한 사람이 먼저 죽음을 맞이하게 될 것은 확실하며, 그 때가 되면 그들은 분리되어야만 한다. 그들처럼 친밀하며 서로의 삶이 긴밀하게 얽혀 있는 사람들이 그 상황을 어떻게 극복할 수 있을까?

하지만 나는 그들이 잘 이겨 낼 것이라 생각한다. 비록 그들이 성경이 말하는 '한 몸'의 이상에 가까운 친밀함을 경험하고 있지만, 사실 그들은 분리된 사람들이다. 그들은 이 사실을 그저 참고 받아들이는 것이 아니라 존중할 줄 안다. 그들의 관계에는 소유하려는 마음이 없다. 또한 서로를 통제하려 하지도 않는다. 그 대신에 그들은 서로의 개인적인 여정을 소중히 여기고, 그것이 그들 자신의 것이 아니라는 사실을 분명히 알고 있다.

폴은 그의 세대의 문화적 배경을 가진 남성으로서는 이런 일에 특별히 뛰어났던 것 같다. 그는 항상 수잔이 그녀만의 우정을 가지고, 그녀의 관심과 관련된 모임에 활발히 참여하도록 도왔으며, 그녀 자신의 영적 여정을 돌아보기 위해 영성 피정에 참여하도록 격려했다.

수잔도 같은 격려를 해주었지만, 폴이 이런 충고를 따르게 하기 위해서는 좀더 옆구리를 찔러 주어야만 했다. 그는 매사에 만족하는 성격으로서 약간 수동적인 편이다. 그러므로 수잔은 폴이 그들이 공유하고 있는 생활과는 분리된 자신만의 삶을 유지할 수 있도록 항상 격려해 왔다. 최근 몇 년 동안 그는 이 일을 잘 해 오고 있다. 그는 이제 교회에서 남성들의 모임에 참여하고 있다(전에는 부부 동반 모임만 좋아하고 이런 모임은 등한시하였다). 정기 검진을 통해 콜레스테롤 수치와 혈압이 올라간 것을 발견한 뒤로, 그는 헬스 클럽에 나가기 시작했고, 그 곳에서도 새로운 친구들을 사귀기 시작했다.

폴과 수잔의 우정은 특별한 것이지만 유일한 것은 아니다. 또한 이런 종류의 우정이 결혼을 오래 유지해 온 사람들에게만 주어지는 것도 아니다. 그러나 그들의 우정은, 아무리 좋은 결혼 관계라 할지라도 영혼의 우정이 자동적으로 그 결혼의 일부가 되지는 않음을 일깨워 준다.

너무 많은 사람들이 안정적이긴 하지만 만족스럽지 않은 결혼 생활을 하고 있다. 그들은 너무 작은 것에 만족하고 안주한다. 서로에게 영혼의 친구가 될 수 있다는 꿈이 너무 이상적으로 보이므로, 그들은 적당한 겉모양과 적절한 수준의 친밀함이라는 좀더 제한된 요구로 만족한다. 결혼 안에서 영혼의 우정을 경험하는 것이 도전적인 목표이긴 하지만, 이것은 또한 도달할 수 있는 목표다. 수잔과 폴이 보여 주듯이, 그런 관계가 요구하는 것은 완벽이 아니라 헌신과 수고다.

결혼은 여러 모로 보아 영혼의 우정을 위한 이상적인 환경이다. 그러나 비극적이게도 이런 이상이 실현되는 경우는 매우 드물다. 부부들은 그저 결혼 생활을 유지해 가며, 갈등을 최소화하고 행복을 극대화하는 것에 만족한다. 하지만 영혼의 친구가 되는 배우자들은 여기에 안주하기를 거부한다. 이들에게는 영적인 연합의 황홀함을 경험할 기회가 주어진다. 그 연합은 넓은 범위의 삶의 영역 속에서 친밀함과 대화를 경험하는 연합이며, 대화와 친밀함이야말로 결혼을 통한 영적 연합의 정수다. 영적 연합이 주는 기쁨과 복은 하나님이 주시는 가장 좋은 선물들에 속한다.

부부 사이의 영성 지도

나는 수잔과 폴 사이에 존재하는 영적인 나눔에 대해서는 잘 알지 못하기 때문에 그 내용을 자세히 언급하지 않았다. 그러나 내가 나눌 수 있을 정도로 세부적인 내용들을 잘 알고 있는 결혼 관계가 하나 있다. 아래의 내용은 내가 아내와 함께 쓴 내용으로서, 우리가 영적 우정과 영성 지도를 결합하기 위해 노력했던 이야기다.

줄리엣과 내가 서로에게 영성 지도를 베풀려 한다는 것을 아는 대부분의 사람들은 놀라움과 염려와 흥미가 뒤섞인 반응을 보였다. 한 가지 일반적인 반응은, 그 아이디어 자체는 흥미롭지만 그들 자신의 결혼에는 결코 적용될 수 없으리라는 것이었다. 어떤 사람들은 경계를 모호하게 만들 수도 있을 것이라고 생각하며, 부부의 감정 회로에 지나친 부담을 줄 위험이 있다고 염려했다. 어쨌든 많은 사람들이 우리가 시도하는 것에 대해 깊은 관심을 보였다.

최근까지 우리는 다른 사람들과 이런 내용에 대해 자세히 나누기를 주저했다. 리더로서 상당한 부분 공개적인 생활을 하면서도, 우리 부부는 우리에게 이목이 집중되는 것에 불편함을 느꼈다. 우리는 영혼의 동행과 친밀함에 대한 우리 스스로의 부족함을 뼈저리게 알고 있다.

그러나 우리는 영혼의 우정을 정말로 즐기고 있다. 줄리엣은 오랫동안 나의 가장 가까운 친구였고 지금도 그러하다. 나 역시 기쁘게도 그녀에게 가장 가까운 친구로 곁에 있어 왔다. 바로 이것이 우리가 서로에게 영성 지도를 행하기로 시도한 계기가 되었다. 이러한 우리의 노력들을 알고 있던 몇몇 사람들의 간곡한 부탁과 이 나눔을 통해 다른 부부들도 그들만의 실험을 시도하도록 격려할 수 있으리라는 소망 때문에, 나는 다음 내용을 부부 사이의 영성 지도의 가능성을 보여 주는 하나의 사례로서 제시한다.

영혼의 우정을 세워 나가기

우리 두 사람은 모두 우리의 초기 결혼 생활이 진정한 영혼의 우정을 경험했던 시기라고 말하지 않는다. 우리는 서로를 깊이 사랑하고 있었고, 그 시기는 우리가 함께한 여정에서 매우 행복했던 시기였다. 그러나 견고한 결혼을 위해 기초를 놓던 이 시기를, 실제로 영혼의 친밀함을 경험한 시기라고 말하는 것은 아마도 오도하는 일일 것이다. 가족 발달 주기의 초기 단계들을 통과하면서, 우리는 우리의 젊은 사랑과 초기 직업 생활에서 오는 압력들에 붙잡혀 있었다. 우리는 삶의 어떤 영역들에서 친밀함을 심화시킬 패턴을 만들어 나가고 있었지만, 즉시 친밀함을 이루지 못한 것은 분명하다.

영적인 친밀함으로 나가는 여정이 항상 평탄한 것은 아니었다. 함께 가정 예배를 드리는 것도 이 처음 시기에는 우리에게 별로 좋은 방법이 아니었다. 많은 일을 시도하며 노력했지만 좌절감만 점점 커졌다. 결국 우리는 노력하는 것을 포기했다. 그것은 잘한 일이었던 것 같다. 적어도 우리 삶의 그 단계에서는 말이다.

그러나 우리가 대화를 포기한 적은 없었다. 우리의 대화에는 항상 우리의 내면 세계와 내면의 경험에 대한 풍부하고 깊이 있는 이야기들이 포함되었고, 영적인 체험은 이 대화의 중심이 되었다. 우리는 감정적인 친밀함을 기르기 위해 열심히 노력했는데, 이것을 떠나서는 영적인 친밀함도 제한될 수밖에 없음을 깨달았기 때문이다. 지적인 친밀함은 쉽게 얻어졌다. 우리는 항상 책을 탐독하는 사람들이었고, 또 우리가 읽는 대부분의 내용에 대해 함께 토론했기 때문이다. 우리는 또한 정기적으로 영화를 함께 보고 이야기를 나누는 습관을 길렀다. 이렇게 수십 년을 지내 온 것이 영적인 대화를 위해 훌륭하고 비옥한 토양을 제공해 주고 있다.

그러나 조금 부끄러운 마음으로 깨닫게 되는 일이지만, 우리가 함께 소리를 내어 기도하는 일은 우리 가정이 '자녀들이 집을 떠나는 단계'로 들어설 즈음에야 비로소 정기적인 습관이 되었다. 아이가 하나밖에 없었기에 이 시기가 조금 더 빨리 오기는 했지만, 그렇지 않았더라면 좀더 지체되었을 것이다. 어쨌든 이 기간은 이상적인 정도보다 좀더 길었던 것 같다. 이 시점에서 우리 부부는 함께 다른 사람들을 위한 피정을 인도하기 시작했다. 그리고 서로의 피정을 지도해 주는 경험도 하였는데, 이것이 우리가 서로에게 영성 지도를 행한 첫 경험이 되었다.

잘 계획된 피정. 줄리엣은 나보다 먼저 정기적인 개인적인 피정의 가치를 발견했다. 그녀는 첫 피정을 준비하면서 나에게 그 계획 세우는 일을 도와달라고 부탁했다. 그녀는 집에서 몇 시간 떨어진 곳에 가서 일주일 동안 고독을 체험할 계획이었다. 그녀는 집을 떠나 있는 동안 그녀가 행할 영적인 작업에 초점을 제공해 줄 수 있는 묵상 자료나 주제들을 정할 수 있도록 도와달라고 했다.

이 첫 피정을 떠나기 전에 우리는 이 문제에 대해 한동안 의논하고 기도했다. 나는 그녀에게 그녀의 삶 속에 계신 성령의 인도에 주의를 기울이라고 격려했다. 나는 또한 그녀가 하나님으로부터 가장 바라는 것이 무엇이라고 느끼는지 생각해 보라고 했다. 이렇게 함으로써 그녀는 자신이 그 주간에 초점을 맞출 한 권의 책(토머스 머튼의 「새 명상의 씨」)과, 성경 연구와 묵상을 통해 추구하고 싶은 한 가지 주제(머리로만이 아닌 감각들을 통해 하나님을 아는 것)와, 피정의 구조(매일 등산을 하고, 글을 읽고, 기도하고, 일기를 쓰는 것)를 하나씩 결정해 나갔다. 마지막 날에는 내가 그녀에게 가서 그녀의 경험에 대해 깊이 나누는 시간을 가지기로 했다.

영성 지도를 향한 이 첫 번째 시도는 우리가 하던 일이 무엇인지도 거의 모르고 있었던 것을 감안하면 아주 성공적이었다. 그 첫 경험에서 우리가 잘한 일은 성령의 지도를 신뢰한 것이다. 우리가 영성 지도자로 항상 의지할 수 있는 성령은 줄리엣을 그 5일 간의 귀중한 하나님 체험으로 이끄셨고 그것을 통과하게 하셨다. 그리고 그녀와 함께 이 경험을 공유할 수 있었던 특권은 우리의 영적 우정을 깊어지게 하는 데 커다란 역할을 하였다.

곧 내 차례가 되었다. 나는 3일 간 온타리오 호를 홀로 항해하는 계획을 세우기 시작했다. 그러나 모험을 즐기기 위해 계획했던 다른 항해들과는 달리, 이번에는 영적인 피정의 목표를 이루기 위해 구조를 짜야 했다. 이제는 줄리엣이 나의 준비를 도와줄 차례였다. 그리고 또 내가 돌아와서 이 첫 피정 기간 동안 체험한 하나님에 대해 나눌 때, 이 경험을 돌아보고 정리하는 것을 그녀가 도와주기로 했다.

이 패턴은 이제 굳게 자리가 잡혔다. 줄리엣은 주기적으로 이런저런 모습으로 땅 위의 피정을 떠난다. 그리고 나는 이제 10년 간의 전통이 된 물 위의 항해 피정을 떠나, 밤에는 섬 근처의 초호(礁湖)에 닻을 내리고, 낮에는 물 위에서 하나님과 단둘의 시간을 가진다. 그리고 이런 체험들을 전후하여 우리는 서로에게 영성 지도를 베푸는 일을 계속해 왔다.

영혼의 습관. 이런 기간 동안에도 우리는 내면 세계의 일을 끊임없이 나누어 왔다. 수년 동안 우리 두 사람은 하루를 마무리하며 침대에 앉아 각자 일기를 쓰는 습관을 유지해 왔다. 이렇게 하면서 우리는 종종 통찰이나 발견, 그리고 영적인 어려움을 나눈다. 일기에 기록된 하나님과의 대화는 종종 서로간의 대화로 연결된다. 우리는 단순히 일기를 바꾸어 보는 일은 한 번도 하지 않았다. 일기에 담겨 있는 서로의 소중한 프라이버시를 항상 존중하고자 했기 때문이다. 그러나 우리는 일기에 적은 내용을 자주 나누었다.

또한 우리 두 사람은 우리의 밤 시간 의식의 일부로서 수년 동안 매일 반추를 실행해 왔다. 하루 동안 함께하신 하나님의 임재에 대한 체험을 돌아보고, 자주 이 내용을 나누곤 한다. 가끔은 함께 기도함으로써 하루를 마무리하기도 한다. 그러나 이것은 아직도 드문 일이다. 우리는 영적인 거인들이 아니다. 우리는 그저 우리 각자의 영혼과 서로의 영혼, 그리고 나아가 우리의 영적 우정을 양육할 수 있는 습관을 만들려고 노력할 뿐이다.

구조화된 약속들. 가장 최근에 진행된 일은 줄리엣이 나에게 정기적으로 영성 지도를 베풀기 시작한 것이다. 그녀에게는 이미 다른 영성 지도자가 있었으므로, 내가 영성 지도자의 역할을 할 필요는 없었다. 그러나 그녀는 정기적으로 영성 지도를 받는 중에 일어나는 자신의 경험을 이야기해 주었고, 우리는 그녀가 그 과정에서 행하는 일들에 대해 함께 기도했다.

나는 수년 동안 정기적인 영성 지도를 받는 공식적인 관계를 가지지 못했다. 그래서 나는 우리가 한 달에 한 번 영성 지도를 위해 만나는 시간을 가질 수 있을지 물었다. 그녀는 내가 하나님으로부터 바라는 것이 무엇이며, 영성 지도 경험과 그녀로부터 무엇을 기대하는지 이야기를 나눈 뒤에 영성 지도를 하기로 동의했다. 우리는 지금 거의 2년째 이것을 실행해 오고 있다. 때로는 난관을 만나기도 하였지만, 내가 누리고 있는 유익 또한 아주 크다.

가장 주된 난점 또한 내 쪽의 문제였다. 나는 종종 저녁을 먹으면서 나누어야 할 내용과, 한 달에 한 번씩 공식적인 시간에 나누어야 할 내용을 구별하지 못했다. 어떤 일들은, 그것이 복된 일이든 어려움에 관한 일이든 즉시 나누어야만 했다. 어떤 일들은 줄리엣이 기도하는 마음으로 나의 하나님 체험에 주의를 기울이는 시간을 위해 남겨 두는 것이 더 나았다. 때로는 이 일과 저 일을 구별하기가 어려웠다. 그 일들을 구분하는 것이 때로는 약간 인위적인 것처럼 보였다. 그러나 내가 얻은 복에 비하면 이 어려움은 사소한 것에 불과하다.

줄리엣은 우리의 영성 지도 시간을 나를 위한 기도로 시작하고 마친다. 시작 기도를 드린 후, 그녀는 나에게 최근의 하나님 체험에 대해 이야기해 달라고 한다. 나는 보통 일기장을 살펴보며 이야기를 하고, 최근의 내용 중 일부를 읽기도 한다. 이렇게 매달 한 번씩 만나는 시간은, 매일 나누는 대화의 시간과는 달리 최근의 영적 체험의 큰 그림을 돌아볼 수 있는 기회가 된다. 이 시간들은 하나님이 나를 가르치신다고 생각하는 내용과, 그것에 내가 어떻게 응답하고 있는지를 기도 가운데 성찰해 볼 수 있는 매우 좋은 기회다. 이 시간들은 또한 나의 영성 생활의 패턴들을 돌아볼 수 있는 훌륭한 기회이기도 하다.

때로는 이런 대화가 20분 정도로 짧게 끝나는 경우도 있다. 한 시간을 넘기는 경우는 별로 없다. 어떤 때에는 나눌 것이 많아서 내가 폭발적으로 말을 쏟아놓는다. 어떤 때에는 그 시간을 간절히 기다리기보다는, 그저 내 영혼에 유익한 훈련이니 약속을 지키자는 태도로 임하는 경우도 있다. 그러나 언제나 나는 이 시간에 하나님으로부터 따뜻한 환영을 받았고, 또한 나의 영적인 건강을 염려하는 아내의 마음을 되새기게 되었다.

지금 이 순간까지도 우리는 이 만남을 좀더 상호적인 시간으로 만들고자 하는 유혹과 싸우고 있다. 나는 이 시간만큼은 아내를 위해 기도하지 않는다. 그녀가 나를 위해 기도한다. 이 시간은 나를 위한 시간이다. 그녀는 나를 위해, 오직 나만을 위해 그 자리에 있다. 만일 그녀도 나로부터 정기적인 영성 지도를 받기 원한다면, 우리는 그 일을 위해 따로 시간을 정할 것이다. 상호적인 영성 지도라는 것이 가능한 것 같지만, 한 번의 만남에서 서로를 위한 지도를 결합시키려 한다면, 그것이 어떤 심각한 혼란을 일으킬지 알 수 없기 때문이다.

우리 부부가 행하는 영성 지도는 우리만의 유일한 일도 아니고, 이상적인 패턴을 보여 주는 사례는 더욱 아니다. 많은 부부들이 서로의 영적 동반자가 되는 일을 더 잘 해내고 있음을 의심할 수 없다. 나는 매일 밤마다 하루 동안 있었던 하나님 체험을 나누는 '데이트' 시간을 가지는 한 부부를 알고 있다. 다른 부부들도 같은 일을 이런저런 방식으로 행하고 있음이 틀림없다. 우리의 구조는 현재 우리 부부에게 잘 맞는다. 하지만 우리도 이 형식을 끝없이 고수하지는 않을 것이다. 우리의 경험을 나누는 것이 다른 부부들도 그들의 경험을 나누도록 격려하는 일이 되기를 바란다.

결혼의 발전 단계에 따라 영적 우정과 영성 지도에 대해 주어지는 도전과 기회도 달라진다. 결혼 초기는 진정한 우정을 세워 나가기에 완벽한 시간이다. 남편과 아내 사이의 영적인 친밀함이 다른 형태의 친밀함과 함께 잘 엮이고 있다면, 그들은 그들이 공유한 여정을 평생 함께할 수 있는 관계로 잘 발전시키고 있는 것이다. 그러나 결혼 초기에 서로에게 좀더 형식을 갖춘 영성 지도를 행하고자 하는 노력은 좀 성급한 일일 수도 있다.

결혼의 단계가 후반으로 접어들면 나름의 도전이 있지만, 일반적으로 영성 지도를 할 수 있는 많은 잠재력이 있다. 부부들은 영성 지도를 실행할 수 있는 그들만의 패턴을 찾아야 한다. 내 아내와 내가 시도해 온 방식은 아마도 평등한 결혼 관계를 전제할 것이다. 다른 결혼의 모델들은 우리가 행해 온 형식을 약간 수정하도록 요구할 것이다. 그러나 부부 양쪽 모두가 영적인 친밀함을 원하고 있고, 그에 따르는 위험을 기꺼이 감수하려고만 한다면, 영적인 친밀함은 어떤 결혼 안에서도 자라날 수 있다.

결혼 관계에서의 영적 동행에 관한 묵상

결혼은 영적 우정과 영성 지도, 이 두 가지 모두를 위하여 풍성하고 고유한 기회를 제공한다. 이런 가능성은 오직 부부 사이의 영혼의 우정이라는 토대 위에서만 든든하게 세워질 수 있다.

◎ 당신이 결혼한 사람이라면, 당신과 당신의 배우자 사이의 우정이 질적으로 어떠한지 성찰해 보라. 그 우정은 지난 수년 간 어떻게 변해 왔는가? 그 관계를 심화하기 위해 당신은 무엇을 해야 하겠는가? 이런 질문들에 대해 묵상해 보고 일기에 기록하라. 그리고 그 내용을 당신의 배우자와 나눌 수 있는 기회를 찾아보라.

관계에서 좀더 안정적이고 성숙한 토대를 갖춘 부부들은, 기회가 되면 좀더 형식을 갖춘 영성 지도 관계를 발전시켜 나갈 수 있는 흥미진진한 가능성들을 소유하고 있다.

◎ 만일 당신의 결혼 관계 속에서 영성 지도에 대한 가능성을 볼 수 있다면, 그 가능성은 어떤 것인가? 이런 내용들을 당신의 배우자와 함께 이야기해 보라. 그리고 배우자와 함께 영성 지도의 몇몇 측면들을 결혼 관계 속에 어떻게 실현할 수 있을지 생각해 보라. 부부 사이의 영성 지도 관계에 대해 다른 부부와 이야기를 나누는 것을 고려해 보라. 그리고 서로 이런 노력들을 격려하기 위해 무엇을 할 수 있을지 생각해 보라.

결혼은 너무나 친밀하고 개인적인 관계이므로, 다른 사람의 경험을 모방하며 우정의 패턴을 만들어 나가려는 태도는 잘못된 것이다. 당신은 또한 이 책이나 다른 책에서 읽은 것을 그대로 가져다가 단순하게 적용할 수 있으리라 기대해서도 안 된다. 부부들마다 그들에게 맞는 영혼의 친밀함의 패턴을 개발해야 한다. 이 패턴은 그들의 성격이나 과거의 경험, 영적인 갈망, 그리고 그 외의 다양한 다른 요인들에 뿌리를 내려야 할 것이다.

그러나 이 장에서 당신의 영혼을 움직이는 내용이 있다면, 용기를 내어 남편이나 아내와 그것에 대해 이야기를 나누어 보라. 당신의 영적인 갈망을 나누는 모험을 감행하라. 그렇게 함으로써 당신은 영을 나누게 될 것이다. 당신의 염려를 나누는 모험을 감행하라. 그렇게 함으로써 당신은 영혼을 나누게 될 것이다. 당신의 내면의 자아에 대해 나누는 모험을 감행하라. 그렇게 함으로써 당신은 진정한 영적 우정을 향해 한걸음 더 나가게 될 것이다.

맺음말 거룩한 사귐으로의 부르심

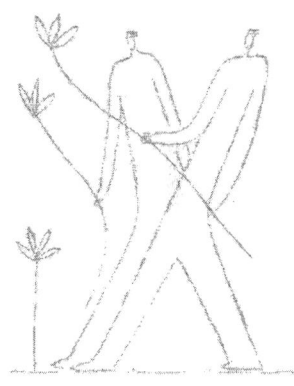

영적 여정에서 영혼의 동반자로서 다른 사람들을 섬기는 것보다 더 숭고한 특권은 없다. 이 일을 통해 우리는 정말로 거룩한 장소로 들어가게 된다. 그 거룩한 장소는 바로 사람들이 그들의 하나님을 만나는 장소다.

영적 우정과 영성 지도 관계에서 다른 사람의 동반자가 될 때, 우리는 사람이 다른 그 누구와도 충분히 나눌 수 없었던 일들을 공유하게 된다. 어떤 사람들은 환상이나 황홀경 체험을 통해 거룩한 분을 경험한 이야기를 나눌 것이다. 다른 사람들은 하나님과 접촉할 수 없도록 그들을 가로막고 있는 벽을 대면하고서, 의심과 절망에 빠진 괴로운 감정을 나눌 것이다. 이 둘은 모두 다 거룩한 체험들이다.

모세는 불타는 떨기나무를 대면했을 때, 그 앞에서 신을 벗었다. 그는 거룩한 장소, 곧 하나님의 임재 앞에 서 있었기 때문이다. 은유적으로 말하자면, 나도 사람들과 함께 영적 여정에 대해 이야기하면서 종종 신을 벗어야만 할 것 같은 느낌을 받는다. 이것을 감지하는 순간이 바로 내가 영적인 분별의 복을 누리는 순간임을 나는 알고 있다. 그 순간에 나는 성령의 임재를 인식하는 것이다.

이것은 우리를 다시 이 책의 중심 주제인 '하나님의 임재에 주의를 기울이는 것'으로 돌아가게 만든다. 궁극적으로, 영적 친구와 영성 지도자는 같은 핵심 과제를 안고 있다. 그들의 역할의 핵심은 분별, 혹은 더 좋은 말로는 '공동 분별'이다. 그들과 그들의 동반자는 '소멸시키지 않는 불꽃'의 임재에 주의를 기울인다.

영적 동행이 거룩한 행위가 되는 이유는 하나님이 스스로 이 역할을 취하는 것을 합당하다고 여기셨기 때문이다. 예수님은 승천하시면서 하나님 백성의 여정을 함께해 주실 성령을 보내겠다고 약속하셨다. 이것이 우리가 이 여정을 영적 여정이라고 부르는 이유다. 이것은 성령에 의해 인도받는 여정이다. 하나님의 영적 동행이 드러난 모습이 바로 성령이다. 그리고 이러한 동반자로서 우리 삶과 우리의 영적 친구들의 삶 안에 계신 성령의 임재가 바로 우리의 동행을 거룩하게 만든다.

어느 누구도 단순히 자기 자신의 필요를 채우기 위해 영적 동반자가 되려고 해서는 안 된다. 그렇게 하는 것은 하나님이나 다른 사람보다는 자기 자신에게 초점을 맞추는 것이다. 영적 동행이 주는 선물 중 하나는, 우정 관계와 친구의 삶 속에 나타나는 성령의 임재를 맛보는 복을 누리는 것이다. 심지어는 영성 지도의 관계를 통해서도 영성 지도자는 풍성한 영적인 복을 경험하게 된다. 하지만 그 복이 영적 동반자가 되고자 하는 주된 이유는 아니다.

영적 동반자가 되려는 우리의 주된 동기는, 다른 사람을 향한 사랑과 그들이 자신의 영원한 운명인 거룩과 온전함의 충만한 분량까지 자라는 것을 도우려는 갈망이어야 한다. 사랑이 동기가 될 때, 우리의 가슴은 올바른 자리에 있게 된다. 사랑이 동기가 될 때, 우리는 영적 동반자들이 주는 것이 단순히 그들의 조언이나 전문 지식이 아니라 그들 자신임을 되새기게 된다. 사랑이 동기가 될 때, 우리는 우리가 무엇이든 소중한 것을 남에게 주는 일이 우리를 향한 하나님의 사랑에 뿌리내린 것임을 기억하게 된다. 그리하여 우리는 다시 한 번 '영혼의 위대한 연인'을 바라보게 된다. 그분의 임재가 우리의 삶 속에 드러나기에 우리의 삶이 살 만한 가치가 있게 되며, 그분의 임재가 우리가 함께하고자 하는 사람들의 삶 속에 드러나기에 영적 동반자 관계가 거룩해진다.

더 읽을 거리

이 도서 목록은 이 책에서 다룬 주제들을 좀더 깊이 알고자 할 때 출발점으로 삼을 만한 책들을 골라 간단한 설명을 덧붙인 것이다. 어떤 책들은 이미 절판되었다. 그러나 혹시 그런 책들을 헌책방이나 교회 도서관이나 또는 평소에 살펴보지 않던 당신의 책장 구석진 곳에서 발견할지도 모른다. 각 도서의 완전한 출판 정보는 "도서 안내"에 기록해 두었으며, 저자명에 따라 알파벳 순으로 나열했다.

기도

Bergan, Jacqueline, and S. Marie Schwan. *Love: A Guide for Prayer*. 「사랑: 기도의 안내서」(성모출판사).

Foster, Richard J. *Prayer: Finding the Heart's True Home*. 「기도」(두란노).

Green, Thomas. *When the Well Runs Dry*.

Hansen, David. *Long Wandering Prayer*.

Houston, James M. *The Transforming Power of Prayer.*

Keating, Thomas. *Open Mind, Open Heart.*「마음을 열고 가슴을 열고」(가톨릭출판사).

Nouwen, Henri. *The Way of the Heart.*「마음의 길」(분도).

Pennington, Basil M. *Centering Prayer.*「향심 기도」(기쁜소식).

Peterson, Eugene. *Answering God: The Psalms as Tools for Prayer.*「응답하는 기도」(IVP).

렉티오 디비나

Casey, Michael. *Sacred Reading: The Ancient Art of Lectio Divina.*

Hall, Thelma. *Too Deep for Words: Rediscovering Lectio Divina.*「깊이 깊이 말씀 속으로」(성서와 함께).

Vest, Norvene. *Gathered in the Word: Praying the Scripture in Small Groups.*

묵상, 신비주의

Finley, James. *Merton's Palace of Nowhere.*

John of the Cross. *The Dark Night of the Soul.*「어둔 밤」(기쁜소식).

Keating, Thomas. *Open Mind, Open Heart.*「마음을 열고 가슴을 열고」(가톨릭출판사).

Main, John. *Moment of Christ: The Path of Meditation.*

May, Gerald. *Will and Spirit: A Contemplative Psychology.*

Merton, Thomas. *The Ascent to Truth.*

_____. *New Seeds of Contemplation.*「새 명상의 씨」(가톨릭출판사).

Pennington, Basil M. *Centering Prayer.*「향심 기도」(기쁜소식).

Rohr, Richard. *Everything Belongs.*

Teresa of Avila. *Interior Castle.* Translated by E. A. Peers.「영혼의 성」(바오로딸).

Underhill, Evelyn. *Practical Mysticism*. 「실천적 신비주의」(은성).

Walsh, James, ed. *The Cloud of Unknowing*. 「무지의 구름」(은성).

영혼 돌보기

Benner, David G. *Care of Souls*.

Crabb, Larry. *The Safest Place on Earth*. 「지상에서 가장 안전한 곳」(요단).

Edwards, Tilden. *Spiritual Friend*.

Gratton, Carolyn. *The Art of Spiritual Guidance*.

Jones, Alan. *Soul Making: The Desert Way of Spirituality*.

McNeill, John T. *A History of the Cure of Souls*.

영혼의 우정

Aelred of Rievaulx. *Spiritual Friendship*.

Crabb, Larry. *Connecting*. 「끊어진 관계 다시 잇기」(요단).

Edwards, Tilden. *Spiritual Friend*.

Gratton, Carolyn. *The Art of Spiritual Guidance*.

Leech, Kenneth. *Soul Friend: The Practice of Christian Spirituality*. 「영혼의 친구」(아침).

영성 지도

Anderson, Keith R., and Randy D. Reese. *Spiritual Mentoring*. 「영적 멘토링」(IVP).

Bakke, Jeanette. *Holy Invitations*.

Barry, William. *Finding God in All Things*.

Barry, William, and William Connolly. *The Practice of Spiritual Direction*. 「영성 지도의 실제」(분도).

Chryssavgis, John. *Soul Mending*.

Edwards, Tilden. *Spiritual Friend*.

Gratton, Carolyn. *The Art of Spiritual Guidance.*

Guenther, Margaret. *Holy Listening.*

Ignatius. *The Spiritual Exercises.* 「성 이냐시오의 영신 수련」(한국천주교중앙협의회).

Leech, Kenneth. *Soul Friend.* 「영혼의 친구」(아침).

Luther, Martin. *Letters of Spiritual Counsel.* Translated by Theodore Tappert.

Peterson, Eugene. *The Contemplative Pastor.*

영적 전기, 자서전

Augustine. *Confessions.* Translated by R. S. Pine-Coffin. 「성 어거스틴의 고백록」(대한기독교서회).

Chesterton, G. K. St. *Francis of Assisi.*

_____. *St. Thomas Aquinas.*

Gaucher, Guy. *The Story of a Life: St. Thérèse of Lisieux.*

Green, Julien. *God's Fool: The Life and Times of Francis of Assisi.*

Merton, Thomas. *The Seven Story Mountain.* 「칠층산」(바오로딸).

영성 신학

Alexander, Donald L., ed. *Christian Spirituality.*

Chan, Simon. *Spiritual Theology.* 「영성 신학」(IVP).

John of the Cross. *The Dark Night of the Soul.* 「어둔 밤」(기쁜소식).

Leech, Kenneth. *Experiencing God: Theology as Spirituality.*

Lovelace, Richard. *Dynamics of Spiritual Life.*

Merton, Thomas. *The Ascent to Truth.*

Teresa of Avila. *Interior Castle.* Translated by E. A. Peers. 「영혼의 성」(바오로딸).

영성의 역동, 영성 형성

Barry, William. *Finding God in All Things.*

Bernard of Clairvaux. *Selected Works.* Translated by G. R. Evans.

Bonhoeffer, Dietrich. *The Cost of Discipleship.* 「나를 따르라」(대한기독교서회).

Chester, Michael P., and Marie C. Norrisey. *Prayer and Temperament.*

Crabb, Larry. *Shattered Dreams.* 「좌절된 꿈」(좋은씨앗).

Fenelon, Francois. *Christian Perfection.* 「그리스도인의 완전」(크리스챤다이제스트).

Finley, James. *Merton's Palace of Nowhere.*

Foster, Richard J. *Celebration of Discipline.* 「영적 훈련과 성장」(생명의말씀사).

_____. *Streams of Living Water.* 「생수의 강」(두란노).

Francis de Sales. *Introduction to the Devout Life.*

Francis of Assisi. *The Little Flowers of St. Francis.* 「성프란시스의 작은 꽃들」(크리스챤다이제스트).

Gorsuch, John P. *An Invitation to the Spiritual Journey.*

Green, Thomas H. *A Vacation with the Lord.*

Hudson, Trevor. *Christ Following: Ten Signposts to Spirituality.*

John of the Cross. *The Dark Night of the Soul.* 「어둔 밤」(기쁜소식).

Jones, Alan. *Soul Making: The Desert Way of Spirituality.*

Kierkegaard, Søren. *Purity of Heart.* Translated by D. V. Steere.

Merton, Thomas. *New Seeds of Contemplation.* 「새 명상의 씨」(가톨릭출판사).

Moon, Gary. *Homesick for Eden.*

Mulholland, M. Robert. *Invitation to a Journey.*

_____. *Shaped by the Word.* 「거룩한 독서」(은성).

Norris, Kathleen. *The Cloister Walk.* 「수도원 산책」(생활성서사).

Nouwen, Henri. *The Inner Voice of Love.*「마음에서 들려오는 사랑의 소리」(바오로딸).

_____. *Reaching Out.*「영적 발돋움」(두란노).

_____. *The Return of the Prodigal Son.*「탕자의 귀향」(글로리아).

_____. *The Way of the Heart.*「마음의 길」(분도).

Packer, J. I. *Quest for Godliness.*

Pennington, Basil M. *Living in the Question.*

_____. *True Self/False Self.*

Rohr, Richard. *Everything Belongs.*

Santa-Maria, Maria. *Growth Through Meditation and Journal Writing.*

Savary, Louis, Patricia Berne and Strephon Williams. *Dreams and Spiritual Growth.*

Sproul, R. C. *The Holiness of God.*

Tan, Siang-Yang, and Douglas Gregg. *Disciplines of the Holy Spirit.*

Teresa of Avila. *Interior Castle.* Translated by E. A. Peers.「영혼의 성」(바오로딸).

Thomas a Kempis. *The Imitation of Christ.*「그리스도를 본받아」(기독교연합신문사).

Tozer, A. W. *The Knowledge of the Holy.*「하나님을 바로 알자」(생명의말씀사).

Van Kaam, Adrian. *On Being Yourself.*

Ware, Corinne. *Discover Your Spiritual Type.*

Wesley, John. *A Plain Account of Christian Perfection.*

Willard, Dallas. *The Divine Conspiracy.*「하나님의 모략」(복있는사람).

피정 자료

Barry, William. *Finding God in All Things.*

Bergan, Jacqueline, and S. Marie Schwan. *Love: A Guide for Prayer.*「사랑:

기도의 안내서」(성모출판사).

Chester, Michael P., and Marie C. Norrisey. *Prayer and Temperament*.

Green, Thomas H. *A Vacation with the Lord*.

Griffin, Emilie. *Wilderness Time: A Guide for Spiritual Retreat*. 「리트릿 : 숨 가쁜 당신을 위한 영성 재충전」(생명의말씀사).

Ignatius. *The Spiritual Exercises*. 「성 이냐시오의 영신 수련」(한국천주교중앙협의회).

Jones, Timothy. *A Place for God*.

Laubach, Frank. *Practicing His Presence*. 「하나님의 임재 체험하기」(생명의말씀사).

Law, William. *A Serious Call to the Devout and Holy Life*.

Lawrence, Brother. *The Practice of the Presence of God*. 「하나님의 임재 연습」(두란노).

Nouwen, Henri. *The Return of the Prodigal Son*. 「탕자의 귀향」(글로리아).

Retreats Online <www.retreatsonline.com>.

Smith, James, and Lynda Graybeal. *A Spiritual Formation Workbook*. 「영성 훈련을 위한 아홉 번의 만남」(두란노).

Vennard, Jane E. *Be Still: Designing and Leading Contemplative Retreats*.

Ware, Corinne. *Discover Your Spiritual Type*.

심리 역동, 심리 형성

Brenner, Charles. *An Elementary Textbook of Psychoanalysis*. 「정신분석학」(하나의학사).

Fowler, James. *Stages of Faith*. 「신앙의 발달 단계」(한국장로교출판사).

Freud, Anna. *The Ego and the Mechanisms of Defense*.

Freud, Sigmund. *Introductory Lectures on Psychoanalysis*. 「정신분석 강의」(열린책들).

Fromm, Erich. *The Art of Loving*. 「사랑의 기술」(문예출판사).

_____. *The Meaning of Anxiety*.

James, William. *The Varieties of Religious Experience*. 「종교적 경험의 다양성」(한길사).

Keirsey, David, and Marilyn Bates. *Please Understand Me*. 「나의 모습 나의 얼굴」(한국심리검사연구소).

Kunkle, Fritz. *Selected Writings*. Edited by John Sanford.

Laing, R. D. *The Divided Self*.

Lake, Frank. *Clinical Theology*.

Lewis, C. S. *The Four Loves*. 「네 가지 사랑」(홍성사).

Loder, James. *The Transforming Moment*.

May, Gerald. *Addiction and Grace*. 「중독과 은혜」(IVP).

_____. *Will and Spirit: A Contemplative Psychology*.

Narramore, Bruce. *No Condemnation*.

O'Donohue, John. *Eternal Echoes*.

Peck, M. Scott. *People of the Lie*. 「거짓의 사람들」(비전과리더십).

Riso, Don Richard. *Personality Types*.

_____. *Understanding the Enneagram*.

Shapiro, David. *Neurotic Styles*.

Sugerman, Shirley. *Sin and Madness: Studies in Narcissism*.

Tournier, Paul. *Guilt and Grace*. 「죄책감과 은혜」(IVP).

_____. *The Meaning of Persons*.

_____. *A Place for You*.

Vanier, Jean. *Becoming Human*.

도서 안내

Aelred of Rievaulx. *Spiritual Friendship*. Kalamazoo, Mich.: Cistercian, 1977.
비공식적으로 '영성 지도자들의 수호 성인'이라고 불리는 12세기의 한 수사에 의해 쓰여진 책이다. 이 책은 영성 지도에서 우정의 역할에 대해 시간을 초월하는 소중한 내용을 담고 있다. 영적 우정에 대해서 가장 풍부한 내용을 담은 책들 중의 하나로 여겨진다. 진정한 영적인 성장을 위해 우정이 매우 중요함을 강조하고 있고, 우정이 요구하는 것들과 그 관계의 복잡한 성격을 잘 설명해 주며, 우정이라는 선물의 소중함을 잘 말해 준다.

Alexander, Donald L., ed. *Christian Spirituality: Five Views of Sanctification*. Downers Grove, Ill.: InterVarsity Press, 1988.
이 책은 기독교의 다섯 가지(개혁주의, 루터교, 웨슬리, 오순절, 관상적) 영성 전통들을 비교함으로써 각 전통들의 신학적 근거에 관해 탐구하는 유익한 책이다. 이 책의 강조점은 각 영성 전통들을 떠받치고 있는 성화의 이해(드러나거나 내재된)에 있다. 이 책은 주로 영성을 신학에 뿌리내리게 하는 데 기여하는 책이다. 개신교 영성 전통들의 비교에 관심이 있는 사람들에게 매우 유용할 것이다.

Anderson, Keith R., and Randy D. Reese. *Spiritual Mentoring: A Guide for Seeking and Giving Direction*. Downers Grove, Ill.: InterVarsity Press, 1999. 「영적 멘토링」(IVP).
영적인 멘토링을 이 책에서 제시한 영성 지도와 매우 비슷한 말로 설명하고 있다. 영적 여정에서 동반자가 되는 것에 관해 유익한 내용들을 담고 있다.

Augustine. *Confessions*. Translated by R. S. Pine-Coffin. New York: Penguin, 1961. 「성 어거스틴의 고백록」(대한기독교서회).
주후 4세기 히포의 성 어거스틴이 저술한 이 책은, 일반적으로는 서구 문학의 고전이지만 또한 특별히 기독교 영성의 고전으로 여겨진다. 한 비참한 죄인이 위대한 성자가 되어 가는 영적 여정에 대한 탁월한 기록이며, 성경과 성령의 인도에 비추어 자신의 체험을 세밀하게 성찰한 내용을 담고 있다.

Bakke, Jeanette. *Holy Invitations: Exploring Spiritual Direction*. Grand Rapids, Mich.: Baker, 2000.
이 책은 복음주의적 관점에서 쓰여진 영성 지도에 관한 완전하면서도 매우 유익한 개론서이다. 더 나아가 이 책은 당신이 마음의 음성과 하나님의 음성을 어떻게 들을 것인지에 관해 훌륭한 논의를 제시해 준다.

Barry, William A. *Finding God in All Things: A Companion to the Spiritual Exercises of St. Ignatius*. Notre Dame, Ind.: Ave Maria, 1991.
이 책은 이그나티우스 영신 수련의 핵심 역동에 대한 현대적인 논의들을 담은 책으로서, 내가 본 이 분야의 책들 중에 가장 유익한 책이다. 이 책은 하나님을 일상 속에서 발견하는 것이 무엇을 의미하는지에 대해(이것은 기독교 영성에 대한 이그나티우스 식 접근의 중심 특징이다) 신선하고 흥미롭게 설명해 준다. 개인의 영성 생활에 도움을 줄 뿐 아니라, 영성 지도를 행하고자 하는 사람이나 피정을 인도하려는 사람에게 크게 유익할 것이다.

Barry, William A., and William J. Connolly. *The Practice of Spiritual Direction*. San Francisco: Harper & Row, 1982. 「영성 지도의 실제」(분도).
이 책은 출간되자마자 영성 지도의 현대적인 교과서와 같은 지위를 차지하였다. 매우 실제적이고 성경적이며 명료하다. 영성 지도를 행하고자 하는 사람이나 영성 지도가 무엇인지를 이해하고자 하는 사람들에게 유익하다.

Benner, David G. *Care of Souls: Revisioning Christian Nurture and Counsel*. Grand Rapids, Mich.: Baker, 1998.
이 책은 영혼을 심리적 측면과 영적인 측면이 만나는 곳으로 설명하며, 영혼의 돌봄을 교회의 중심 사역으로 회복함으로써 인간됨의 두 측면을 다시 통합하고자 한다. 기독교적인 영혼 돌봄의 역사와 특징들을 개관한 다음, 심리학적인 기초를 갖춘 기독교 영성의 비전의 윤곽을 그려 보고, 다양한 돌봄의 관계들을 통하여 어떻게 내면의 성품이 양육될 수 있는지를 제시한다. 이 책보다는 좀더 이론적인 책이지만, '영혼을 돌보기 위한 대화에서 어떻게 들을 것인가', '영적 성장을 위해 꿈을 다루는 방법', '영혼의 돌봄 관계를 어떻게 준비하고 어떻게 활용할 것인가', '자기 자신의 영혼을 돌보는 방법'과 같은 주제들에 대해 실제적인 논의들을 제시한다.

Bergan, Jacqueline, and S. Marie Schwan. *Love: A Guide for Prayer*. Winona, Minn.: St. Mary's, 1985. 「사랑: 기도의 안내서」(성모출판사).
이 책은 기도에 관한 책이 아니라, 기도하기 위한 책이다. 다섯 권으로 된 전집의 첫 번째 책으로서, 개인 기도 시 혹은 영적 동반자 그룹, 영성 피정에서 함께 기도할 때 사용할 수 있는 훌륭한 자료이다. 이 책은 이그나티우스 식 영신 수련에 기초하여 「성 이냐시오의 영신 수련」의 첫 번째 주제(하나님의 사랑을 아는 것)에 관한 성경 본문들을 여섯 주에 걸쳐 매일 묵상할 수 있도록 제시한다. 첫 번째 장은 묵상, 관상, 향심 기도와 다른 형태의 기도들에 관해 유익한 논의들을 담고 있다. 매일 묵상은 각 성경 본문들에 대해 기도로 응답하는 실례를 제시해 준다. 이 책과 이어지는 전집은 하나님을 좀더 깊이 알고자 굶주린 사람들에게 풍성한 식탁이 될 것이다.

Bernard of Clairvaux. *Selected Works*. Translated by G. R. Evans. New York: Paulist, 1988.

이 책은 버나드의 가장 중요한 작품들을 모아 놓은 것으로서, 하나님과의 친밀함이 자라는 것에 대한 버나드의 이해를 보여 준다. 그의 초점은 사랑 안에서, 특히 하나님의 사랑 안에서 자라는 것이 무엇을 의미하는가에 있다. 버나드는 이 과정의 네 가지 단계를 설명하며, 우리에 대한 하나님의 사랑이 우리의 사랑의 최초 동인이며 또한 최후 목표가 된다고 말한다. 심리적, 영적으로 지혜로운 관찰들을 가득 담은 이 책은 기독교 영성의 고전의 지위를 차지할 만하다.

Bonhoeffer, Dietrich. *The Cost of Discipleship*. New York: Macmillan, 1963. 「나를 따르라」(대한기독교서회).

제자도의 대가로 자신의 목숨을 지불한 독일인 루터교 목사가 쓴 이 책은, 우리로 하여금 그리스도의 '나를 따르라'는 부르심에 강력히 직면하게 한다. "예수님이 우리에게 무엇을 말씀하려 하셨는가?", "오늘 우리를 향한 예수님의 뜻은 무엇인가?"라는 질문에 대한 본회퍼의 대답은 성경에 근거한 것이며(이 책은 거의 3분의 1의 분량이 산상 설교에 대한 깊은 묵상이다), 또한 은혜를 강조한다. 그는 '값싼 은혜'와 '값비싼 은혜'를 대조한다. 그에 의하면, '값싼 은혜'란 우리가 자신에게 적용하는 것으로서 제자도를 빠뜨리고 있는 것이다. 대조적으로 "'값비싼 은혜'는 목숨을 대가로 치르기를 요구한다.…[그러나] 이것은 은혜다. 왜냐하면 그것이 유일한 진짜 생명을 주기 때문이다."

Brenner, Charles. *An Elementary Textbook of Psychoanalysis*. Garden City, N.Y.: Doubleday, 1974. 「정신분석학」(하나의학사).

일반인들을 위한 정신분석 이론 개관으로서 가장 포괄적이면서도 읽기 쉽게 쓰인 책이다. 프로이트의 「정신분석 강의」에 대한 훌륭한 해설서이며, 복잡한 정신분석 이론의 모든 중요한 측면들을 잘 설명하고 정리해 준다. 이 책은 현대의 심층심리학과 영혼의 역동들을 포괄적으로 이해하는 데 프로이트의 통찰이 왜 그렇게 중요한지 명료하게 보여 준다.

Casey, Michael. *Sacred Reading: The Ancient Art of Lectio Divina.* New York: Triumph, 1996.

기도하는 마음으로 성경에 귀를 기울이는 오래된 방법(렉티오 디비나)을 설명해 주는 또 하나의 훌륭한 책이다. 이 책은 렉티오 디비나가 베네딕트 전통에서 내려왔다고 보며, 이 방법의 실제적 적용을 다룰 뿐 아니라, 상당한 분량에 걸쳐 이 방법의 신학적 근거를 설명하고 있다.

Chan, Simon. *Spiritual Theology: A Systematic Study of the Christian Life.* Downers Grove, Ill.: InterVarsity Press, 1998. 「영성 신학」(IVP).

만일 당신이 영성 신학에 대해 단 한 권의 책을 읽고자 한다면, 그리고 그 책이 탄탄한 복음주의와 폭넓은 에큐메니칼한 성격을 겸비한 것이길 바란다면, 바로 이 책을 읽으라. 이 책은 영성의 신학적 근거에 대해 훌륭한 논의를 담고 있고, 또한 교회에서 오랜 시간에 걸쳐 발전되어 온 영성 생활의 중요한 실천 형식들을 다루고 있다.

Chester, Michael P., and Marie C. Norrisey. *Prayer and Temperament: Different Prayer Forms for Different Personality Types.* Charlottesville, Va.: Open Door, 1984.

이 책은 성격 유형(MBTI와 같은)과 기도의 형식들을 연관 짓는 작업을 훌륭하게 해냈다. 이 책이 최고로 기여한 부분은 단순히 성격 유형에 알맞은 기도의 형식을 찾아낸 것이 아니라, 독자들이 하나님을 경험하는 여러 방법들을 탐구하도록 격려하는 점이다. 그렇게 함으로써 다른 영적인 스타일을 이해하도록 도우며, 개인적인 성장을 촉진시킨다. 부록에는 스스로 자기의 성격 유형을 찾아낼 수 있는 자료가 첨부되어 있다.

Chesterton, G. K. *St. Thomas Aquinas.* New York: Image, 1974.

많은 사람들이 이 책을 성 토마스에 관해 쓰인 책들 중에 가장 좋은 책으로 손꼽는다. 체스터턴의 최고의 걸작이다. 큰 영향력을 끼쳤던 한 위대한 그리스도인 신학자를 그린 고전적인 작품으로, 이해하기 쉽고 독자를 몰입하게 만드는 훌륭한 영적 전기다.

_____. *St. Francis of Assisi.* New York: Image, 1987.

20세기의 위대한 기독교 작가이며 사상가인 체스터턴은 1922년에 로마가톨릭으로 개종했다. 그는 그 이유를 "오직 로마 교회만이 아시시의 성 프란체스코를 낳을 수 있었기 때문"이라고 말했다. 그가 개종 직후에 출판한 이 책은 성 프란체스코에 대한 최고의 전기들 중 하나다.

Chryssavgis, John. *Soul Mending: The Art of Spiritual Direction.* Brookline, Mass.: Holy Cross Orthodox, 2000.

이 책은 동방정교회의 관점에서 쓰인, 영성 지도에 관한 탁월한 지혜를 담고 있는 책이다. 부록에는 영성 지도에 관한 가장 중요한 교부 자료들을 75쪽에 걸쳐 요약한 내용이 있다. 이것은 영성 지도의 이해에 대한 정교회의 풍부한 기여를 더 잘 이해하고 싶어하는 모든 사람들이 반가워할 자료다.

The Cloud of Unknowing. Edited by James Walsh. New York: Paulist, 1981. 「무지의 구름」(은성).

14세기 무명의 영국인 수도사에 의해 쓰인 책으로서 고급 수준의 기독교 묵상을 소개한다. 이미 젖을 먹었고 그 이상의 것을 원하는 사람들에게 제공되는 단단한 음식이라 말할 수 있다. 이 책은 하나님과 사람 사이를 가로막고 있는 무지의 구름을 뚫고 나아가려 할 때 우리의 이해는 한계가 있다는 점을 강조하며, 이런 상황에 적절한 한 가지 묵상 방법을 설명한다. 개신교인들은 종종 기독교 묵상의 무념적(無念的) 전통이라 불리는 것과 관련된 하나님의 불가해성을 받아들이기 어려워한다. 하지만 이것은 하나님을 익숙한 존재로 여김으로써 신비를 제거해 버리려고 하는 경향을 바로잡아 주는 유익한 역할을 할 수 있다.

Crabb, Larry. *Connecting.* Nashville: Word, 1997. 「끊어진 관계 다시 잇기」(요단).

"한 사람이 다른 사람과 연결될 때, 한 쪽에서 다른 쪽으로 무엇인가가 부어진다. 그것은 영혼의 가장 깊은 상처를 치료하며 영혼을 건강하게 회복시키는 치료의 능력이 있는 그 무엇이다." 이 책은 저자의 이러한 관찰이 가진 의미를 탐구하고 있다. 이것은 의심할 여지가 없는 사실이며, 이런 연결이 지닌 의미는 매우 광대하다. 인기 있는 저술가이자 심리학자인 크랩은 영적인 공동체가 지닌 능력을 탐구한다. 그는 영적인 공동체가 우리를 온전함에서 멀어지게 만드는 영혼의 질병들을 치유할 충분한 능력이 있다고 주장한다.

_____ . *The Safest Place on Earth*. Nashville: Word, 1999. 「지상에서 가장 안전한 곳」(요단).
전형적인 교회에서는 잘 실현되지 못하고 있지만, 영적인 공동체는 개인의 변화를 위한 잠재력을 지니고 있다. 이 책은 결코 교회에 대한 비판이 아니다. 오히려 이것은 그리스도인들이 진정한 영적인 공동체를 형성할 때 일어날 수 있는 일에 대한 흥분되는 비전을 그려 내고 있다. 영적 친구와 영성 지도자가 되는 것에 대한 풍부한 논의를 담고 있어서, 자기 자신의 영적 여정을 위해서만이 아니라, 특히 영혼의 친구와 안내자로 다른 사람과 동행하고자 하는 사람들에게 훌륭한 자료가 된다.

_____ . *Shattered Dreams*. Colorado Springs: WaterBrook, 2001. 「좌절된 꿈」(좋은씨앗).
삶의 가장 어려운 상황 한가운데에서 하나님을 만나는 것에 관해 강력한 비전을 제시한다. 이 책은 룻기에 등장하는 나오미의 이야기를 설명하면서 우리가 고통 한가운데서도 담대히 성령을 만나려고 시도함으로써 변화와 기쁨에 대한 소망을 가질 수 있다고 역설한다.

Edwards, Tilden. *Spiritual Friend: Reclaiming the Gift of Spiritual Direction*. New York: Paulist, 1980.
이 책은 2부로 나누어져 있다. 1부는 기독교가 지닌 영성 지도의 역사적인 유산들을 탐구한 후에, 어떻게 영적 친구를 찾으며 또한 다른 사람을 위해 영적 친구가 되어 줄 수 있는지에 대해 자세히 기술하고 있다. 2부는 좀더 실제적인데, 그 중의 한 장은 그룹 영성 지도에 대한 유익한 내용을 담고 있다. 그룹 영성 지도라는 개념은 내가 언급한 영적 동반자 그룹과 아주 유사하다.

Fénelon, François. *Christian Perfection*. Translated by Mildred Stillman. New York: Harper, 1947. 「그리스도인의 완전」(크리스챤다이제스트).
기독교 영성과 관련된 여러 주제들을 다룬 41개의 짧은 묵상들을 모은 것으로, 저자의 영적인 상담 편지들로부터 발췌한 지혜의 보고다. 이 글들은 경건을 돕기 위해 쓰였으므로 묵상하는 가운데 느리게 읽어야만 한다. 저자의 주님에 대한 깊고도 분명한 사랑과 그리스도인의 영적 여정에서 다른 사람을 인도하는 탁월한 솜씨는, 300년 전 이 묵상들이 처음으로 쓰인 이후 지금까지 저자가 기독교 영성 지도자들 사이에서 큰 존경을 받도록 해주었다.

Finley, James. *Merton's Palace of Nowhere: A Search for God Through Awareness of the True Self*. Notre Dame, Ind.: Ave Maria, 1978.
이 책의 제목이나 부제는 이 부요하고 때로는 심오한 책을 적절히 표현하지 못하고 있다. 핀리는 수도원을 떠나 임상 심리학자가 되기 전까지 겟세마네 수도원에서 토머스 머튼의 동료 수도사였다. 겸손한 그는 이 책의 내용이 머튼의 통찰에 대한 반성이라고 말했지만, 이 내용들은 다른 사람의 생각들에 대한 반성을 훨씬 넘어선다. 이 책은 기독교 영성 형성의 이해에 창의적으로 기여하고 있으며, 특히 우리가 자기 기만과 환상의 폭정으로부터 자유롭게 되어야 한다는 측면을 탁월하게 다루고 있다.

Foster, Richard J. *Celebration of Discipline: The Path to Spiritual Growth*. San Francisco: Harper & Row, 1978, rev. ed. HarperSanFrancisco, 1998. 「영적 훈련과 성장」(생명의말씀사).
20여 년 동안 이 책은 고전적인 기독교 영성 훈련에 대한 훌륭한 개론서 역할을 해 왔다. 이 책은 기독교의 영성 형성의 토대가 된 13개의 영적 훈련들을 설명함으로써, 영적 여정을 이해하고 그 여정에서 진보하기를 바라는 사람들에게 커다란 도움을 준다.

_____ . *Prayer: Finding the Heart's True Home*. San Francisco: HarperSanFrancisco, 1992. 「기도」(두란노).
이 책은 기도를 통해 하나님을 깊이 만나고자 하는 사람을 위해 풍부한 자료를 제공해 준다. 저자는 찬양의 기도, 안식의 기도, 성례의 기도, 묵상 기도, 관상 기도 등 기도의 다양한 측면과 형식들을 탐구함으로써 독자의 머리와 가슴 모두를 향해 말한다. 기도하는 마음으로 읽으라. 이 책은 당신의 기도 생활을 변화시킬 것이다.

_____. *Streams of Living Water: Celebrating the Great Traditions of Christian Faith*. San Francisco: HarperSanFrancisco, 1998. 「생수의 강」(두란노).
이 책은 저자가 기독교적 삶과 신앙의 여섯 가지 주요 전통(관상, 성결, 은사, 사회 정의, 복음주의, 성육신)이라고 일컫는 전통들을 중심으로 기독교 영성의 역사를 정리해 준다. 포스터의 접근 방법은 학문적이거나 학자적인 것이 아니라 인격적이고 영적인 변화를 추구하는 접근법이다. 이것은 그의 목표가 각 전통으로부터 균형 잡힌 온전한 모습의 현대적 영성을 지원하는 요소들을 뽑아 내는 것이기 때문이다. 이 탁월한 책은 포스터와 그의 동료들이 영적인 갱신을 위한 "레노바레 시리즈"(Renovare Resources for Spiritual Renewal, HarperSanFrancisco)로 출간한 다른 많은 책들의 토대가 된다.

Fowler, James. *Stages of Faith*. San Francisco: HarperSanFrancisco, 1981. 「신앙의 발달 단계」(한국장로교출판사).
파울러는 신앙의 본성과 발달에 관해 선구자적인 작품을 내놓았다. 그의 접근 방법은 광범위한 것이며, 신앙이 반드시 종교적이거나 신념과 관련된 것이라고 전제하지 않는다. 오히려 신앙은 삶을 의미 있게 만드는 길이다. 이후 수많은 그리스도인 저자들이 기독교 신앙 발달의 구체적인 면들을 이해하기 위해 파울러의 기본적인 틀을 근거로 이론을 전개했지만 그들의 영감의 근원이 되는 이 책은 여전히 읽을 만한 가치가 있다.

Francis de Sales. *Introduction to the Devout Life*. Translated by J. K. Ryan. New York: Doubleday, 1955.
이 영적인 고전은 하나님을 사랑하는 일에서 성장하고자 갈망하는 사람을 위해 쓰인 편지이며 그리스도인의 변화의 여정을 위한 소중한 충고들을 담고 있다. 비록 저자의 언어는 17세기 프랑스 로마가톨릭의 배경을 반영하지만, 그 묵상의 내용은 문화와 시간을 초월한다. 그 묵상들은 저자가 주님을 깊이 사랑하고 영성 형성에 대해 심오한 이해를 지닌 지혜롭고 겸손한 영성 지도자였음을 드러내 준다.

Francis of Assisi. *The Little Flowers of St. Francis*. Translated by E. M. Blaiklock and A. C. Keys. Ann Arbor, Mich.: Servant, 1985. 「성 프란시스의 작은 꽃들」(크리스챤다이제스트).
이 흥미로운 책을 통해 우리는 12세기 아시시의 성 프란체스코의 말과 행위들을 만날 수 있다. 가난한 자, 병든 자를 향한 동정심과 물질적 소유에 대한 무관심, 그리고 하나님을 향한 일편단심은 그를 정말로 주목할 만한 사람으로 만들었다. 그의 이야기가 들려지는 곳마다 교파를 초월하여 모든 그리스도인들이 영감을 얻었다. 그의 이야기에 대해 이 작은 책보다 더 나은 소개서는 없을 것이다.

Freud, Anna. *The Ego and the Mechanisms of Defense*. New York: International Universities Press, 1966.
정신분석의 창시자의 딸이 쓴 이 책은 정신적 방어 기제에 대한 탁월한 논의를 담고 있다. 실재를 왜곡함으로써 불안에 대응하는 이런 의식적인 방법들을 이해하게 된 것은 정신분석의 가장 중요한 기여 중 하나로 손꼽힌다. 또한 저자는 이 책에서 자신이 어린이 치료의 경험으로부터 얻은 풍부한 사례들을 소개함으로써 아동심리학, 특히 아동과 청소년들의 무의식적인 갈등의 성격을 이해하는 데 크게 기여하였다.

Freud, Sigmund. *Introductory Lectures on Psychoanalysis*. Translated by James Strachey. New York: W. W. Norton, 1966. 「정신분석 강의」(열린책들).
이 책은 아마도 프로이트의 저술들에 대한 가장 좋은 입문서일 것이다. 프로이트의 통찰은 영혼의 역동을 철저히 이해하는 데 없어서는 안 될 중요한 요소로 남아 있다. 이 강의들은 프로이트의 해설하는 은사의 절정을 보여 준다. 대부분의 독자들은 프로이트를 직접 읽는 것이 그에 대한 해설서를 읽는 것보다 훨씬 쉬움을 발견할 것이다. 이 책은 그의 꿈 이론, 불안에 대한 이해, 신경성 갈등과 정신분석 치료에 대한 좋은 개관을 담고 있다.

Fromm, Erich. *The Art of Loving*. New York: Harper & Row, 1956. 「사랑의 기술」(문예출판사).
사랑의 본질을 이해하도록 도와주는 이 작은 책은 C. S 루이스의 「네 가지 사랑」(홍성사)과 훌륭히 짝을 이룬다. 전 세계에서 다양한 언어로 수백 만 부가 팔려 나간 베스트셀러로서, 사랑이 주는 도전에 대한 저자의 단순하면서도 심오한 이해를 담고 있다. 저자는 우리가 그 사랑의 도전에 응답하고 헌신하라고 대담하게 요청하고 있다.

_____ . *The Meaning of Anxiety*. New York: Simon & Schuster, 1950.
이 책에서 프롬은 불안이 제거되어야만 하는 병리적 증상이 아니라 우리 영혼의 심층으로부터 오는 전언자이며 우리는 이를 고마운 마음으로 받아들여야 한다고 말한다. 이 책은 진정한 삶을 살도록 돕는 불안의 본질과 중요한 기능을 명확하고 확신 있게 제시한다. 나는 이 책이 프롬의 저서들 중에서 가장 중요한 책이라고 생각한다.

Gaucher, Guy. *The Story of a Life: St. Therese of Lisieux*. San Francisco: Harper & Row, 1987.
리지외의 테레사가 살아 있었던 짧은 기간 동안에는 그녀를 눈여겨보는 사람이 없었다. 그녀는 동료 수녀들에게 의무를 게을리하는 사람으로 오해를 받았고, 사람들은 예수님을 향한 그녀의 열정적인 사랑을 거의 눈치채지 못했다. 그러나 그녀가 스물네 살에 죽자 그녀의 노트와 편지와 시와 기도들이 세상에 펼쳐졌고 사람들은 그녀의 영혼을 들여다보게 되었다. 곧 그녀의 깊은 경건과 영적인 성숙함이 드러났고, 그녀의 글을 읽고 그녀를 따르는 사람들이 세계 여러 곳에 생겨났다. 이 전기의 화자는 그녀 자신이다. 전적으로 그녀의 말에 근거하여 재구성된 이 책은 우리로 하여금 자기의 온 마음과 영혼으로 하나님을 사랑했던 이 젊은 프랑스 여인을 만나도록 도와준다. 이 만남은 영적인 특권이다.

Gorsuch, John P. *An Invitation to the Spiritual Journey*. New York : Paulist, 1990.
작지만 빛나는 책이다. 이 책은 그리스도인의 영적 여정의 아홉 가지 차원들을 다루고 있는데 부드러운 문체로 쓰여서 마치 연속된 묵상들 같은 느낌이 든다. 이전에 살았던 기독교 영성 저술가들의 지혜를 가득 담고 있는 이 책은 하나님을 더 깊이 알고자 하는 사람들을 향해 직설적으로, 또한 매력적으로 말하며, 그들의 삶이 하나님을 아는 지식을 통해 변화될 수 있도록 돕는다.

Gratton, Carolyn. *The Art of Spiritual Guidance*. New York : Crossroad, 1993.
이 책을 읽으려면 약간의 수고가 필요하다. 그러나 그리스도인의 영성 형성의 역동과 영성 지도의 과정에 관한 심오한 통찰이라는 풍성한 소득이 그 수고에 대한 보답으로 따를 것이다. 저자는 경험이 많은 심리학자이며 또 영성 지도자로서 에큐메니컬한 접근을 하고 있다. 그녀가 전통적인 하나님의 명칭을 사용하지 않는 것이 어떤 독자들에게는 거슬리게 느껴질 수도 있다. 그럼에도 불구하고 이 책은 기독교 영성 형성과 영성 지도에 관해 우리가 구할 수 있는 가장 좋은 자료들 중 하나다. 이 책을 강력히 추천한다.

Green, Julien. *God's Fool: The Life and Times of Francis of Assisi*. San Francisco : Harper & Row, 1983.
이 전기는 아시시의 프란체스코의 삶을 그가 살았던 시대의 배경 속에서 그려내며, 누구보다도 주목할 만한 이 그리스도인을 생생하게 살아 있게 만든다. 이 책은 그의 삶과 회심과 중세 프랑스 교회에 대한 그의 영향력을 객관적인 문체로 그리고 있다. 이 책을 통해 우리도 교회의 얼굴을 변화시켰고 세상을 바꾸어 놓았던 그 '하나님의 바보'를 만날 수 있다.

Green, Thomas H. *A Vacation with the Lord*. Notre Dame, Ind. : Ave Maria, 1986.
이그나티우스의 영신 수련에 기초한 8일 간의 영성 피정의 틀을 제시해 준다. 나는 이 책을 개인적인 피정 때와 다른 사람들을 위한 피정을 인도할 때 여러 번 활용하였고, 사람들에게도 강력하게 추천했다. 이 책의 주된 목적은 아니지만, 이 책은 또한 이그나티우스 식 영신 수련의 좋은 입문서 역할을 하기도 한다.

_____ . *When the Well Runs Dry: Prayer Beyond the Beginnings.* Notre Dame, Ind.: Ave Maria, 1998.
기도를 진지하게 배우려 하거나 고급 가르침을 받고자 하는 사람들을 위한 풍부한 안내 자료다. 아빌라의 테레사, 십자가의 성 요한, 로욜라의 이그나티우스의 지혜를 통해 기도 생활 중에 반드시 만나게 되는 '영혼의 어두운 밤'의 시기에 대해 현명한 안내를 제공한다. 만일 당신이 더 깊은 기도를 향해 나아가고 싶다면, 이 책은 당신이 그렇게 할 수 있도록 도와주는 가장 좋은 교과서들 중 하나가 될 것이다.

Griffin, Emilie. *Wilderness Time: A Guide for Spiritual Retreat.* San Francisco: HarperSanFrancisco, 1997. 「리트릿 : 숨가쁜 당신을 위한 영성 재충전」(생명의말씀사).
개신교인들 사이에 영성에 대한 새로운 관심이 일어난 한 가지 표시는 개신교인들이 고대의 피정 전통에 관심을 가지기 시작한 것이다. 이 책은 영성 형성을 위해 피정을 활용하는 일에 대한 탁월한 소개서이며, 또한 당신이 개인적인 피정을 설계할 수 있도록 격려하며 실제적인 도움을 제공한다. 피정을 인도하려는 사람에게도 매우 유익한 책이다.

Guenther, Margaret. *Holy Listening: The Art of Spiritual Direction.* Boston: Cowley, 1992.
영성 지도에 대한 유익한 통찰들을 가득 담고 있는 따뜻하고도 지혜로운 책이다. 영성 지도가 함께함과 주의 기울임의 과정임을 강조하는 이 저자는 거룩한 경청에 대한 여성의 관점을 제시한다. 이 책은 영성 지도자나 친구로 다른 사람을 섬기려고 하는 남녀 모두를 위하여 중요한 가치를 지닌 책이다.

Hall, Thelma. *Too Deep for Words: Rediscovering Lectio Divina*. New York: Paulist, 1988.「깊이 깊이 말씀 속으로」(성서와 함께).
이 고대로부터 전해 내려오는 기도 형식에 대한 아주 좋은 개론서로서, 이 기도의 역사를 개관하고 그 실천 방법을 설명해 준다. 특히 이런 묵상하는 독서 형식에 가장 알맞은 성경 구절들을 주제별로 정리해 둔 부분이 매우 유익하다.

Hansen, David. *Long Wandering Prayer: An Invitation to Walk with God.* Downers Grove, Ill.: InterVarsity Press, 2001.
이 책에서 나는 길을 걷다가 가장 깊은 기도의 체험을 하는 것이 나 혼자만의 일이 아니었음을 발견했다. 기도에 대해 흥미롭고 훌륭한 논의를 펼치는 이 저자는, 기도 중에 마음이 떠도는 순간을 기도에 해를 끼치는 장애가 아니라 유익한 것으로 사용하도록 독자들을 격려한다. 만일 당신이 삶의 공간들 속에서 하나님을 찾고 있고, 하나님과 함께 걷는 법을 배우고자 한다면, 당신에게 이 책을 강력히 추천한다.

Houston, James M. *The Transforming Power of Prayer: Deepening Your Friendship with God.* Colorado Springs: NavPress, 1999.「기도, 하나님과의 우정」(IVP).
이 책은 기도를 단순히 영적인 훈련이나 섭렵해야 할 기술이 아니라, 하나님과의 친구 관계라고 말한다. 저자 자신이 맺고 있는 하나님과의 거룩한 우정이 이 책을 더 빛나게 한다. 이 책은 당신의 기도와 하나님과의 우정을 변화시킬 잠재력을 지닌 책이다.

Hudson, Trevor. *Christ Following: Ten Signposts to Spirituality.* Grand Rapids, Mich.: Revell, 1996.
트레버 허드슨은 영성에 관한 고전들을 통해서, 또한 남아프리카에서의 목회 경험을 통해서 터득한 그리스도를 향한 열정을 계발하는 열 가지 훈련을 기술한다. 강력하면서도 지혜롭고 때로는 매우 심오한 이 작은 책은 누구든지 그리스도를 진지하게 따르는 사람에게 큰 유익을 끼칠 것이다.

Ignatius. *The Spiritual Exercises*. Translated by Louis J. Puhl. Manila : Society of St. Paul, 1990. 「성 이냐시오의 영신 수련」(한국천주교중앙협의회).
이 책은 성 이그나티우스의 고전에 대한 최근 번역들 중 하나다. 그 내용은 이그나티우스에 의해 개발된 영성 피정 계획으로서 영적인 묵상 주제들을 모아 놓은 것이며, 형식은 교회사를 통틀어 가장 잘 알려진 피정 형식이다. 원래 영성 지도자들을 위해 쓰였으므로, 홀로 피정을 하려는 사람에게는 적합하지 않다. 그러나 영성 형성과 영성 지도에 관한 이그나티우스의 접근법을 더 잘 이해하고자 하는 사람에게는 도움이 될 것이다.

James, William. *The Varieties of Religious Experience*. New York : Collier, 1961. 「종교적 경험의 다양성」(한길사).
이 책은 종교심리학 분야의 고전 중의 하나로 여겨진다. 저자는 유명한 철학자이자 심리학자로서 하나님에 대한 증거는 추상적인 철학적 논쟁들이 아니라 주로 개인의 경험 속에 자리한다고 주장한다. 이 책은 종교 체험을 심리학적으로 연구하는 것에 관한 탁월한 개론서다. 종교심이 건강한 역동과 병적인 역동 모두를 지원한다고 설명하는 것이 독자들을 자극하기는 하지만, 종교적 신앙이 인격에 미치는 영향에 관한 개관은 특히 유익하다.

John of the Cross. *The Dark Night of the Soul*. Translated by E. Allison Peers. New York : Doubleday/Image, 1990. 「어둔 밤」(기쁜소식).
'영혼의 어두운 밤'이라는 말은 영적인 메마름과 하나님께 버림받았다는 느낌을 나타내는 표현이 되었다. 이 표현은 바로 이 책에서 나온 것이다. 16세기 스페인의 신비주의자 십자가의 성 요한은 이 책을 통해 그리스도인의 영적 여정에서 어두운 밤은 피해 갈 수 없다고 말한다. 그러나 좀더 중요한 것은, 그가 어두운 밤의 기간이 우리를 하나님의 완전한 사랑을 향해 이끌도록 만드는 방법에 대해 말하는 부분이다. 이 책은 작지만 읽고 이해하고 적용하기가 쉽지만은 않다. 그러나 심리적이고 영적인 통찰들에서 나오는 지혜를 전해 주는 이 책은 기독교 영성의 고전으로 남아 있다.

Jones, Alan. *Soul Making: The Desert Way of Spirituality.* San Francisco: Harper & Row, 1985.
서문에서 저자는 이 책의 내용이 "인간이 어떻게 만들어지는가에 관한" 것이라고 말한다. 이에 관한 오래 된 은유인 '영혼 만들기'라는 말은 인격의 형성이 외부가 아니라 내부에서 시작됨을 기억하게 한다. 영혼을 만들어 내는 용광로인 사랑에 초점을 맞추면서 존스는 4세기 사막 교부 영성의 근본적인 요소들을 설명하고 이 요소들이 현대 그리스도인들의 삶에서 매우 중요하다고 주장한다. 이 책은 누구든지 영적인 배고픔을 느끼고 자신의 것만이 아닌 기독교의 다른 전통들로부터도 배우려고 마음을 여는 사람들을 위한 것이다.

Jones, Timothy. *A Place for God: A Guide to Spiritual Retreats and Retreat Churches.* New York: Doubleday, 2000.
이 책은 피정 센터를 찾는 사람들에게 도움이 되는 자료로서 캐나다와 미국에 있는 250여 개의 피정 센터들을 열거하고 있다. 또한 피정을 어떻게 준비하며 그 체험을 어떻게 잘 활용할지에 대해서도 유익한 내용을 담고 있다.

Keating, Thomas. *Open Mind, Open Heart: The Contemplative Dimension of the Gospel.* New York: Continuum, 1994. 「마음을 열고 가슴을 열고」(가톨릭출판사).
이 책은 아마도 향심 기도에 대한 현존하는 가장 좋은 안내서일 것이다. 키팅은 향심 기도를 특별히 기독교적인 형식의 묵상이라 말하며, 고대 교회로부터 향심 기도의 기원을 간략히 탐구한다. 그는 이 기도법을 사용하는 것은 하나님께 의탁하려는 '의도의 표현'이라고 말한다. 향심 기도는 하나님의 임재 안에서 쉬는 훈련이다. 이것은 많은 그리스도인들을 영적으로 천박하게 만들고 좌절하게 만드는 강박적 분주함에 대한 강력한 해독제가 된다.

Keirsey, David, and Marilyn Bates. *Please Understand Me: Character and Temperament Types.* New York: Prometheus, 1984. 「나의 모습 나의 얼굴」(한국심리검사연구소).
이제는 고전이 되어 버린 성격 유형 평가 도구인 MBTI(the Myers-Briggs type

indicator)에 대해 들어 보지 못한 사람들에게는 이 책이 훌륭한 소개서가 될 것이다. 이 책은 또한 '케어시 기질 분류'(Keirsey Temperament Sorter)라는 아주 유익한 70개의 질문들을 담고 있다. 이것은 일종의 작은 MBTI로서 열여섯 개의 성격 유형 중에 당신이 어디에 속하는지 찾을 수 있도록 도와줄 것이다.

Kierkegaard, Søren. *Purity of Heart*. Translated by D. V. Steere. New York: Harper & Row, 1956.
이 책은 마음이 순결한 사람이 하나님을 볼 수 있다고 말하며 내면의 순결함을 돌아보게 한다. 이 책에는 저자의 열정이 담겨 있으며, 자신의 주제에 대한 저자의 개인적 경험이 잘 드러나고 있다. '무엇이 마음의 순결인가'라는 질문에 대한 그의 짧은 대답은 이것이다. 하나님이 원하시는 선, 그 한 가지를 원하는 것.

Kunkle, Fritz. *Selected Writings*. Edited by John Sanford. New York: Ramsey, 1984.
이 글 모음은 가장 알려지지 않은 한 현대 심층심리학 선구자의 업적에 대한 훌륭한 개론이다. 프리츠 쿤클은 특별히 그리스도인들이 관심을 가질 만하다. 그 이유는 그가 경건한 그리스도인이었기 때문만이 아니라, 그의 글들이 완전한 종교 심리학을 발전시키고자 했던 그의 일생의 갈망을 반영하고 있기 때문이다. 이 글 모음은 그의 가장 중요한 두 책, 「어떻게 성품이 발달하는가」(*How Character Develops*)와 「성숙의 추구」(*In Search of Maturity*)의 일부를 담고 있다. 이 책의 중심 주제는 자기 중심성이다. 이 자기 중심성이 어떻게 발달하고 어떻게 피할 수 없는 위기(주로 중년에 찾아오는)를 낳으며, 그리고 이 위기를 통과해 가는 경로는 무엇인지를 다루는 저자의 논의는 영혼의 역동을 이해하는 데 중요한 기여를 한다.

Laing, R. D. *The Divided Self*. New York: Penguin, 1965.
이 책은 1970년대의 대학 캠퍼스에서 뜨거운 숭배를 받았던 책이었다. 이 책의 목적은 광기(특히 정신분열병의 한 증상으로 나타나는)의 본질과 의미를 탐구하는 것이다. 이 책의 대중적인 인기를 보면 이 책이 주제를 다루는 방식이 메마른 임상적 태도와는 거리가 멀다는 것을 알 수 있다. 그 대신 이 책은 광기의 현상이나 체험을 탐구한다. 이 책은 출판된 이후로 40년 동안 인간 마음의 파편화를 이해하는 데 중요하게 기여한 책으로 남아 있으며, 심리학에 대한 실존적 접근에 대한 좋은 개론서의 역할을 한다.

Lake, Frank. *Clinical Theology*. London: Darton, Longman & Todd, 1986.
약간 어렵긴 하지만 정신병리와 치료의 영적·심리적 기초를 이해하는 데 중요한 기여를 하는 어느 책의 요약판이다. 저자의 우울증, 히스테리, 편집증 그리고 분열 유형의 본질에 대한 통찰은 저자의 이해가 대상관계 정신분석 전통에 기초를 두고 있음을 보여 준다. 이 책은 목회자와 평신도를 위해 쓰인 책이지만 심층심리학에 대한 약간의 이해를 요구한다. 물론 심층심리학을 전혀 모르는 사람도 인내하면서 주의를 기울여 읽는다면 그 내용을 이해할 수 있을 것이다.

Laubach, Frank. *Practicing His Presence*. Goleta, Calif.: Christian Books, 1976. 「하나님의 임재 체험하기」(생명의말씀사).
20세기 필리핀 선교사에 의해 저술된 이 책은 현대판 「하나님의 임재 연습」(두란노)이라고 말할 수 있다. 1930년 1월부터 로박은 깨어 있는 시간 내내 1분에 한 번씩 1초 동안 마음을 그리스도에게 향하게 하는 훈련을 시작했다. 그 결과 놀라운 변화가 일어났다. 이 책은 마음이 하나님의 임재를 향해 깨어 있음으로써 갱신을 체험하게 된 감동적인 이야기를 담고 있다.

Law, William. *A Serious Call to the Devout and Holy Life*. Nashville: Upper Room, 1952.
이 책은 18세기 영국 청교도의 영적인 삶에 대한 이야기를 담고 있다. 하지만 그 내용은 거룩함이 자라기 원하는 모든 시대, 모든 나라, 모든 교파의 그리스도인들을 위해 말하는 것이다. 이 책은 독자들에게 더 높은 거룩함의 기준이 무엇인지 알려 준다. 하지만 저자는 독자들을 낙심하게 만들지 않고, 하나님을 추구하는 일에 더 열심을 내도록 격려해 준다.

Lawrence, Brother. *The Practice of the Presence of God*. New York: Harper & Row, 1941. 「하나님의 임재 연습」(두란노).
로렌스는 쉬지 않고 기도하는 법을 배우려고 노력한 17세기의 한 겸손한 수도 사였다. 그는 접시를 닦으면서 하나님의 임재를 온전히 체험하는 법을 배웠고, 마침내 기쁨 가운데 이렇게 외쳤다. "나는 지금 내가 영원히 하게 될 일을 하고 있다. 나는 하나님께 감사하고, 하나님을 높이고 찬양하며, 내 온 마음을 다해 하나님을 사랑하고 있다!" 100쪽이 채 안 되는 작은 책이지만, 이 책은 당신을 부드럽고 겸손한 한 그리스도인에게로 이끈다. 그는 하나님을 향해 우리의 영혼을 깨어 있게 만드는 비밀에 관해 많은 것을 가르쳐 줄 것이다.

Leech, Kenneth. *Experiencing God: Theology as Spirituality*. San Francisco: Harper & Row, 1985.
훌륭한 현대적인 영성 신학 개론서인 이 책은 구약 시대로부터 현대에 이르기까지 하나님 체험의 주된 방식들을 살펴보고 있다. 기독교의 주요 전통들을 포함하는 기독교 영성에 대한 포괄적인 개관을 제공해 준다.

_____. *Soul Friend: The Practice of Christian Spirituality*. New York: Harper & Row, 1980. 「영혼의 친구」(아침영성지도연구원).
이 책은 영성 지도에 대한 좋은 개론서다. 특히 영성 지도의 역사를 다루는 부분이 유익하다. 또한 이 책은 영성 지도와 상담 그리고 심리치료 각각의 차이점을 잘 설명해 준다. 그러나 이 책의 가장 훌륭한 부분은 기도에 관해 언급하는 두 장이다. 교회의 과거 역사로부터 현대에 이르기까지 기독교의 주요 전통들 안에서 기도에 대해 개관하면서 기도의 형식들과 침묵 기도의 역할에 관한 탁월한 논의를 전개한다.

Lewis, C. S. *The Four Loves*. London: Fontana, 1960. 「네 가지 사랑」(홍성사).
이 책은 에로스, 자비, 애정, 우정의 네 가지 형태의 사랑을 구별하면서 각각이 어떻게 다르며 또한 서로 어떤 식으로 연결되어 있는지를 잘 설명해 준다. 특히 C. S. 루이스가 우정에 관해 탐구하는 내용과, 각 형태의 사랑을 기독교적으로 이해하는 방식은 매우 소중한 가치가 있다.

Loder, James. *The Transforming Moment: Understanding Convictional Experiences*. New York: Harper & Row, 1981.
이 책은 발달심리학과 정신분석학의 통찰들을 사용하여 인간의 영과 성령의 관계를 자세히 설명하려고 시도하는 책이다. 기독교 영성 형성이라는 주제의 이론적인 측면과 실제적인 측면을 잘 통합하는 보기 드문 훌륭한 책이다. 그러나 약간 전문적인 독자들을 위한 책이며, 이 책을 잘 이해하기 위해서는 심리학과 신학 양쪽 모두에 대한 어느 정도의 배경 지식이 필요하다.

Lovelace, Richard. *Dynamics of Spiritual Life*. Downers Grove, Ill.: InterVarsity Press, 1979.
저자는 이 책을 영성 신학의 안내서라고 소개한다. 이 책은 먼저 영적 갱신의 역사와 부흥의 성경적인 모델들을 살펴보며, 그 후에는 개인과 교회의 갱신을 위한 포괄적인 틀을 제시한다. 복음주의 전통에 기초하여 영적 갱신의 신학을 제시하고 있지만, 이 책의 논의는 복음주의 전통을 초월하여 모든 이들을 위해 소중한 가치를 지닌다.

Luther, Martin. *Letters of Spiritual Counsel*. Translated by Theodore Tappert. Philadelphia: Westminster Press, 1955.
이것은 아마도 개신교에서 서신 교환을 통하여 영성 지도를 행했던 고전적인 사례일 것이다. 이 책은 한 위대한 신학자의 목회자로서의 심정을 잘 드러내 주며, 영성 형성을 목표로 삼는 친밀한 목회적 돌봄의 탁월한 사례다.

Main, John. *Moment of Christ: The Path of Meditation*. New York: Crossroad, 1986.
이 책은 기독교적인 묵상에 대한 풍부하고 매력적인 논의를 담고 있다. 마음의 고요함과 하나님께 초점을 맞추는 것에 관한 간략한 묵상들을 연속적으로 실어 놓았는데, 배후에 깔린 의도는 기도가 그리스도의 임재 안으로 휩쓸려 들어가는 일임을 기억하게 하려는 것이다. 사실은 이 책이 바로 그런 종류의 기도다.

May, Gerald. *Addiction and Grace.* San Francisco: HarperSanFrancisco, 1991. 「중독과 은혜」(IVP).
이 책은 우리가 빠질 수 있는 다양한 중독들을 다루고, 중독에서 벗어나도록 도와주는 영적인 방법들을 설명하고 있다. 저자는 우리의 애착은 우리가 하나님의 은혜에 반응하는 것을 가로막으며, 물질에 대한 중독과 동일한 생물학적 기제를 통해 힘을 공급받는다고 주장한다. 결과적으로 이 책은 심리적 차원과 영적인 차원이 서로 얽혀 있는 중독의 역동에 대한 유익한 논의들을 제공한다.

_____. *Will and Spirit: A Contemplative Psychology.* San Francisco: Harper & Row, 1983.
정신과 의사이며 기독교 영성 지도자인 제랄드 메이는 고대 기독교의 관상적 지혜들을 통해 인간의 의식을 이해하는 심리학을 세우려고 시도하였는데, 이 책은 그의 첫 결실들을 담고 있다. 이 책의 핵심은 자발성(willingness)과 의지(willfulness)라는 삶의 두 가지 자세에 대한 심오한 토의다. 이 두 가지 태도의 영적인 의미를 탐구함으로써 그는 두려움, 사랑, 갈등, 악, 그리고 다른 몇 가지 인간 기능의 양상들을 이해하는 심리학을 전개한다. 이 책은 심리학이나 관상적 영성에 대한 배경 지식을 전제하지는 않지만, 후자에 대해 열린 마음을 가진 독자는 메이의 접근 방법을 좀더 잘 이해할 수 있으며, 그 결과에 좀더 흥미를 느낄 수 있을 것이다. 나는 종종 이 책을 다시 읽어 보곤 한다.

McColman, Carl. *Spirituality: Where Body and Soul Encounter the Sacred.* Georgetown, Mass.: North Star, 1997.
에큐메니컬한 관점에서 쓰인 책이며 이 도서 목록에 언급된 다른 책들에 비하면 신학적으로 덜 정통적이다. 이 책의 가치는 저자가 제시하는 영성의 이해에 있다. 당신이 이미 아는 내용을 강화해 주는 책들만 읽기를 바란다면 이 책을 읽지 말라. 그러나 만일 당신이 영성에 대한 좀 다른 기독교적 이해를 접해 보고 대화를 나누는 것에 관심이 있다면 이 책은 당신에게 유익을 줄 것이다.

McNeill, John T. *A History of the Cure of Souls*. New York: Harper & Row, 1951.

이 책은 역사 속의 각 시대마다 교회 안에서 발견되는 영혼 돌봄의 유형들을 파노라마처럼 개관해 준다. 사람들이 영적인 양육과 영혼의 우정을 위해 어떤 다양한 구조로 관계를 맺을 수 있는지를 이해하는 데 유익하다.

Merton, Thomas. *The Ascent to Truth*. San Diego: Harcourt Brace, 1951.

먼저 경고를 하겠다. 이것은 신비주의와 영성 신학의 단단한 음식이다. 아마도 이 책이 기독교 신비주의에 관한 머튼의 저서 중 가장 심오한 저서일 것이다. 이 책은 특히 16세기 스페인의 성자 십자가의 요한에게서 표현된 기독교 신비주의를 다룬다. 당신이 기독교 신비주의를 이해하기를 원한다면, 그리고 특히 머튼이 "사랑의 불로만 밝혀질 수 있는 어둠"이라고 부르는 어두움의 시기를 통과하는 방법을 더 잘 이해하고자 한다면, 이 책은 당신의 남은 생애에서 보물과 같은 재산이 될 것이다.

_____. *New Seeds of Contemplation*. New York: New Directions, 1961. 「새 명상의 씨」(가톨릭출판사).

많은 사람들이 머튼을 이해하기 어렵다고 느끼지만, 나는 이 목록에 제시된 영성 관련 저자들 중에서 머튼을 가장 좋아한다. 그리고 이 책이 그의 책들 중에서 내가 가장 좋아하는 책이다. 내가 보기에 이 책은 거짓 자아의 본성, 즉 거짓 자아와 죄의 관계, 그리고 거짓 자아와 그리스도 안의 참 자아가 되는 과정의 관계에 대한 머튼의 가장 명쾌한 논의를 담고 있다. 서른여섯 개의 짧은 장들을 통해 우리는 또한 영적 성장에서의 고독의 역할, 신앙의 본성, 그리스도 안에 사는 삶의 신비, 하나님 사랑의 역동, 그리고 관상 기도의 본성 등의 주제들에 관하여 풍부한 통찰들을 만나게 된다. 영적 여정을 이해하고 기술하는 일의 대가로 잘 알려진 머튼은, 이 책에서 심리학적 통찰들과 자신의 심오한 지식을 결합하였다. 이 책은 최고의 심리-영적인 이론이며 또한 실제다!

_____. *The Seven Story Mountain*. San Diego: Harcourt Brace Jovanovich, 1948. 「칠층산」(바오로딸).

현대의 성자 토머스 머튼의 자서전으로서, 그 중요성이 아우구스티누스의 고백록에 견줄 만한 20세기의 걸작이라는 칭송을 받은 책이다. 이것은 한 젊은 이가 무신론과 종교적 무관심으로부터, 증가하는 영적인 불안감을 통과하여, 극적인 종교적 회심을 경험하고, 그 직후 사제로 부르심을 받고, 이어서 트라피스트 수도원(그가 "나의 새로운 자유를 위한 네 개의 벽"이라고 부른)에 들어가는 영적 여정 이야기다. 이 이야기에는 번쩍이는 통찰과 재치가 가득하다. 그러나 이것은 그저 흥미로운 이야기나 위대한 문학에 그치지 않는, 한 현대인의 영성 형성과 변화에 대한 놀라운 이야기를 전해 주는 영적인 오디세이다.

Moon, Gary. *Homesick for Eden*. Franklin Springs, Ga.: LifeSprings, 1996.

이 책은 영적인 배고픔을 즉시 채워 주며 또 다른 식욕을 자극할 책이다. 저자는 신선하고 명쾌한 문체로 쓰고 있으며, 이 책은 개인적이고 매력적인 목소리로 말한다. 이 현명한 작은 책이 알레고리의 형식으로 제시하는 이미지들은 당신의 영혼에 와 닿아 고향으로 돌아가고픈 갈망을 다시 불붙게 할 것이다. 당신 자신에게 좋은 일을 한 가지 행하라. 즉시 이 책을 사서 읽으라.

Mulholland, M. Robert. *Invitation to a Journey: A Road Map for Spiritual Formation*. Downers Grove, Ill.: InterVarsity Press, 1993.

이 책은 하나님께 나가는 데는 각각 다른 방식들이 있다는 것을 인식하고 기독교 영성 형성에 대해 설명한다. 그러나 저자는 또한 우리로 하여금 자신에게 덜 익숙한 영적인 훈련들을 탐험하도록 도전한다. 멀홀랜드는 기도가 모든 것의 기초가 되는 영적인 훈련이라고 말하는데, 그의 기도에 대한 논의는 특별한 가치를 지닌다.

_____. *Shaped by the Word: The Power of Scripture in Spiritual Formation*. Nashville: Upper Room, 1985. 「거룩한 독서」(은성).

이 책은 성경을 통해 변화되려는 의도를 가지고 성경을 읽는 방법에 관한 명쾌하고 유익한 논의를 담고 있다. 저자는 성경을 개인적인 영성 형성을 위해 읽는 것과 그 외에 다른 목적으로 성경에 접근하는 것은 차이가 있다는 점을 밝히고, 영성 형성에서 하나님의 말씀이 중심적인 자리를 차지해야 한다고 말한다.

Narramore, Bruce. *No Condemnation.* Grand Rapids, Mich.: Zondervan, 1984.
내러모어는 죄책감이라는 주제에 관한 성경적 가르침과 이와 관련된 가장 뛰어난 심리학적인 이론들을 신선한 시각으로 고찰하고 있다. 그는 참된 죄책감과 거짓 죄책감이라는 일반적인 구분에 대해 의문을 제기하고, 죄책감은 항상 파괴적일 뿐이라고 주장한다. 그는 죄책감은 기본적으로 자기 징벌의 기제일 뿐이며, 이와는 대조적으로 죄에 대한 성경적인 반응은 후회와 회개라고 말한다. 이것은 그저 말장난이 아니다. 이 책은 죄책감의 본성에 관하여, 그리고 죄책감이라는 동기가 얼마나 만연해 있으며 또한 파괴적인지에 관하여 유익한 논의를 제공한다.

Norris, Kathleen. *The Cloister Walk.* New York: Riverhead, 1996. 「수도원 산책」(생활성서사).
이 책은 뉴욕 타임즈 베스트셀러와 1996년의 주목할 만한 책으로 선정되었다. 한 결혼한 개신교 여성이 도저히 경험하리라고 생각지 않았던 고대의 수도원적인 삶을 경험하면서 얻게 된 통찰들을 영적인 자서전처럼 기록한 책이다. 그녀는 베네딕트 식 수도원 생활에 참여함으로써 많은 영적인 발견을 했고, 그 내용들을 우아하고 신선하고 친근한 문체로 전해 주고 있다. 이 책과 「놀라운 은혜」(Amazing Grace, 1998)라는 두 권의 책은, 그녀의 영적인 갈망을 통해 자신들의 영혼에서 일어나는 움직임을 발견하게 된 수천 명의 남녀 독자들을 사로잡았다.

Nouwen, Henri. *The Inner Voice of Love.* New York: Doubleday, 1996. 「마음에서 들려오는 사랑의 소리」(바오로딸).
이 책은 나우웬의 작품 중에서 가장 부드럽고 감동적인 책에 속한다. 이것은 그의 일생 중 가장 힘든 시기에 쓰여진 '비밀 일기'였다. 이 일기를 쓰는 기간 동안 나우웬은 우울증으로 고통을 겪고 있었고, 그의 삶 속에서 하나님의 사랑에 대한 체험이 완전히 사라진 것처럼 느끼고 있었다. 그러므로 이것은 영적으로나 정신적으로 고통을 경험한 사람들을 위한 책이다. 이것은 깊은 고통을 경험했던, 그러나 하나님을 향한 믿음이 결코 흔들리지 않았던, 한 사람의 가슴으로부터 전해지는 희망과 사랑과 믿음의 메시지다.

_____. *Reaching Out: The Three Movements of the Spiritual Life.* New York: Doubleday, 1966. 「영적 발돋움」(두란노).

이 책을 통해 나는 처음으로 나우웬을 만났다. 여러 색깔의 볼펜과 연필로 수많은 밑줄을 그어 놓은 것을 보니, 아마도 이 책을 적어도 대여섯 번은 읽었던 것 같다. 이 책이 말하는 '세 가지 움직임'들은 외로움에서 고독으로, 적대감에서 환대로, 환상에서 기도로의 움직임이다. 그리고 이것은 각각 우리 내면의 자아를 향한, 다른 사람들을 향한, 그리고 하나님을 향한 발돋움을 가리키는 것이다. 이 책은 '예수님의 영 안에서 사는 것은 무엇을 의미하는가?'라는 질문에 대한 응답이다. 이 질문에 대한 나우웬의 현명한 대답으로 인해 이 책은 현대의 영성 고전이 되었다.

_____. *The Return of the Prodigal Son.* New York: Doubleday, 1994. 「탕자의 귀향」(글로리아).

20세기의 가장 많은 사랑을 받은 기독교 저술가이며 영적인 안내자의 책을 단 몇 권만 골라서 소개해야 한다는 것이 나에게는 아주 어려운 일이다. 그러나 그의 모든 책들 중에서 이 책은 내가 가장 자주 반복해서 읽는 책이며, 내 삶에 가장 중요한 변화를 가져다주었던 책이다. 이것은 렘브란트의 그림 "탕자의 귀향"에 대한 묵상이자 성경의 비유에 관한 묵상이다. 지난 수세기 동안 많은 그리스도인들이 이 탕자의 비유가 복음의 핵심을 담고 있다고 느꼈다. 나우웬은 렘브란트의 그림을 통로로 삼아 이 중요한 비유가 말하는 진리의 중심으로 들어간다. 묵상하면서 읽으라. 이 책은 하나님에 대한 당신의 관점을 영원히 바꾸어 놓으리라 기대할 만한 충분한 이유가 있는 책이다.

_____. *The Way of the Heart*. San Francisco: Harper & Row, 1981. 「마음의 길」(분도).

많은 사람들이 나우웬으로부터 받은 선물들 중 가장 위대한 것은 마음의 고독을 가꾸는 일에 대해 배운 것이다. 이 주제는 그의 대부분의 책에 등장한다. 그러나 오직 이 주제만을 다루는 한 권의 책이 있다. 이 책은 사막 영성이 현대 그리스도인들에게 기여하는 바에 대한 묵상이다. 나우웬은 고독, 침묵, 그리고 쉬지 않는 기도가 사막 영성의 핵심을 이룬다고 결론짓는다. 이 세 가지는 또한 우리 시대의 그리스도인들에게 영적인 깊이와 생명력을 공급해 주는 토대가 된다.

O'Donohue, John. *Eternal Echoes: Celtic Reflections on Our Yearning to Belong*. New York: HarperCollins, 1999.

이 책은 사람의 갈망, 특히 소속되고자 하는 갈망에 대해 신선하면서도 심오한 통찰들을 보여 준다. 이 책이 드러나게 기독교적인 관점으로 쓰인 것은 아니지만, 영혼의 본질적 역동인 소속되고자 하는 갈망에 대한 이 책의 이해는, 이 갈망과 또한 다른 모든 영혼의 갈망들이 본질적으로 영적인 것임을 적절하게 포착하고 있다.

Packer, J. I. *Quest for Godliness*. Wheaton, Ill.: Crossway, 1994.

이 책은 청교도 영성에 관한 책으로서, 청교도에 관한 신화와 오해를 몰아내고, 기독교 영성에서 청교도의 가르침의 가치가 올바로 평가될 수 있는 자리로 그들을 되돌려 놓는다. 청교도는 우리에게 영적 여정에 관해 많은 것을 가르쳐 줄 수 있다. 만일 당신이 청교도의 저술들을 직접 접해 보지 못했다면, 이 책은 또한 청교도 저술에 대한 좋은 개론서가 될 수도 있다.

Peck, M. Scott. *People of the Lie*. New York: Simon & Schuster, 1983. 「거짓의 사람들」(비전과리더십).

나는 이 책이 우리 시대의 인기 저자 중 한 사람인 펙의 책 중에서 가장 중요한 책이라고 생각한다. 이 책은 악의 심리학을 전개하고자 하는 예비적인 시도다. 그는 악의 뿌리를 자기애라고 보며, 그것의 치유에 대해 약간은 순진한 희망을 가지고 있다. 그러나 자기애, 죄, 악의 관계에 대한 그의 논의는 매우 유익하다.

Pennington, Basil M. *Centering Prayer: Renewing an Ancient Christian Prayer Form.* New York: Image, 1982. 「향심 기도」(기쁜소식).
바실 페닝턴은 트라피스트 수도사로서 토마스 키팅과 함께 향심 기도라고 불리는 고대 기독교의 기도법을 재발견한 사람으로 알려져 있다. 이것은 향심 기도가 무엇인지, 그리고 당신이 존재를 하나님께 집중하며 침묵할 때 무엇을 경험하게 될지에 대해 가장 명쾌하게 설명해 주는 책이다.

_____. *Living in the Question.* New York: Continuum, 1999.
이 흥미로운 소책자는 단순히 질문들에 대한 대답을 찾는 대신에 질문과 함께 살아가는 것이 무엇을 의미하는지를 탐구한다. 저자는 독자가 그리스도를 만나며 복음서에서 그리스도가 그를 따르는 사람들에게 던졌던 질문들을 대면해 보도록 초대한다. 그렇게 하는 동안 우리는 질문들이 하나님을 만나는 공간을 열어 주는 놀라운 방식들을 깨닫게 된다. 이 책은 영적 여정에서 다른 사람들의 동반자가 되고자 하는 사람들에게 중요한 기여를 하는 책이다.

_____. *True Self/False Self.* New York: Crossroad, 2000.
저자는 거짓 자아가 내가 소유한 것, 행하는 것, 그리고 사람들이 나에 대해 생각해 주기를 바라는 내용들로 구성된다고 말하며, 이런 애착들이 주는 속박과 그리스도 안에서 자유에 이르는 길에 대해 기술하고 있다. 페닝턴에 의하면, 나의 참된 자아는 나를 가장 깊고 진실하게 사랑하는 그분의 눈에 반영된 나 자신을 보는 것에 근거를 둔다. 우리는 페닝턴이 향심 기도라고 부르는 것을 통해 우리의 중심을 하나님께 둠으로써 참된 자아를 발견할 수 있다.

Peterson, Eugene. *Answering God: The Psalms as Tools for Prayer.* San Francisco: HarperSanFrancisco, 1989. 「응답하는 기도」(IVP).
시편을 읽는 것은 하나님 앞에서 정직할 줄 알았던 사람들의 기도 생활에 관하여 들을 수 있는 좋은 기회가 된다. 피터슨이 이러한 기도시들의 중심으로 독자를 인도하며, 그 시들을 이해하고 우리의 것으로 만들 수 있도록 큰 도움을 준다. 이 명성 있는 영성 저술가의 책들 중에서 이 책은 내가 가장 좋아하는 책이다.

_____. *The Contemplative Pastor: Returning to the Art of Spiritual Direction.* Dallas: Word, 1989.

피터슨은 이 책에서 그의 특징적인 신선하고 친근한 문체로, 목사들에게 영성지도를 그들의 사역 중심에 두라고 요청한다. 이것은 그것을 이미 실천하고 있는 목사로부터 주어진 충고다. 그러므로 독자들은 그저 저자의 생각만 읽는 것이 아니라 그를 직접 만날 수 있다.

Retreats Online (www.retreatsonline.com)
이 웹사이트는 전 세계 다양한 유형의 피정 센터들에 대한 링크들을 담고 있다. 'Christian Retreats'를 선택한 다음 가까운 곳이나 당신이 여행하고자 하는 지역의 피정 센터를 찾아보라.

Riso, Don Richard. *Personality Types: Using the Enneagram for Self Discovery.* Boston: Houghton Mifflin, 1987.

에니어그램은 고대로부터 전해 내려오는 성격 분류와 이해의 체계다. 이것이 최근에 재발견되어 인기를 얻고 있는 것은 많은 부분 이 저자의 명석한 저술 때문이다. 이 저자의 많은 책들 중 어느 것을 택해도 좋을 것이다. 하지만 내 의견으로는 이 책이 가장 철저한 개관이며 이 방법의 기원들에 대한 좋은 배경 지식을 제공해 준다. 또한 이 책은 에니어그램에 의해 구별되는 아홉 가지의 기본적인 성격 유형의 건강하거나 건강하지 않은 표현들에 관해 유익한 논의들을 제공해 준다.

_____. *Understanding the Enneagram.* Boston: Houghton Mifflin, 1990.

좀더 실제적이고 덜 이론적인 책으로서 저자의 위의 책에 대한 좋은 보완이 되거나, 혹은 그 자체로 에니어그램에 대한 좋은 개론서가 될 것이다. 내 생각으로는 에니어그램의 정말 뛰어난 점은 각 성격 유형과 관련된 기본적인 죄를 조명하는 부분이다. 에니어그램과 관련된 많은 영적인 저술들이 리소의 작업에 기초하여 쓰였으며, 이 책은 리소의 작업에 대한 훌륭한 개론이다.

Rohr, Richard. *Everything Belongs: The Gift of Contemplative Prayer.* New York: Crossroad, 1999.

이 책은 기독교 영성에 대해 지난 수년 동안 내가 읽은 책들 중 가장 좋은 책이다. '영성은 보는 것과 관련된다'고 주장하면서, 로어는 묵상이란 우리가 하나님의 임재를 인식하며 사는 법을 배우는 장소이며, 그 곳에서 어떻게 모든 것이 서로 제대로 맞추어지는지 알게 된다고 말한다. 기도의 기술을 제시하는 것은 아니지만, 그래도 이 책을 기도에 관한 책이라 부르는 것이 마땅하다. 왜냐하면 이 책의 초점이 하나님과 그분의 실재를 향해 깨어 있는 것에 있기 때문이다. 이 책은 비유와 은유와 개인적 체험의 형태로 메시지를 전달한다. 당신이 직접적인 명제적 설명을 더 선호한다면 이 책이 당신에게 적당하지 않을 것이다. 그러나 당신이 좀 덜 직접적인 설명 형식도 받아들일 준비가 되어 있다면, 이 책은 바로 당신을 위한 것이다. 이 책은 나를 위한 책이었고, 내가 하나님과 그분의 세계를 어떻게 보아야 할지에 대해 특별한 도전을 주었던 책이다.

Santa-Maria, Maria. *Growth Through Meditation and Journal Writing: A Jungian Perspective on Christian Spirituality.* New York: Paulist, 1983.

이 책은 제목이 말하는 것보다 훨씬 더 많은 것을 담고 있다. 이 책은 주로 묵상과 일기 쓰기를 다루고 있지만, 사실 그 내용은 기독교 영성 형성에 관한 것이라고 말할 수 있다. 기독교 영성에 대한 고전적인 접근 방법들을(아빌라의 테레사, 로욜라의 이그나티우스, 에블린 언더힐, 토머스 머튼 등의 영성 형성에 대한 이해의 특징들을 논의하는 것을 포함하여) 개관하는 부분이 유익하고, 저자가 그 내용을 영성 형성 그룹을 위한 아홉 주의 커리큘럼으로 종합한 것도 도움이 된다.

Savary, Louis, Patricia Berne and Strephon Williams. *Dreams and Spiritual Growth: A Judeo-Christian Way of Dreamwork.* New York: Paulist, 1984.

내가 본 책들 중 영성 형성에서 꿈이 지닌 역할을 가장 잘 다룬 책이다. 이것은 매우 실제적이고(37가지의 꿈 분석 기술을 다루고 있다) 균형 잡혀 있으며(꿈 이해와 분석에 대한 몇 가지 다양한 접근법들을 통합한다), 영성 형성에 견고하게 초점을 맞춘다. 자신의 내면 세계를 더 잘 알고 자신의 깊은 주관성

속에서 하나님의 음성에 더 조심스럽게 귀기울이려는 사람들은 이 책을 좋아하게 될 것이다.

Shapiro, David. *Neurotic Styles.* New York: Basic Books, 1965.
네 가지 신경증적 기능 유형들(강박성, 히스테리성, 편집성, 충동성)에 대한 고전적인 논의를 담은 이 책은 정신병리학 분야에 대한 탁월한 개론서다. 접근법은 전문적이지만, 약간의 심리학 배경을 가진 비전문가들도 이해할 수 있는 내용이다. 이 책은 또한 인간의 기능 이해의 정신역동적 접근법에 대한 탁월한 개론서이며, 신경증 유형들 속에서 작용하는 주요한 정신적 방어 기제들에 대해 아주 유익한 논의를 포함하고 있다.

Smith, James, and Lynda Graybeal. *A Spiritual Formation Workbook: Small Group Resources for Nurturing Christian Growth.* San Francisco: HarperSanFrancisco, 1999. 「영성 훈련을 위한 아홉 번의 만남」(두란노).
이 책은 리처드 포스터가 「생수의 강」(두란노)에서 말한 여섯 가지 기독교 영성 전통들에 근거하여 영성 형성 그룹의 시작 단계를 위한 아주 유용하고 실제적인 커리큘럼을 제시한다. 이 교재는 한 그룹이 아홉 번에 걸쳐 모임을 가질 수 있도록 구성되어 있다. 이 책은 인도자를 위한 유익한 조언들뿐 아니라 그룹의 참여자들이 좀더 균형 잡힌 영성 생활을 개발할 수 있도록 도와주는 많은 연습 문제들과 토론 주제들을 담고 있다.

Sproul, R. C. *The Holiness of God.* Wheaton, Ill.: Tyndale House, 1985.
이 책은 거룩함의 의미를 살펴보고 왜 우리가 거룩한 하나님께 매료되면서도 동시에 두려움을 느끼는지 탐구한다. 이 책은 하나님 안에 있고 또한 우리 안에 있도록 의도된 거룩함에 대한 심오하면서도 영적인 유익을 주는 연구서다.

Sugerman, Shirley. *Sin and Madness: Studies in Narcissism.* Philadelphia: Westminster Press, 1976.
이 책은 자기애를 신학자들이 죄라고 부르고 심리학자들이 광기라고 불러 온 것의 핵심으로 이해할 수 있다고 주장하면서, 인간의 자만심과 자기 파괴적 경향의 역동에 대한 탁월한 탐구를 제시한다. 이런 관찰들은 죄가 광기나 자기애에 지나지 않는다고 암시하려는 의도가 전혀 없는 비환원주의적인 방식으로 제시된다. 저자의 초점은 인간의 영혼에 해를 끼치는 것으로 보이는 자기 중심성의 핵심을 이해하려는 데 있다. 여기에 제시된 통찰들은 영혼의 역동을 이해하려는 모든 사람들에게 유익하다.

Tan, Siang-Yang, and Douglas Gregg. *Disciplines of the Holy Spirit*. Grand Rapids, Mich.: Zondervan, 1997.
주류 복음주의의 관점에서 쓰인 이 책은 성령을 향해 깨어 있는 것이 기독교 영성 형성의 토대라고 말한다. 우리가 하나님께 가까이 가고, 복종하고, 다른 사람에게 나아갈 때 성령에 대한 우리의 핵심 반응은 고독, 의탁, 봉사의 훈련이라고 말한다.

Teresa of Ávila. *Interior Castle*. Translated by E. A. Peers. New York: Doubleday, 1961. 「영혼의 성」(바오로딸).
테레사는 비범한 재능을 가진 교사였다. 그녀의 초점은 다른 사람을 영적인 완전을 향하여 나가도록 안내하는 것이었다. 이 책은 영혼이 하나님을 향해 깨어 있는 상태로 나아갈 때 경험하게 되는 진보의 과정을 다룬다. 그녀는 이 여정을 내부의 성으로 들어가면서 중간에 있는 방들을(그녀가 '바깥쪽 궁방들'이라고 부르는) 통과하는 것으로 묘사한다. 이 여정에서의 진보는 하나님을 아는 지식이 깊어지는 것과 세상에 대한 사랑으로부터 멀어지는 것으로 드러난다. 이 책은 신비주의 신학이라 알려진 것에 대한 고전이다.

Thomas á Kempis. *The Imitation of Christ*. New York: Pyramid, 1967. 「그리스도를 본받아」(기독교연합신문사).
지난 500년 동안 아무도 부인할 수 없는 경건 분야의 걸작으로 널리 인정되어 온 이 책은 수백 만의 그리스도인들이 그들의 주님께로 가까이 다가가도록 도움을 주었다. 어떤 독자들에게는 이 책의 전근대적인 언어와 문체가 고루하게 느껴질 수도 있겠지만, 독자들에게 보상을 후하게 나누어 주는 보물이다.

Tournier, Paul. *Guilt and Grace.* New York: Harper & Row, 1962. 「죄책감과 은혜」(IVP).

이 책은 아마도 진정한 죄책감과 거짓 죄책감, 그리고 거짓 죄책감이 조금씩 정신적, 영적 생명력을 갉아먹는 방식을 다룬 가장 훌륭한 기독교적 논의일 것이다. 수십 년 후에 투르니에의 사상은 북미의 복음주의자들 사이에서 널리 받아들여졌다. 그러나 이 책에서는 그의 생각들이 가장 초기의 모습으로 그리고 또한 가장 명쾌한 표현들로 제시되고 있다. 죄책감이라는 중요한 심리-영적인 역동에 관한 소중한 책이다.

_____ . *The Meaning of Persons.* London: SCM Press, 1957.

나는 이 책을 대학교 1학년 때 처음 만났다. 이 책과 프로이트의 「꿈의 해석」(*Interpretation of Dreams*)을 읽은 것이 내가 심리학을 공부하게 된 계기가 되었다. 이 책을 계기로 투르니에는 많은 사람들의 사랑을 받는 유명한 저술가가 되었다. 사람이 되는 것이 무엇을 의미하는지에 대한 이 책의 논의 때문에 이 책은 보석과 같은 책으로 남아 있다.

_____ . *A Place for You.* London: SCM Press, 1968.

많은 사람들의 사랑을 받았고, 특히 20세기의 마지막 10년 동안에 북미 기독교인들 사이에서 인기를 얻었던 한 스위스인 의사가 쓴 책이다. 그의 다른 책들과 마찬가지로 이 책도 인간 조건에 대한 명석한 관찰자였던 투르니에의 부드럽고 따뜻한 지혜를 담고 있다. 투르니에는 정신과 의사로 훈련을 받았지만, 그의 글들은 전문적이지 않으며 많은 사람들이 이해하기 쉽게 쓰였다. 이 책은 그의 20여 권의 책들 중에서 내가 가장 좋아하는 책이다. 이 책은 나 자신의 자리라고 부를 수 있는 장소를 찾아야 할 인간의 필요에 대해 탐구하면서, 심리적 역동과 영적 역동을 통합하며 풍부한 의미를 드러낸다. 이 책은 우리의 영적인 불안과 가장 깊은 갈망에 와 닿음으로써 우리의 영혼을 향해 말하는 책이다.

Tozer, A. W. *The Knowledge of the Holy*. New York: Harper & Row, 1961. 「하나님을 바로 알자」(생명의말씀사).

이 작은 책은 하나님의 본성에 대한 묵상을 담고 있다. 이 책은 머리와 가슴 모두를 위해서 쓰인 책으로서, 하나님 체험에 관한 건전한 교리적 기초를 세우면서 동시에 경건의 숨결로 호흡하는 책이다.

Underhill, Evelyn. *Practical Mysticism: A Little Book for Normal People*. New York: E. P. Dutton, 1943. 「실천적 신비주의」(은성).

이 짧은 기독교 신비주의에 대한 소개서는 20세기의 가장 중요한 개신교 신비주의자로 널리 알려진 저자에 의해 쓰였다. 제목이 말해 주는 것처럼, 사실 이 책은 탁월하게 실제적이다. 신비주의를 '실재와의 연합을 위한 기술'로 정의하면서 저자는 관상의 세 가지 형태를 기술하는데, 이것은 하나님과의 연합으로 나가기 위한 그녀의 '방법'의 핵심을 이룬다.

Van Kaam, Adrian. *On Being Yourself: Reflections on Spirituality and Originality*. Denville, N.J.: Dimension, 1972.

두케인 대학교 영성 형성 연구소의 설립자이며 소장인 저자가 쓴 이 소책자는 그리스도 안의 고유한 자아가 되는 것의 의미에 관한 묵상이다. 반 카암은 우리가 그리스도와 같이 변화되려 할 때 다른 사람들과 비슷하게 되는 것을 기대해서는 안되며, 우리 안의 그리스도가 고유하게 표현되어야 한다고 주장한다. 그는 그리스도를 닮는 것만이 우리의 고유함의 진정한 근원이라고 주장하면서도, 자만심과 수많은 고유성의 가짜 근원들에 대해 현명한 경고를 덧붙인다. 저자가 쓴 많은 책들 중에서 이 책은 이해하기 쉬우면서도 보석 같은 가치가 있는 중요한 책이다.

Vanier, Jean. *Becoming Human*. Toronto: Anansi, 1998.

이 책의 저자는 지능 장애인 공동체의 국제적인 네트워크인 라르슈의 창립자이다. 그는 인간이 된다는 것이 무엇이며 인간성에서 어떠한 성장이 일어나는지에 관해 독자를 사로잡는 묵상을 제공한다. 저자의 심오한 기독교 신앙이 묻어나는 이 책은 많은 심리적, 영적 통찰들을 담고 있으며, 그것들을 적절히 종합하고 있다. 외로움, 소속됨, 용서, 포용에 관한 장들은 바니에가 우리를 향해 도전하는 관점들을 보여 준다. 바니에는, 만일 우리가 자유와 온전함에 이르는 기독교적인 길을 발견하기 원한다면 다른 사람을 향해 다가가야 하며, 특히 약하고 권리를 박탈당한 사람들을 향해 나아가야 한다고 도전한다.

Vennard, Jane E. *Be Still: Designing and Leading Contemplative Retreats.* Bethesda, Md.: Alban Institute, 2000.
이 책은 관상 피정을 어떻게 운영할 수 있는지에 대한 실제적인 제안들을 가득 담고 있으므로, 그 일을 하고자 하는 사람들이 반가워할 책이다. 이 책은 또한 침묵의 역할, 관상 기도, 영적 우정, 묵상 프로그램 등 영성 피정이나 그리스도인의 영적 여정과 관련된 여러 주제들에 대해 유익한 논의를 제공한다.

Vest, Norvene. *Gathered in the Word: Praying the Scripture in Small Groups.* Nashville: Upper Room, 1996.
이 책은 성경으로 기도하는 오래 된 전통인 렉티오 디비나를 소개하는 책이다. 아마도 현대에 쓰여진 자료로서는 이 책이 가장 좋은 자료일 것이다. 앞 부분에서 렉티오 디비나의 역사를 간략히 다룬 뒤에, 그 방법을 그룹으로 실행할 수 있는 방법을 한걸음씩 단계적으로 소개한다. 매우 실제적이고 이해하기 쉬우므로, 피정이나 소그룹을 인도하려는 모든 사람들에게 도움을 줄 것이다.

Ware, Corinne. *Discover Your Spiritual Type: A Guide to Individual and Congregational Growth.* Bethesda, Md.: Alban Institute, 1995.
이 책은 하나님을 만나고 그 체험에 응답하면서 살아가는 자신만의 방법을 발견하고 발전시키는 것에 관한 책이다. 저자는 '머리', '가슴', '신비', '하나님 나라'(이 네 번째 것은 아마도 예언자적 유형이라고도 부를 수 있을 것이다)의 네 가지 기본적인 영성의 유형을 구별하고 각각의 강점과 약점을 요약한다. 자신의 유형 안에서 어떻게 성장할 수 있는지에 대한 논의는 영성 형성에서의 회중의 역할에 대한 유익한 이해를 반영하고 있다. 사실 이 책은 개인의 영적 성장뿐 아니라 공동체의 성장과도 관련이 있다.

Wesley, John. *A Plain Account of Christian Perfection*. London: Epworth, 1952.

이 소책자는 그리스도 안에서의 성장을 '완전한 사랑' 안에서의 성장으로 명쾌하게 설명하고 있다. 웨슬리에 의하면 사랑이 우리와 하나님, 그리고 우리와 이웃과의 관계를 규정해야만 한다. 그것이 그리스도인의 완전의 목표다. 이 책은 자신의 영적 여정을 진지하게 생각하는 사람들, 특히 사랑 안에서 성장하기를 바라는 모든 사람들에게 매우 유익하다.

Willard, Dallas. *The Divine Conspiracy: Rediscovering Our Hidden Life in God*. San Francisco: HarperSanFrancisco, 1998. 「하나님의 모략」(복있는사람).

이 책은 독자들을 그리스도와의 신선한 만남으로 이끌고자 하며, 특히 그리스도를 잘 알고 있다고 생각하여 그의 가르침에 신선하게 귀기울이지 못하는 사람들을 향해 도전한다. 저자는 예수님을 따르는 제자가 되는 것이 복음의 핵심이라고 말하며, "인류를 위한 좋은 소식은 예수님이 지금 '대가와 함께하는 생활 교실'의 학생을 모집하고 있다는 소식"임을 우리에게 상기시킨다.

인명 색인

Aelred of Rievaulx 59
Brother Lawrence 38, 129, 142
Buber, Martin 70
Calvin, John 31, 42, 116, 213
Claver, Peter 71
Eckhart, Meister 42
Emerson, Ralph Waldo 92
Foster, Richard 233, 320
Francis of Sales 33
Guenther, Margaret 57, 215
Hudson, Trevor 146, 304
Ignatius of Loyola 47, 303, 319
Irenaeus 43
John of the Cross 188, 312
Julian of Norwich 228
Lewis, C. S. 77, 84, 85, 301, 309
Luther, Martin 116

Merton, Thomas 33, 40, 46, 272, 298, 313, 319
Moore, Thomas 97
Mother Teresa 71, 301
Nouwen, Henri 59
O'Donohue, John 61
Pennington, Basil 45, 134, 317
Plato 84
Sproul, R. C. R. C. 43
Teresa of Avila 32, 33, 52, 303, 319, 321
Tournier, Paul 60, 61
Underhill, Evelyn 33, 319
Ware, Corrine 230
Wesley, John 37
Zwingli, Ulrich 116

주제 색인

가르침(teaching) 121, 126-127, 135
갈망(longings) 95, 128-129, 135
감사(gratitude) 104, 109, 191, 192-193, 196
개신교인(Protestants) 31, 34, 113
개인주의(individualism) 48-49
거룩(holiness) 41-44, 104, 216
거룩한 동반자(sacred companions) 21, 281
격려(encouragement) 233-234
결혼(marriage)
    다른 관계가 결혼에 미치는 영향(impact of other relationships on) 101-103, 104
    배우자 안에 계신 하나님 보기(seeing God in spouse) 255
    비그리스도인 배우자와의 영혼의 친밀함(soul intimacy with non-Christian spouse) 105
    안에서의 대화(dialogue in) 259-261
    안에서의 성(sexuality in) 261-263
    안에서의 영성 지도(spiritual direction in) 269-276, 277
    안에서의 영적 우정(spiritual friendship in) 263-268
    안에서의 영혼의 우정(soul friendship in) 252-261, 268
    안에서의 친밀함(intimacy in) 93-94, 261-262
    안에서의 통제(control in) 257-258
    에 대한 낮은 기대(low expectations of) 251-252, 268
    영적 동반자 그룹에서의 부부(couples in spiritual accompaniment groups) 236-237
    전에 영혼의 친구 되기(becoming soul

friends before) 252
　하나님의 눈으로 배우자를 바라보기
　　(seeing spouse through God's eyes)
　　255-256
겸손(humility) 202-203, 214
계시(revelation) 124, 143, 153-160
고결함(integrity) 64
고대(ancients) 77
고독(solitude) 59
고요함(stillness) 61, 133-134, 229, 231,
　233
고유함(uniqueness) 254, 255
공감(empathy) 120, 215
구조(structure)
　영적 동반자 그룹의(of spiritual
　　accompaniment groups) 238-239
　영성 지도의(of spiritual direction)
　　119, 274-275
권위(authority) 113, 117, 136
귀기울이기(listening) 215-216, 228-231,
　259
그리스도 안의 자아(self-in-Christ) 63,
　104
　"정체성"도 보라.
기도(prayer)
　결혼 관계 안에서의(in marriage) 256,
　　271, 273
　관상 기도(contemplative) 163-164
　기도의 과정(prayer process) 122
　기도하는 마음으로 귀기울이기
　　(prayerful listening) 228-231
　듣는 기도(as listening) 173, 175, 179
　머리와 가슴으로 하는(of head and
　　heart) 33, 165
　비언어적인(unworded) 152-153, 177-
　　178
　쉬지 않는(without ceasing) 140, 150,

　　176
　영성 지도에서의(in spiritual direction)
　　136-138, 238
　영적 동반자 그룹에서의(in spiritual
　　accompaniment groups) 225
　와 꿈(and dreams) 158
　와 영적 여정(and spiritual journey) 33
　조율과 하나님에 대한 응답으로서의(as
　　attunement and response to God)
　　122
　하나님의 임재를 분별하기 위한(to
　　discern God's presence) 66-67
향심 기도(centering) 134
기쁨(joy) 195-196
깨어짐(brokenness) 257
꿈 분석을 위한 TTAQ(TTAQ in dream
　analysis) 157-159
꿈(dreams) 156-162, 167, 194-195

다른 사람과 함께하기(presence with
　another person) 61-68, 216
대상화(objectification) 69-70
대화(dialogue) 69-72, 94-95, 227, 262,
　263-264, 259-261
도덕적인 지도(moral guidance) 120
동방정교회 그리스도인(Eastern Orthodox
　Christians) 33, 36
동정(compassion) 104
두려움(fear) 161, 167, 190, 226, 261

렉티오 디비나(lectio divina) 229-231,
　242-245
로마가톨릭(Roman Catholics) 31, 36,
　146
룻(Ruth) 79-80, 99
리더십(leadership) 239

마리아와 마르다(Mary and Martha) 163
멘토링(mentoring) 31
목양(shepherding) 117
목회 상담(pastoral counseling) 118
"상담", "제자 훈련", "도덕적인 지도",
"영성 지도"도 보라.
믿음과 체험(faith and experience) 185

반추(examen) 150-153, 166, 175-176,
190-191
변화(change)
   결혼 관계에서의(in marriage) 104,
257-258
   관계를 통한(from relationships) 104
   를 돕는 성령(Holy Spirit as agent of)
135, 258
   영적 동반자 그룹에서의(in spiritual
accompaniment groups) 240-241
   영적 우정에서의(in spiritual
friendships) 66, 69-70
   와 그리스도를 따르기(and following
Christ) 81
   의 위험(risk of) 261
   일기 쓰기를 통한(from journaling)
247-248
부르심(calling) 73, 81, 104, 161-165,
199-208
부모됨(parenthood) 264, 271
분노(anger) 267
분리(separateness) 96-97, 100, 253-255,
260, 267
분별(discernment)
   그리스도 안에 있는 자아의(of self-in-
Christ) 104
   배우자에 대한 하나님 뜻의(of God's
vision for spouse) 256-257
   영성 지도에서의(in spiritual direction)

119, 125, 184, 200-208
   영적 동반자 그룹에서의(in spiritual
accompaniment groups) 241
   영적으로 메마른 때의(in times of
spiritual dryness) 183
   을 위한 기도(praying for) 131
   하나님 은혜의(of God's grace) 73
   하나님 임재의(of God's presence) 66-
68, 73, 132, 280
비그리스도인(non-Christians) 104-106
비밀 유지(confidentiality) 60, 273

사도(apostles) 28
사랑(love)
   과 결혼 관계에서의 존경(and respect
in marriage) 253-255
   과 분리(and separateness) 253-255
   과 순종(and obedience) 161
   에 대한 예수님의 말씀(Jesus' words
about) 39
   영성 지도에서의(in spiritual direction)
203-204
   영적 관계의 동기로서의(as motivation
in spiritual relationships) 60, 234,
281
   영적 우정의 이상적 요소로서의(as ideal
of spiritual friendship) 83
   우정에서의(in friendship) 103
   이 요구하는 것(demands of) 39
   이웃을 향한(for neighbor) 39
   하나님을 향한(for God) 38, 165, 179
   하나님의 사랑에 의탁하기
(surrendering to God's) 125-126,
161-162
   하나님의 사랑을 받아들이기(receiving
God's) 38, 168
삶을 누리기(enjoyment of life) 104

삼위일체(Trinity) 83
상담(counseling) 113-115, 120-121, 123, 135, 136, 180-181, 200-201
상상력(imagination) 147
상처받기 쉬운 상태(vulnerability) 260, 237
상호성(mutuality) 97-99
설교(preaching) 119
섬김(service) 161-162, 168
성(sexuality) 261-263
성경 묵상(meditation on Scripture) 166, 145-147, 153-156, 179
성경(Scripture)
　영성 지도에서의(in spiritual direction) 154, 209-210, 214
　영적 동반자 그룹에서의(in spiritual accompaniment groups) 223
　을 통한 하나님의 계시(God's revelation through) 154-156
　의 묵상적 읽기(meditative reading of) 153-154, 146-147, 166, 179
　"렉티오 디비나"도 보라.
성령(Holy Spirit)
　변화를 도우시는(as agent of change) 135, 258
　영적 동반자로서의(as spiritual companion) 280
　진정한 영성 지도자로서의(as true spiritual director) 118, 119, 127, 135, 136, 178, 181, 272
소유(possessiveness) 96, 258, 267
　"질투"도 보라.
수용(acceptance) 233-234
수치감(shame) 155, 260
순종(obedience) 126, 161-162, 167-168
숨어 계신 하나님(hiddenness of God) 187-188

신뢰(trust) 260, 245
　"안전"도 보라.
신비주의(mysticism) 32-35
신학(theology) 121, 210, 214, 185
심리학(psychology) 211-212

아가서(Song of Solomon) 262
아브라함(Abraham) 28
악한 세력의 저항(demonic opposition) 182, 183-184
안전(safety) 59, 238, 260
양립성(compatibility) 234, 237, 253
여행(traveling) 265
영성 수련(spiritual exercises) 150, 206, 217
영성 지도(spiritual direction)
　결혼 관계에서의(in marriage) 269-276, 277
　란 무엇이 아닌가(what it is not) 116-121
　란 무엇인가(what it is) 122-126
　를 받는 사람(who receives) 142
　비공식적인(informal) 199, 200-201, 205-206, 208
　상담과의 비교(contrasted with counseling) 113-115, 180, 199-200
　상호적인(mutual) 275
　수리가 아닌, 발전을 돕는 영성 지도 (developmental rather than reparative) 135
　에 대한 오해(misunderstandings of) 113
　에 대한 접근(approaches to) 197
　에서의 성경 공부(Scripture study in) 155, 174, 209-210, 214
　영성 지도자 찾기(finding a spiritual director) 208-211

영성 지도자가 되기 위한 준비
(preparation for providing) 208-218
영적 우정의 형태로서의(as form of spiritual friendship) 114
와 신학(and theology) 121, 210, 214, 185
와 지도자의 체험(director's experience and) 178
와 하나님의 임재 분별하기(and discerning God's presence) 66, 182-196
의 목적(goals of) 142
의 역사(history of) 21, 116-117
의 예시(examples of) 114-115, 126-136, 144, 155, 162-165, 169-196
의 정의(definition of) 20-21
제자 훈련과의 비교(compared to discipling) 31
지도자와 피지도자의 관계(relationship between director and directee) 123-124, 176
피지도자의 질문에 대답하기
(responding to directee's questions) 193-194
훈련과 감독(training and supervision) 216-217
영성 지도에서 정통 교리의 역할
(orthodoxy, role in spiritual direction) 121, 184, 210
"신학"도 보라.
영성 지도자가 되기 위한 훈련(training for spiritual direction) 216-217
영성 형성(spiritual formation) 212, 217, 228
"제자 훈련", "멘토링", "영성 지도"도 보라.
영성 훈련(spiritual discipline) 172-173,
178, 275
영성(spirituality) 18
영적 공동체(spiritual communities) 20
"영적 동반자 그룹"도 보라.
영적 동반자 그룹(spiritual accompanment groups)
다른 소그룹과의 비교(contrasted with other small groups) 223-224, 232
대답이 아닌 질문의 우선성(priority of questions over answers) 225-227
에 대한 기대(expectations of) 240-241
에서 기도하는 마음으로 귀기울이기
(prayerful listening in) 228-231
에서 영적 체험 나누기(sharing spiritual experiences in) 231-233
에서의 지원과 수용(support and acceptance in) 233-234
을 시작하기(starting) 234-240
의 실례(illustrated) 241-248
의 크기와 회원 자격(size and membership of) 236-237
의 형식과 구조(form and structure of) 238
영적 메마름(spiritual dryness) 34, 182-188
영적 삶의 리듬(rhythms of spiritual life) 183
영적 여정(spiritual journey) 27-53
결혼 관계에서의(in marriage) 256
과 질문(and questions) 226
성령이 인도하는(led by Holy Spirit) 280
에 관한 기독교 고전(Christian classics on) 32-33
에 미치는 우정의 영향(friendships' impact on) 104
영적 동반자 그룹에서의(in spiritual

accompaniment groups) 234, 240
예수님 제자들의(of Jesus' disciples) 81-83
의 경로(route for) 30-36
의 단계(stages of) 31-32
의 목적지(destination of) 36-48
의 부분으로서의 변화(change as part of) 261
의 성경적 예시(biblical examples of) 28-29
"영성"도 보라.
영적 우정(spiritual friendship)
결혼 안에서의(in marriage) 251-252, 263-269
내적 자아의 공유를 기초로 세워지는(built on sharing inner self) 94
의 실례(illustrated) 263-268
의 이상적 요소인 동행(accompaniment as ideal of) 99-100
의 이상적 요소인 사랑(love as ideal of) 83-89
의 이상적 요소인 상호성(mutuality as ideal of) 97-99
의 이상적 요소인 정직(honesty as ideal of) 89-92
의 이상적 요소인 친밀함(intimacy as ideal of) 92-97
의 정의(definition of) 19
의 형태로서의 영성 지도(spiritual direction as form of) 114
"우정", "영혼의 우정"도 보라.
영혼 돌봄(soul care) 22-23, 70-71, 73
영혼(soul)
에 대한 예수님의 말씀(Jesus' words about) 17
의 맹점(blindness of) 90
의 습관(habits of) 273

의 역동을 이해하기(understanding dynamics of) 211-212
의 정의(definition of) 17-18
의 하나됨(being one in) 84
환대(hospitality) 105
영혼의 동족(kindred spirits) 84, 235
영혼의 어두운 밤(dark night of the soul) 137, 182-189
영혼의 우정(soul friendship) 48-50
결혼 안에서의(in marriage) 252-261, 169-276
과 조작(and manipulation) 257
깊은 연결(deep connection) 84, 105
비그리스도인과의(with non-Christians) 104-105
소그룹에서의(in small groups) 224
으로서의 영성 지도(spiritual direction as) 20-21
으로서의 영적 우정(spiritual friendship as) 19
의 정의(definition of) 18
이 자라는 환경 가꾸기(cultivating soil that produces) 253
"우정", "영적 우정"도 보라.
예수님(Jesus)
과 비유(and parables) 225
과 우정 관계에서의 정직(and honesty in friendship) 88-90
과 질문(and questions) 226
광야에서 시험받으신(wilderness temptations of) 45
께 주의 기울이기(attending to) 145-150
두세 사람이 모인 곳에(where two or three are gathered) 235-236
사랑에 관하여(on love) 38-39
영적 동반자로서의(as spiritual companion) 280-281

영혼 돌봄에 관하여(on care of souls) 48-49
영혼에 관하여(on the soul) 17
이 베푸신 친밀함(intimacy offered by) 92-93
제자들과의 우정(friendship with disciples) 81-83, 87-90, 92, 98, 99, 185-186
친구에게 배반당하신(betrayal by friends) 106
필요를 가진 이들에 대한 응답(on responding to people with needs) 257
함께함을 보여 주신(demonstrates presence) 65
예수님의 제자들(disciples of Jesus) 81-83, 85, 87-90, 92-93, 98, 99, 174-175
온전함(wholeness) 41-44, 104, 218
용기(courage) 104
우정(friendship)
  과 하나님과의 관계(and relationship with God) 104, 165
  다른 관계에 미치는 영향(impact on other relationships) 104-105
  다른 관계와의 비교(contrasted with other relationships) 77-78, 83, 84-86, 98
  삼위일체 안에서의(within Trinity) 83, 108
  성장을 돕는 혹은 방해하는 우정(aiding or hindering growth) 104-105
  영혼의 양육(soul-nurturing) 103
  의 성경적인 예(biblical examples of) 78-83, 85-86
  의 유형(types of) 18, 19-20
  이상과 대조되는 현실(reality of contrasted with ideal) 106-107

자매애로서의 우정(as sisterhood) 101-103
웨스트민스터 신앙 고백(Westminster Confession) 36
유머(humor) 266
은혜(grace) 60, 73, 155, 108-109
의식(rituals) 239
의탁(surrender)
  순종과의 비교(contrasted with obedience) 161-162
  에 대한 두려움(fear of) 167
  하나님의 뜻에 대한(to God's will) 103, 125-126
  하나님의 사랑에 대한(to God's love) 125-126, 145, 161-162, 167
이메일을 통한 영성 지도(e-mail, spiritual direction by) 169-170, 175-176
이스라엘(Israel) 28
일기 쓰기(journaling) 246-247
  꿈(dreams) 157
  매일 밤 쓰는 습관(nightly habit of) 273
  에 대한 제안(suggestions for) 51-53, 139, 166-167, 276
  와 반추(and the examen) 151
  와 영성 지도(and spiritual direction) 131, 275
  와 피정(and retreats) 272
  의 프라이버시(privacy of) 273

자기 기만(self-deception) 213
자기 몰두(self-absorption) 63, 124, 145, 213
자기 이해(self-understanding) 103, 213-214, 261
  "정체성"도 보라.
자기를 드러냄(self-disclosure) 136

정직함(honesty) 89-92, 213, 238
정체성(identity) 29, 50, 44-48, 167, 254
　"고유성"도 보라.
제자 훈련(discipling) 31, 118
　"멘토링", "도덕적인 지도", "영성 지도",
　"영성 형성"도 보라.
젠더(gender) 236
조언하기(advice giving) 118-119, 184,
　233-234
조율(attunement)
　과 꿈(and dreams) 156-161
　과 성경(and Scripture) 154-156
　과 영성 지도(and spiritual direction)
　　116, 124, 143, 184
　로서의 기도(prayer as) 122-123
　영적 동반자 그룹에서의(in spiritual
　　accompaniment groups) 240-241
　우정에서의(in friendship) 103
　의 기도(prayer of) 58-59
　하나님을 향한(to God) 137-38, 141-
　　161
조작(manipulation) 96, 106, 257, 258
　"통제 내려놓기"도 보라.
존경(respect) 70-71, 96-97, 253-257, 262,
　265
죄책감(guilt) 161, 260
　"수치감"도 보라.
주의 기울임(attentiveness)
　내면의 목소리에(to inner voice) 103
　성령께(to Holy Spirit) 125, 257
　타인에게(to another person) 62, 215-
　　216
　하나님께(to God) 68, 153-154, 216,
　　228-232, 279-281
죽음(death) 267
지원(support) 86-87, 91
직업(employment) 101, 246-247, 266

진정함(genuineness) 63-64
질문(questions)
　대답하기보다 존중하기(honoring
　　rather than answering) 225-227
　을 사용하신 예수님(Jesus' use of) 225-
　　226
　하나님 체험에 대한(about experience
　　of God) 232
질투(jealousy) 96, 87
　"소유"도 보라.

참 자아와 거짓 자아(true and false self)
　45-47, 92
책망(reproof) 233-234
책임성(accountability) 118
충성(loyalty) 78-80, 88, 106
치료 중심적인 문화(therapeutic culture)
　23
친밀함(intimacy)
　결혼 관계에서의(in marriage) 254,
　　261-263, 276
　과 분리(and separateness) 95-96
　과 하나님의 임재(and God's presence)
　　72
　영적 동반자 그룹에서의(in spiritual
　　accompaniment groups) 237
　영적인(spiritual) 95, 270-271
　예수님과 제자들의(between Jesus and
　　disciples) 81-82
　예수님과 하나님의(between Jesus and
　　God the Father) 81-82
　우정에서의(in friendship) 91-97, 261
　의 영역(spheres of) 93-94, 261-262,
　　270
침체(depression) 67-68, 266

통제 내려놓기(control, absence of) 257-

258, 267-268
"조작"도 보라.
판단(judgment) 233
포괄성(inclusiveness) 86, 265, 266
피정(retreat) 164, 206, 217, 271-273

하나님 알기(knowing God) 38, 41-42, 125, 145-150, 165, 213
하나님 인식(awareness of God) 124-125, 191, 216
하나님 체험(experience of God) 144-145, 174-175, 181-188, 189, 231-232
하나님과의 관계(relationship with God) 123, 137-138
하나님께 응답하기(responding to God) 122, 161-165
하나님에 대한 헌신(devotion to God) 172-173, 162-165
하나님을 더듬어 찾기(groping after God) 202-203
하나님을 향한 굶주림(hunger for God) 103, 202-203, 225
하나님의 위엄(majesty of God) 190
하나님의 임재(presence of God)
　에 주의를 기울이기(attending to) 66-68, 150-153, 216
　영적으로 메마른 때의(in spiritual dryness) 182-188
　와 기도(and prayer) 122
　와 영혼의 친밀함(and soul intimacy) 72
　의 인식(awareness of) 128-131, 174, 191
　"반추"도 보라.
하나님의 형상(image of God) 72
함께함(accompaniment) 99-100, 118, 127-136, 184, 227

"영적 동반자 그룹"도 보라.
행위로 말미암은 의(works righteousness) 162
헌신(devotions) 270
"영성 훈련"도 보라.
현실(reality) 87, 106, 266-268
호기심(curiosity) 104, 260
환대(hospitality) 55-61, 105-106
희생(sacrifice) 82, 89

옮긴이 노종문은 한국과학기술원을 졸업하고 IVF 대전 지방회 간사를 역임했다. 이후 장로회신학대학교 신학대학원에서 수학했고(M. Div), Yale Divinity School에서 신약성서학(STM)을 마쳤다. 역서로는 「영성 지도와 상담」, 「영성 훈련 핸드북」(이상 IVP)이 있다.

거룩한 사귐에 눈뜨다

초판 발행_ 2007년 12월 10일
초판 2쇄_ 2010년 12월 15일

지은이_ 데이비드 베너
옮긴이_ 노종문
펴낸이_ 신현기

펴낸곳_ 한국기독학생회출판부
등록번호_ 제313-2001-198호(1978.6.1)
주소_ 04031 서울시 마포구 동교로 156-10
대표 전화_ (02)337-2257 팩스_ (02)337-2258
영업 전화_ (02)338-2282 팩스_ 080-915-1515
홈페이지_ http://www.ivp.co.kr 이메일_ ivp@ivp.co.kr
ISBN 978-89-328-2123-8

ⓒ 한국기독학생회출판부 2007

책값은 뒤표지에 있습니다.
무단 전재와 복제를 금합니다.